## DICIONÁRIO DO
# DOCEIRO BRASILEIRO

**Dados Internacionais de Catalogação na Publicação (CIP)**
**(Câmara Brasileira do Livro, SP, Brasil)**

Rego, Antonio José de Souza
   Dicionário do doceiro brasileiro / Antonio José de Souza
Rego ; organização de Raul Lody. – São Paulo : Editora Senac
São Paulo, 2010.

   Bibliografia
   ISBN 978-85-7359-985-5

   1. Açúcar como alimento – História  2. Doces – Brasil  3.
Doces (Culinária)  4. Gastronomia  5. Receitas  I. Lody, Raul.
II. Título.

10-05323                                CDD-641.850981

**Índice para catálogo sistemático:**
   1. Brasil : Doces : Receitas : Culinária    641.850981

# DICIONÁRIO DO
# DOCEIRO
# BRASILEIRO

Dr. Antonio José de Souza Rego

*Raul Lody*
**ORGANIZADOR**

Editora Senac São Paulo – São Paulo – 2010

Administração Regional do Senac no Estado de São Paulo
*Presidente do Conselho Regional*: Abram Szajman
*Diretor do Departamento Regional*: Luiz Francisco de A. Salgado
*Superintendente Universitário e de Desenvolvimento*: Luiz Carlos Dourado

Editora Senac São Paulo
*Conselho Editorial*: Luiz Francisco de A. Salgado
Luiz Carlos Dourado
Darcio Sayad Maia
Lucila Mara Sbrana Sciotti
Luís Américo Tousi Botelho

*Gerente/Publisher*: Luís Américo Tousi Botelho
*Coordenação Editorial/Prospecção*: Dolores Crisci Manzano e Ricardo Diana
*Administrativo*: grupoedsadministrativo@sp.senac.br
*Comercial*: comercial@editorasenacsp.com.br

*Edição de Texto*: Pedro Barros
*Apoio à Pesquisa*: Jorge Sabino
*Digitação*: Silvana Siqueira
*Preparação de Texto*: Tulio Kawata, Sandra Kato
*Revisão de Texto*: Daniel Viana, Edna Viana, Jussara Rodrigues Gomes, Rinaldo Milesi
*Projeto Gráfico, Capa e Editoração Eletrônica*: Antonio Carlos De Angelis
*Impressão e Acabamento*: Gráfica CS

Proibida a reprodução sem autorização expressa.
Todos os direitos reservados à
Editora Senac São Paulo
Rua 24 de Maio, 208 – 3º andar – Centro – CEP 01041-000
Caixa Postal 1120 – CEP 01032-970 – São Paulo – SP
Tel. (11) 2187-4450 – Fax (11) 2187-4486
E-mail: editora@sp.senac.br
Home page: http://www.livrariasenac.com.br

© Editora Senac São Paulo, 2010

# Sumário

Nota do editor, 7

Apresentação: Doce comida, 9
   *Raul Lody*

Diccionario do doceiro brazileiro, 33
   *Contendo milhares de receitas, pela maior parte novas, de doces de todas
   as qualidades, obra da maior utilidade até hoje conhecida e dedicada
   especialmente ás mãis de familias*

Glossário, 309

Bibliografia, 323

# Nota do editor

"Contendo milhares de receitas, pela maior parte novas, de doces de todas as qualidades, obra da maior utilidade até hoje conhecida e dedicada especialmente às mães de famílias."

Esse texto, no frontispício da edição original do *Dicionário do doceiro brasileiro*, já remete o leitor ao passado, a uma época em que a cozinha era um ambiente aconchegante, de aromas únicos, bastidor de delícias devoradas sem medo nem culpa. Posteriormente, a cozinha foi vista como espaço limitador da mulher; com o passar do tempo, o utilitarismo pós-moderno – com seus micro-ondas, produtos congelados e "com essência de" – foi a solução viável para as famílias.

Porém, na atualidade, uma certa "nostalgia" se apodera das pessoas. Vê-se, neste século XXI, uma intensa busca por produtos frescos e naturais, além da retomada do interesse pela culinária caseira de nossas avós e bisavós.

O Senac São Paulo presenteia o leitor não apenas com uma obra única sobre doces compilada no século XIX, retrato histórico rico e de leitura prazerosa, mas também quer convidá-lo a visitar aquela cozinha do passado, palco de doceiras de mão-cheia que faziam bolos, tortas e doces como ninguém.

APRESENTAÇÃO
# Doce comida

*Raul Lody*

> Havia então no Brasil a preocupação de comer bem;
> nossas avós dedicavam à mesa e à sobremesa o melhor
> do seu esforço; era a dona da casa que ia à cozinha para
> provar o ponto dos doces; era a senhora de engenho
> quem dirigia o fabrico do vinho de jenipapo, do de caju,
> dos licores; à mesa de jantar rebrilhavam [...] as baixelas
> de prata. (Gilberto Freyre, *Açúcar*)

A longa e diversa experiência histórica e cultural com o açúcar da cana sacarina fundamenta o *Dicionário do doceiro brasileiro*. Contendo milhares de receitas, na maioria novas, de doces de todas as qualidades, obra de maior utilidade até hoje conhecida e dedicada especialmente às mães de famílias pelo Dr. Antonio José de Souza Rego" (1892).

O *Dicionário* é um rico e amplo memorial dos processos culinários, ingredientes, receitas e indicações de uso e de consumo do doce no Brasil.

Para melhor entender sua dimensão documental e patrimonial, o *Dicionário*, criado e publicado originalmente no século XIX, é, além disso, um retrato social e econômico do Brasil escravocrata, dos movimentos de uma república em face do império, dos contextos internacionais da Revolução Industrial, dos movimentos artísticos, da busca na *belle époque* do bem comer e do bem beber. Também há os sentimentos de nacionalidade tocados em um Brasil eminentemente afrodescendente que, contudo, à época se sentia muito europeu e principalmente francês. Vive-se ainda a chegada organizada das imigrações da Itália, Alemanha, Japão e dos sírio-libaneses, genericamente chamados de *turcos*. Nesse rico caldeirão pluriétnico e pluricultural são organizadas e publicadas as preciosas e históricas receitas do *Dicionário*.

As receitas demonstram estilos, matrizes étnicas, e aproximam, pelos ingredientes, cada vez mais o Oriente do Ocidente (principalmente por meio da cana sacarina). Trazem também as formas de civilizar pelos caminhos e rotas das especiarias, tocando na formação de hábitos à mesa, na formação de paladares, fenômenos que nascem nas experiências da cultura. Ingredientes quase inseparáveis, o cravo e a canela, como o açúcar e os ovos, além das massas que chegam das farinhas do *reino* – de trigo –, fubá de milho, fubá de mandioca ou carimã, fubá de cará, além das águas perfumadas de rosa e de laranjeira, e certamente do olhar e da emoção perante as caldas.

## Para melhor adoçar

A *Zuckerrohr* ou *Zuckerschilf* é cheia de suco doce em seu interior; por fora apresenta muitos nós ou articulações e é plantada duas vezes por ano, ou seja, nos meses de agosto e janeiro, da seguinte maneira: fazem-se ao longo do campo compridas fileiras com um palmo de altura a partir do solo, tantas quanto comporte o terreno, de modo a sempre deixar entre duas delas um espaço de meia braça. Em seguida, a cana-de-açúcar é plantada aos pedaços [...] umas seguidas das outras, ao longo da parte alta das fileiras, de forma a que os pedaços alcancem uns aos outros e se toquem e, em seguida, são de novo totalmente cobertos de terra. Ao final de oito, dez ou doze meses, depois de chegar a época própria e estando a

> cana-de-açúcar grande o suficiente, [a planta] é cortada,
> levada para o engenho, sendo o suco espremido, fervido
> em amplos tachos para o preparo do açúcar, [que é feito]
> sob fogo alto e à custa de grande calor e muita fadiga.
>
> (Zacharias Wagner, *Cana de çuquere*)

Para o homem do Nordeste, há uma construção de imaginários e de maneiras de ver o mundo e de se autorrepresentar que transita pelos engenhos, pela *plantation* da cana sacarina, que expõe do melado ou do mel de engenho ao açúcar moreno-mascavo. Com orgulho telúrico se diz: o doce de Pernambuco é mais doce, tem mais açúcar. Expõe-se um caráter do *ethos* do "Leão do Norte" que se identifica, enquanto fundamentação histórica, social e econômica, com a saga unificadora do açúcar e de ampla gastronomia doce.

É o açúcar, alma do doce, que determina tecnologias culinárias e estilos de tratar e desenvolver receitas que vão formando o acervo gastronômico do que vem da "cana", além da maneira como as diferentes matrizes etnoculturais vão criando, preservando e abrasileirando ingredientes e resultados de novos e de alguns já conhecidos sabores que particularizam uma cozinha em formação, a brasileira.

Construir o "gosto", o "paladar", é um processo que chega da cultura, das opções, das escolhas, dos ingredientes que dão ao grupo, à comunidade, ao segmento étnico, um sentido/sentimento de "pertença", de fazer parte de um "lugar", ocupar territórios geográficos e ideológicos.

Sem dúvida, o doce celebra, identifica, nomeia, compõe e ainda alimenta, tem gosto e sabor, traz referências complexas do passado e do presente, indicando o futuro.

> A marmelada, o caju e a goiabada formaram-se desde os tempos coloniais, os grandes doces das casas-grandes. A banana assada ou frita com canela, uma das sobremesas mais estimadas das casas patriarcais, ao lado do mel de engenho com farinha de mandioca, com cará, com macaxeira; ao lado do sabongo e do doce de

coco verde e, mais tarde, do doce com queijo – combinação tão saborosamente brasileira.[1]

A intimidade entre o doce e a família com as suas receitas exclusivas dava projeções e estilos de casas, de cozinhas, quase santuários. Aí imperavam senhoras tão especializadas quanto os mestres de engenhos que faziam o suco da cana virar açúcar, ou, ainda, quanto as doceiras da venda de tabuleiro, na feira, no mercado, que andavam na rua, oferecendo o sabor itinerante do açúcar da terra.

> O Nordeste do Brasil, pelo prestígio quatro vezes secular da sua sub-região açucareira, não só no conjunto regional, como no país inteiro, se apresenta como área brasileira por excelência do açúcar. Não só do açúcar, também área por excelência do bolo aristocrático, do doce fino, da sobremesa fidalga [...] quanto do doce, do bolo de rua, do doce e do bolo de tabuleiro, da rapadura de feira [...] boa de saborear com farinha, juntando a sobremesa ao alimento de substância.[2]

O doce pontua o cotidiano, marca o tempo da festa, é um verdadeiro presente para a boca, para os olhos, para a imaginação, pelas cores e certamente pelos odores e sabores.

Tudo reflete memórias arcaicas, fundamentais à compreensão e à essencialidade do doce enquanto um símbolo de realização gastronômica que adoça o corpo e, principalmente, o espírito.

> Peras [...] muito úteis quando cozidas em bom vinho tinto, guarnecidas de cravo-da-índia, açúcar e canela servidas com bastante manteiga fresca, queijo gordo passado no fogareiro, com açúcar por cima.

> Toucinho do céu: Fazemos uma calda com a água e o açúcar até ficar bem grossa. Ou seja, fervemos a água e juntamos-lhe o açúcar, estando continuamente a mexer até que, ao tirar a colher da preparação, escorra um fio consistente. Por outro lado, batemos as gemas e acrescentamos a estas a calda que acabamos de fazer. Mistu-

---

[1]   Gilberto Freyre, *Açúcar* (São Paulo: Global, 2007), p. 71.
[2]   *Ibiá.*, p. 25.

ramos tudo bem e colocamo-la em moldes. Resta pô-la em banho-maria (colocando dois dedos de água na travessa de ir ao forno), durante quinze minutos.[3]

O paladar é o sentimento à boca. É a memória familiar, histórica de uma região, de uma civilização, de um modelo religioso. Comer sempre foi também uma determinação ou anúncio da providência divina, segundo os padrões do mundo cristão na Idade Média, quando as especiarias, inclusive o açúcar, começam a formar cardápios. Um camponês poderia adoecer se comesse pão branco e bebesse vinho com especiarias, em vez do mingau com cerveja, adequados para ele. Um monge, certamente, teria uma indigestão se comesse carne apimentada, um alimento reservado aos cavaleiros. Todas essas normas, formadoras de hábitos alimentares e principalmente determinando *lugares sociais*, eram aceitas como parte da *providência divina*. E aí o açúcar marcava o lugar do poder.

O Éden não tinha somente localização e endereço; tinha sabor e aroma. O Paraíso cheirava a especiarias, pois era lá que essas preciosas mercadorias cresciam. A ligação tornou-se explícita quando a pimenta-malagueta foi chamada de *grãos do paraíso*, apesar de sua procedência africana. Imaginava-se também que os santos e seus restos mortais recendiam a especiarias, pois já estavam a meio caminho do Paraíso. Fontes árabes e persas também descrevem uma doce vida após a morte, repleta de alimentos e plantas perfumadas. Os chineses também consideravam a canela como a árvore da vida.

Contudo, o açúcar foi sempre desejado. Especiaria *rara* no início dos caminhos que uniam Ocidente e Oriente.

> "AQUILO QUE SE TRAZ DE MAIS LONGE É O QUE TEM O SABOR MAIS DOCE". (Tradição oral holandesa)

O açúcar, enquanto um *presente*, era um símbolo que equivalia ao *ouro*, a uma compreensão de algo especial, muito especial, daí ser uma

---

[3] Thresor de Santé, século XVIII, *apud* Francisco Gonzáles Limón, *A cozinha dos mosteiros*, (Madri: Colares, s/d.), p. 80.

especiaria muito valorizada. Exemplo disso é uma lista de presentes dos portugueses oferecidos a uma nobre da área das especiarias no século XIV: "doze peças de algodão [...] quatro cordões de coral [...] um caixotão de açúcar, dois tonéis de azeite, dois de mel [...]".[4]

O gosto pelo açúcar cresceu junto com o gosto pela canela. Na publicação *Arte de cozinhar* (1680), de Domingos Rodrigues, cozinheiro real de Portugal, vê-se o variado uso da canela em muitos pratos. Então, os pratos considerados doces vão ganhando cada vez mais canela.

Os processos culinários buscavam, de maneira experimental, unir especiarias às frutas, carnes, aves, legumes e ao vinho. Destaque ao açúcar, também uma especiaria, que foi dominando e formando estilos de fazer comida e possibilitando percepções sensíveis em paladares marcados pelo excesso de cravo, canela, noz-moscada, açafrão e tudo o mais que do Oriente pudesse chegar para a boca.

## Para clarificar o açúcar

Deitarão a cada *arratel* de açúcar um pícaro de água e deitarão quantos *arratéis* quiserem num tacho em outros tantos pícaros de água. E, primeiro que lhe deitem o açúcar, deitem-lhe duas claras de ovos nesta água, muito bem batidas, que façam grandes ensaboadas. E como assim estiver, deitem o açúcar e ponham-no ao fogo e deixei-no ferver sem o mexerem nem bolirem com ele. Então, depois de ferver e que se ajuntar toda aquela sujidade, tirem-no do fogo e escurem-no e bem-o, e então ponham-no no ponto para o que quiserem. E se não ficar bem limpo, tomem um ovo numa pouca água e tornem-lhe a deitar as escumas. E como deitar escumas alvas, é limpo de todo. (*O livro de cozinha da infanta d. Maria de Portugal*)

Sem dúvida, o uso do *açúcar* marca um lugar de poder, inclusive o uso de muito açúcar. Exemplo de um prato que distinguia a nobreza no século XIV na Itália: *Fritelle do imperador magnifici*. É uma mistura de claras

---

[4]   Michael Krondl, *O sabor da conquista: Veneza, Lisboa e Amsterdã na rota das especiarias*, trad. Waldéa Barcellos (Rio de Janeiro: Rocco, 2008), p. 117.

de ovo, queijo fresco, especialmente a ricota, farinha de trigo, pinhões e açúcar.

Outro bom exemplo ainda da Idade Média é uma *torta de enguia* temperada com gengibre, pimenta, canela, açafrão, açúcar e água de rosas.

Caso exemplar do uso do açúcar nos convencionalmente chamados salgados é a *bisteyaa* da mesa tradicional marroquina, da civilização magrebina, que é a apreciada torta de pombo polvilhada de açúcar e canela.

No Brasil, nas celebrações familiares, especialmente no ciclo natalino, estão os chamados *pastéis de festa*, uma celebração da carne acrescida de açúcar e canela. São muito usuais no Nordeste, podendo ser consumidos em outras festas, como casamentos, batizados, aniversários, entre outras reuniões. O *Dicionário* mostra a seguinte receita:

> Pastéis de carne [...] Outro recheio [...] Pode-se, querendo, juntar ao picado 3 ovos e um pouco de leite, e frigir os pastéis em uma frigideira com banha quente, até ficarem corados, então tiram-se e cobrem-se de canela e açúcar.[5]

Ainda, relatos de tradicionais cozinheiras de Pernambuco informam que a melhor carne para rechear esses pastéis é a de porco.

Tendo como base a farinha de trigo, o açúcar é um grande aliado à arte dos confeiteiros, chefes, padeiros, boleiras e doceiras, que fazem o rico repertório da criação e da expressão estética do doce.

A feitura artesanal do doce é essencialmente uma realização estética. Pois o doce, para ser gostoso, tem que ser bonito. Isso porque inicialmente se come com os olhos, depois se come com a boca, e finalmente se come com o espírito.

Comem-se, também, os cenários e os seus entornos sociais, que são incluídos no gosto, no ato complexo e pleno que é o de comer.

Comer doce na padaria, confeitaria ou em casa traz referências das mesas, das louças e de todo um serviço de toalhas, talheres e de muitos outros complementos que compõem esses rituais de glutonice.

---

5   *Dicionário do doceiro brasileiro* (3ª ed. Rio de Janeiro: J. G. de Azevedo, 1892), p. 480.

# Para comer com os olhos

> Perícia quase rival das rendeiras. Tais doceiras, como artistas, não consideravam completos seus doces ou seus bolos, sem os enfeites [...] sem assumirem formas graciosas ou simbólicas de flores, bichos, figuras humanas [...] em que as mãos das doceiras se tornassem, muito individualmente, mãos de escultoras [...] quitutes e doces, ingenuamente enfeitados com flores de papel recortado, anunciando uma confeitaria que constituem talvez a única arte que verdadeiramente nos honra. (Gilberto Freyre, *Açúcar*)

Cada receita é um encontro, uma descoberta, uma forma de manter um conhecimento familiar, uma experiência, pois ingredientes, quantidades, maneiras de fazer e, certamente, a vocação da doceira compõem o ideal do bom doce. Daí a importância dos *cadernos de receitas*, valiosos registros memoriais, além dos rituais de fazer o doce recebendo os ensinamentos orais. Assim, de maneira experimental, sentir o doce é principalmente provar o doce. Avaliar o doce pelo gosto. Ver a calda e perceber o ponto pela textura, forma e plasticidade do açúcar.

O valor patrimonial do doce ocupa cada vez mais lugar de destaque nos repertórios da gastronomia tradicional brasileira.

O *Dicionário* reúne textos familiares, receitas ensinadas nas cozinhas ou nas reuniões onde são comentadas. Aí, vai o destaque para as coberturas dos bolos, o gosto da fruta, da especiaria combinando com um tipo de calda, entre outras formas de manter ingredientes e procedimentos culinários, tornando viva, em cada doce, a sua história.

O *Dicionário* é um memorial dessas experiências, trazendo diferentes relatos pessoais, reunindo tendências e aspectos sociais do século XIX, período em que foi originalmente organizada esta obra.

O bom doce é aquele que traduz a melhor experiência individual e, assim, autoral, na arte de combinar o açúcar. Pois cada doce indica um processo entre os tantos apontados nos receituários e nas tecnologias de preparo.

O doce nasce em contextos ritualizados por gênero, religiosidade e indicações para o seu consumo. Doces do dia a dia, doces das festas, doces para comer na rua, na feira e no mercado. Doces para serem comidos em casa. Em todos esses lugares estão marcados os sentidos do ato individual ou socializado de comer, de dar ao gosto doce as diferentes dimensões simbólicas. "O ponto da geleia se conhece por 3 modos, e por isso se lhe chamam ponto de fervura, ponto de escumadeira e ponto de prato [...]."[6]

O *Dicionário* também indica na maioria das receitas os processos culinários que são artesanais. Continuando sobre a geleia, no caso da geleia de marmelo: "[...] depois de bem cozidos [os marmelos] se espremem em uma toalha de pano de linho dobrado em dois, tirando-se algum que fique mais trigueiro [...]".[7]

É o *Dicionário,* pelo que conseguiu reunir de receitas e de técnicas de fazer doce, a mais ampla história que toca na nossa formação social, tantas são as matrizes étnicas, os processos e as tendências de povos imigrantes que vão unindo-se aos produtos nativos, e assim sendo reinterpretados regionalmente, brasileiramente.

Outro destaque do *Dicionário* são a variedade e o aprofundamento gastronômico de algumas receitas de Portugal. Por exemplo, o *pão de ló*: pão de ló de amêndoas, pão de ló dos anjos, pão de ló de araruta, pão de ló de barrete, pão de ló ordinário, pão de ló de cará, pão de ló de casamento, pão de ló do céu, pão de ló fofo, pão de ló à francesa, pão de ló da ilha da Madeira, pão de ló de laranja, pão de ló ligeiro, pão de ló londrino, pão de ló à Madalena, pão de ló de milho, pão de ló mimoso, pão de ló de raspas, pão de ló russo, pão de ló de Saboia.

---

[6]  *Ibid.*, p. 349.
[7]  *Ibid.*, p. 253.

# Para saber o que comer

A nossa doçaria tradicional tem base nos mosteiros e conventos medievais da Europa, em especial da península Ibérica. Como o homem português tomou hábitos e gostos estrangeiros (ou exóticos), também a sua mesa é ampliada principalmente pelas especiarias e pelos novos produtos do continente africano e das Américas.

Por exemplo, o coco, tão nosso, tão brasileiro, do litoral atlântico e, contudo, tão asiático em nascimento, e em fonte ecológica também tropical, do outro lado deste mundo, possivelmente da Índia.

Fala-se, certamente, do *Coco nucifera* L., que para os orientais é conhecido como a planta providencial, porque do coqueiro tudo se aproveita: como alimento, para o vestuário, material para arquitetura, para variados objetos artesanais, entre muitos outros usos na casa.

Independentemente da ocorrência do coqueiro no litoral do Panamá, quando da chegada de Cristóvão Colombo, foram os portugueses que introduziram o coqueiro em Cabo Verde, África, e daí para o Brasil.

Gabriel Soares de Souza informa que "as palmeiras dão cocos, se dão na Bahia melhor que na Índia [...] foram os primeiros cocos à Bahia de Cabo Verde donde se enchem a terra e onde frutifica dos cinco para os seis anos".[8]

Na cozinha brasileira, os produtos vindos do coco dão um sentimento e um reconhecimento nativos. Leite de coco para tantos pratos: arroz de coco, feijão de coco, bredo de coco, sururu de coco, tapioca ensopada, camarão de coco, peixe de coco, farofa de coco para acompanhar o pirarucu; pedaços de coco nos balaios juntamente com as pipocas em honra ao orixá Omolu; ou, ainda, sobre milho vermelho cozido, tiras generosas do coco formando o axoxó, prato mais apreciado do orixá Oxossi – odé – caçador; também, nas muitas receitas de arroz-doce, no tradicional

---

[8] Soares de Souza, "Notícias do Brasil", em José E. Mendes Ferrão (org.), *A aventura das plantas e os descobrimentos portugueses* (2ª ed. Lisboa: Fundação Berardo, 1993), p. 178.

cuscuz de farinha de milho, tão nosso, tão brasileiro, trazendo profundas lembranças do Magreb – povos e culturas do norte do continente africano.

O coco já nacionalizado, juntamente com o açúcar, dá um novo sentido ao cuscuz de base de farinha de milho, comida para a refeição matinal, um hábito de comer do nordestino.

Assim, as suas variadas interpretações e tecnologias artesanais de tirar o leite e polpa, traz do coco tudo o que ele possa oferecer em sabor.

Em *Açúcar* (1939), de Gilberto Freyre, o autor pernambucano escreve: "tapioca molhada, o beiju, o doce de coco verde, o sabongo, a cocada".[9]

Destaque ao sabongo – receita que traz a ancestralidade de unir coco e açúcar, ou, no caso, o mel de engenho. Contudo, tão açúcar, tão doce, cria-se dessa mistura uma indicação para a "tão celebrada cocada". A nossa tão brasileiríssima cocada.

São tantas e outras frutas que acompanham as receitas ou mesmo lhes dão nomes, apontando para goiaba, caju, manga, pitanga, entre demais ingredientes nativos ou de procedência exótica.

Banana de rodelinha, doce japonês, pamonha, canjica, bolo de rolo, filhós, rabanada, cartola são todos doces da "terra", nacionais em acréscimos, em criação, em consumo, marcando e identificando autoria regional e da civilização do açúcar.

Se a rabanada tem procedência judaica ou se o filhó traduz uma receita muçulmana, dá-se ao que se come um sentido ampliado do lugar de feitura e do lugar de consumo. *Cartola*, sobremesa tão pernambucana, tão telúrica e regional, nasce da combinação gastronômica da banana, *Musa paradisíaca*, da Ásia; ou, se preferirmos, na visão americana da *pacova*, com o queijo em sua versão de manteiga, culminada pela mistura de canela – *Cinnamomum zeylanicum* Blume –, que chegou do Ceilão pulverizada juntamente com o açúcar.

No *Dicionário* há destaque para o bolo. Tipo de pastelaria de variadas formas, proveniente do termo bola, sendo assim tradicionalmente arre-

---

[9]   Gilberto Freyre, *Açúcar*, cit., p. 80.

dondado, ou seguindo temas que fazem desse tipo de doce uma experiência arquitetônica que até hoje é valorizada nos bolos de casamento, unindo-se confeitaria e outras técnicas culinárias.

O bolo sempre teve relevante sentido social, marcando e acompanhando todos os momentos da trajetória de uma sociedade. Bolos autorais, de criações coletivas ou individuais. Por isso são famosas as boleiras, especialistas nas receitas e também na estética.

Em Portugal, o bolo possuía uma função indispensável à vida do "reino". Representava solidariedade humana. Entre os muitos tipos de bolos, figuravam os de noivado, casamento, visita de parida – mulher que recentemente teve filho, pariu –, aniversário, convalescença, entre demais situações. Além do bolo, uma bandeja de doces constituía presente muito significativo, de alto potencial para estreitar relações sociais.

Até hoje, no Brasil, oferecer um doce, partilhar um bolo, um doce em calda, receita especial de família, é um importante elo que celebra encontros, festa, fortalecimento de relações. Certamente, o açúcar do doce adoça e aproxima as pessoas.

Gilberto Freyre, em *Açúcar*, obra germinal para o estudo e compreensão do doce brasileiro, traz o *bolo* como uma grande realização culinária do Nordeste.

Em *Açúcar*, Gilberto traz os seguintes bolos: bolo Cabano, bolo Cavalcanti, bolo Guararapes, bolo D. Constâncio, bolo Fonseca Ramos, bolo do mato, bolo divino, bolo toalha felpuda, bolo de São Bartolomeu, bolo de estouro, bolo de mandioca, bolo dos namorados, bolo engorda-marido, bolo manuê, bolo de milho, bolo de macaxeira, bolo de bacia Pernambuco, bolo de amor, bolo de São João, bolo republicano, bolo Santos Dumont, bolo Luiz Felipe, bolo de festa, bolo espirradeira, bolo de batata, bolo ouro e preta, bolo sem nome, bolo de fruta-pão, bolos fritos do Piauí, bolo de milho seco, bolo novo de macaxeira, bolo fino, de massa de mandioca, bolo de milho de dona Sinhá, bolo de milho pau-d'alho, bolo de coco sinhá-dona, bolo padre João, bolo brasileiro, bolo de rolo pernambucano, bolo de mandioca à moda de D. Gerôncio, bolo 13 de maio, bolo de castanha de caju, bolo Souza Leão, bolo Souza Leão-Pontual, bolo Souza Leão à moda de Noruega, bolo baeta, bolo D. Pedro II, bolo senhora condessa e bolo tia Sinhá.

O *Dicionário* traz também uma história do açúcar como ingrediente fundamental das receitas, das conquistas gastronômicas nacionais e da importância da comida doce na formação do paladar brasileiro.

Da obra original foram selecionadas 940 receitas que relatam importantes aspectos da vida brasileira e dos seus sistemas alimentares. Cada receita é um texto memorial, e nela podem-se recuperar matrizes étnicas, aspectos econômicos, quando juntos vão apontar para uma gastronomia nacional com fortes tendências regionais.

## O tempo do doce

É próprio para o que é doce e para se fazer um doce, ou comê-lo, destinar um tempo de devotamento. Um tempo que vai muito além do relógio. São processos sutis, secretos e autorais. É a imersão na receita, com seu tempo próprio dos rituais do fazer, do experimentar e, principalmente, do inventar. Há um valor agregado ao que é doce, pois viver um doce é uma especialidade, uma vocação para se tornar autor.

Mesmo nas receitas mais "rápidas" de doces do cotidiano, há uma busca de particularizar cada receita, de criar uma tradição, uma identidade, seja pelos usos dos ingredientes, seja pelo tempo de cozimento, pela maneira de apresentação do doce.

> Podem-se imitar os peixes da China salpicando com açúcar em pó vermelho; imitar-se da mesma maneira, com açúcar pulverizado de diversas cores; as suas escamas brilhantes. Assim por diante para todos os outros peixes.[10]

Por tradição no Brasil, o ofício de fazer doces, ou mesmo as receitas domésticas, está no âmbito feminino. Há uma espécie de destinação histórica para que quem faça o doce seja a mulher.

---

[10] *Dicionário do doceiro brasileiro*, cit., p. 496.

Gilberto Freyre mostra em *Casa-grande & senzala* as cenas do cotidiano, as cenas das casas urbanas e, principalmente, dos engenhos de açúcar. Aponta para uma linhagem de mulheres que, nos interiores das casas, estavam dedicadas aos trabalhos da própria casa e, também, ocupavam-se das cozinhas, enquanto lugares especiais para fazer o doce. Pois a cozinha sempre exerceu o papel do poder feminino. As mulheres lusitanas, externamente mulheres brancas, marcadas pela longa civilização magrebina, revivem, no Brasil, receitas e combinações sacralizadas dessa africanidade na união da canela com o açúcar, entre outros encontros culinários. Já o trabalho de comida grossa e em quantidade (porco, cabrito, galinha) ficava como atributo das escravas das casas, da mulher africana ou da mulher afrodescendente, também dominadora nas receitas na cozinha, ocupando assim um importante lugar social. Tão criadora e dona do açúcar como aquelas que oficialmente assinavam os doces.

Fazer doce é semelhante a fazer renda ou bordados. É um sentimento de busca pela receita excepcional, e por isso secreta, pela maior e melhor elaboração dos ingredientes, das caldas, das texturas únicas; por isso, nesse ofício há uma verdadeira confraria. É a confraria do doce.

Buscavam-se, além de tentar repetir a doçaria moçárabe, de base ibérica e moura, outros processos culinários que também se recolhiam dos mosteiros medievais, no reconhecido saber das monjas. Eram doces, geralmente, com muitas gemas de ovos, leite, farinha de trigo, canela e açúcar. Base da maioria dos sabores doces dessas cozinhas santificadas.

É necessário tempo, dedicação quase religiosa, para experimentar e buscar o sabor e a beleza do doce. Pois, inicialmente, o doce é para ser visto e desejado, e tem que ser bonito.

Assim, com uma estética já tropicalizada no Brasil, uniam-se os formatos, as cores, notadamente amareladas pela gema ou brancas pelo açúcar; unindo-se aos vermelhos incendiários das goiabas em calda, com os seus pedaços de canela e cravos-da-índia ou do Ceilão. Ainda, há o amarelo da manga, quase dourado, e o cheiro dominante do doce de jaca.

Jaca em calda, banana frita e salpicada de canela e açúcar, abacaxi, pitanga; caldas escuras de mel de engenho se combinando com os frutos *in natura*, ou unidos a queijo cru, de coalho, que é uma excelente base para se adoçar, acrescentar outros temperos, pois inventar receitas sempre foi um verdadeiro exercício de sobrevivência.

Tanto quanto um brasão, uma marca heráldica como a torre de um castelo ou dois leões, e, ainda, uma armadura guarnecida da flor-de-lis, eram os bolos inventados nos engenhos de açúcar verdadeiras assinaturas culinárias, expressando o desejo de ter uma marca, um sentimento de pertença a um lugar ou a uma família.

Há muito, o doce está entre os arcos góticos ou os arcos românicos das amplas cozinhas, quero dizer, das cozinhas/catedrais para o ofício de fé na preparação do doce. O doce identifica-se nas suas lembranças ancestrais, nas suas referências formadas pela dedicação religiosa.

O espírito é alimentado por incensos, velas e orações, enquanto o corpo se dedica à comida, à descoberta de novos sabores e sobretudo criando-os, ou, ainda, adaptando-os no que é possível. E aí está o doce.

Na culinária *fusion* ou nas chamadas novas cozinhas, há outro tempo, outro sentimento, diria dominado pela estética. Nesse ambiente, o doce não necessita traduzir os longos processos de experiências culinárias, como é a característica comum da cozinha tradicional, sendo isso que, também, lhe dá identidade.

No doce, como em qualquer outra comida, independentemente dos estilos e tendências, há uma busca imemorial, a do aproveitamento e das experiências nas substituições de ingredientes, motivados por diferentes aspectos – climáticos, econômicos, entre outros. O *Dicionário* aponta para e atesta o aproveitamento de ingredientes, para assim realizar receitas e criar outras, pois a cozinha é um espaço dinâmico e de permanentes adaptações.

É do nosso costume que um dos ingredientes mais reaproveitados seja o pão, tanto para o preparo de pratos doces como de salgados.

O vatapá, por exemplo, tem no aproveitamento do pão sua base gastronômica. Vatapá de peixe, vatapá de galinha, vatapá de bacalhau e vatapá de porco, que também têm forte referência da "açorda portuguesa". No nosso vatapá está o azeite de dendê, amendoim, outros condimentos e molho de pimenta para apurar o sabor. Assim, o pão ganha novos usos. Como também nos tão conhecidos bolo e pudim de pão, a partir do pão enriquecido com leite, açúcar, ovos, cravo e canela.

> FATIAS DOURADAS:
>
> Partam-se fatias de pão, ensopem-se em leite com açúcar, e depois em ovos e água de flor de laranjeira, ponha-se uma camada de ovos moles no fundo do prato e outra de fatias de pão por cima, cubram-se de nata, quando houver, e levem-se ao forno para tostar.[11]

Outro ingrediente do dia a dia e que é uma base doméstica do que se come no Brasil é o arroz. Vê-se na combinação clássica do arroz com feijão ou então em muitos outros usos, inclusive com o aproveitamento do arroz cozido, que é transformado em doce muito apreciado – arroz-doce. Sobremesa do cotidiano, às vezes enriquecida com leite de coco, raspas de limão, gemas de ovos e muita, muita canela para enfeitar o prato e dar gosto e cheiro. O arroz, ainda quente, na travessa ou prato é pulverizado com a canela que exala um perfume tão antigo, vindo lá do Ceilão, da Índia, como o próprio arroz, que é asiático. E o açúcar, sim, muito açúcar, pois, tradicionalmente, a nossa doçaria é muito doce.

> 1 litro de leite, 500 g de arroz, 500 g de açúcar, 1 colher de água de flor de laranjeira ou de rosas. Pistache, nozes ou amêndoas, violetas ou rosas cristalizadas. Modo de fazer: aqueça o leite, coloque o arroz e o açúcar e deixe ferver, cozinhando lentamente; e, então, misture a água de flor de laranjeira ou de rosas; após cozinhar, e ainda quente, coloque no prato ou travessa e acrescente os pistaches, nozes ou amêndoas e as violetas ou rosas cristalizadas. (Receita tradicional magrebina)

---

[11] *Ibid.*, p. 334.

O arroz-doce é uma das chamadas receitas nacionais encontradas de norte a sul. Trago, então, as lembranças familiares que se repetem sobre grandes travessas de louça, brancas e grossas, que recebem o generoso arroz-doce. É comida para se comer muito, como sobremesa, ou mesmo prato principal na merenda da tarde, e compõe os generosos cafés da manhã que são guarnecidos de bolos, biscoitos e outras delícias para ver e depois comer. Ainda acrescento o leite condensado, para muitos uma ação quase herege na culinária tradicional.

Continuando na categoria das comidas moles e brancas, quentes e doces, encontra-se o mingau; no caso, tomo como referência os mingaus do Recôncavo da Bahia. São os tão tradicionais mingaus líquidos, feitos para beber. Preparados com tapioca, com mungunzá de milho branco e também com arroz.

Mingau é para ser consumido quente. Geralmente é servido em copos nas bancas de rua, em pontos que funcionam no período da manhã (bem cedo), pois mingau é bebida matutina, sendo, preferencialmente, pulverizado com canela.

O acaçá de arroz também está nessa categoria das comidas moles e brancas. É servido como acompanhamento para comidas condimentadas ou então é diluído em água para tornar-se um tipo de refresco chamado *afurá*, o que lembra o mingau que é tomado pela manhã.

Cada processo, método, organização de cozinha e de processos culinários vão orientando e marcando períodos históricos totalmente integrados às ofertas e às possibilidades na obtenção de ingredientes e no amplo fenômeno dos estilos vigentes – à moda – de fazer alguns pratos; tudo isso monta e faz o *Dicionário*.

## Para registrar

Como é clássico nos livros que tratam de receitas de comida e especialmente de receitas de doces, há uma busca por classificações. Ora pelo tipo de doce: bolo, biscoito, fruta em calda; ora pelos ingredientes dominantes: mandioca, coco, cará, entre outros. Isso traz facilidades aos usuários para melhor selecionar as receitas, ou mesmo testar, verificar as combinações de ingredientes e os processos do fazer culinário.

O *Dicionário* abre um amplo campo de tipos de ingredientes e doces, trazendo receitas já consagradas e outras recuperadas na colheita do autor.

Importantes fontes documentais para o *Dicionário* são os cadernos de receitas, verdadeiros tesouros familiares que, além de oferecerem diferentes cardápios, orientam modos e procedimentos para se comer no dia a dia e no tempo das festas. Muitas receitas vêm da própria família, onde vão sendo transmitidas por gerações, afirmando o sentido patrimonial e de pertença a um grupo ou sociedade.

Estão no *Dicionário* receitas estrangeiras, algumas no rigor dos seus procedimentos e outras adaptadas ao contexto brasileiro, nacionalizadas, sobretudo pelos ingredientes da terra.

O sentimento e os exemplos do que é brasileiro estão em alguns nomes de receitas; contudo, nas técnicas culinárias é que se podem verificar as fortes marcas nativas, especialmente no uso de folhas, como é o caso da folha de bananeira.

São técnicas de embalar a comida em que as folhas atuam no cozimento, no moquear, conforme o costume nativo, que também ocorrem no México, com a tradição maia, e no Peru, com a tradição quéchua. São formas americanas de fazer comida.

As folhas ampliam-se também nas maneiras de servir, como é o caso da tapioca ensopada ao leite de coco ou tapioca molhada. As pamonhas feitas de massa de milho são embaladas na própria palha do milho, aquelas feitas de massa de carimã são embaladas em folha de bananeira, como também o acaçá de leite, quando certamente essas embalagens atuam no sabor da comida.

No *Dicionário*, destaco o uso das folhas nos processos culinários. Cito as receitas em que as folhas são usadas como embalagem ou para apoiar o consumo da comida: alma de padeiro, bananas de polvilho, biscoito de cará, biscoito de chocolate, biscoitos especiais, biscoitos espremidos, biscoitos fofos de polvilho, biscoitos de fubá de arroz, biscoitos de goma, biscoitos de milho, bocados de ovos recheados, biscoitos de polvilho, bolinhos doces, bolo da Bahia, bolo do Brasil, bolos de aipim, bolos de batatas, goiabada em tijolo, pamonha, pamonha de arroz, pamonha baiana, pamonha de milho verde, pastéis guaranis, pudim de aipim e roscas de polvilho.

A maioria desses pratos vai ao forno sobre chapa de folha de flandres, sobre tabuleiros de metal, em formas de metal, em bacias de metal, que são forrados com folhas de bananeiras para garantir melhores resultados gastronômicos.

As receitas de doces são consagradas certamente em virtude do uso do açúcar substituindo o mel de abelha. Assim, o *Dicionário* traz nas suas receitas aspectos históricos do sentido de adoçar que acompanha tanto os processos econômicos quanto os sociais referentes ao que comer e quando comer.

Nesse cenário histórico das publicações sobre comida, o antológico *Livro de cozinha da infanta d. Maria de Portugal* é um exemplo da busca pela classificação que facilita o uso das receitas e possibilita variações sempre testadas à beira do lume, olhando para a panela, sentindo os odores e especialmente os sabores.

O *Livro da infanta* é formado de quatro cadernos: 1º) manjares de carne, 2º) manjares de ovos, 3º) manjares de leite e 4º) comidas de conserva.

Algumas dessas receitas ancestrais estão neste *Dicionário*. Umas muito próximas às originais e outras com variações, contudo mantendo a identidade de ingredientes e alguns processos culinários: alfatete, biscoitos, fartes, tigelada de leite, maçapão, marmelada, pão de ló, perada, pessegada, torta; para fazer, por exemplo, o doce de limão, o procedimento culinário é o de escavar, com a colher, cada fruto, e adicionar grossa calda de açúcar. Esse tipo de doce de limão ocorre em diferentes localidades no Brasil, como nas indicações de dona Maria de Portugal.

Muitas receitas do *Dicionário* não especificam quantidades de ingredientes, contudo os modos de fazer são detalhados na sua maioria, acrescidos muitas vezes de indicações estéticas para os pratos. Certamente é a estética funcional que garantirá identificação e identidade ao prato. Agregam-se então algumas receitas complementares, como as das caldas de açúcar, ou mesmo, detalhadamente, como fazer a *puba* da mandioca.

Para o doceiro, para o apreciador de comida, ou mesmo para quem gosta do bem comer, o *Dicionário* é um saboroso mergulho nas muitas possibilidades de combinar ingredientes, uns mais raros, mas, na grande maioria, encontrados em todas as regiões do país.

## Sempre o açúcar

O açúcar adoçou tantos aspectos da vida brasileira que não se pode separá-lo da civilização.

> Mas toda essa influência indireta do açúcar de adoçar maneiras, gestos, palavras, no sentido de adoçar a própria língua portuguesa, não nos deve fazer esquecer sua influência direta, que foi sobre a comida, sobre a cozinha, sobre as tradições portuguesas do bolo e do doce.[12]

As técnicas são importantes para fazer doces, mas já se percebeu que a emoção por fazê-los domina e é fundamental para esses muitos e complexos processos de lidar com o que é doce ou com aquilo que será reconhecidamente doce.

Um dos principais saberes do doce está no ponto do doce, na calda, importante componente da maioria das receitas.

Açúcar e água nas proporções de um quilo de açúcar para meio litro de água quente e o controle da fervura em fogo alto iniciam as qualidades dos pontos: ponto de pasta, ponto de cabelo, ponto de fio, ponto de pérola, ponto de assoprado, ponto de estrela, ponto de espadana, ponto de bala ou de rebuçado, ponto de areia, ponto de caramelo, entre muitos outros. Contudo, os verdadeiros resultados do "ponto" serão dados pelo acompanhamento visual e olfativo.

---

[12] Gilberto Freyre, *Açúcar*, p. 65.

Pois tudo reflete experimentação, dedicação, criação e novas interpretações de antigas receitas; e aí, novamente, volta-se ao valor do *Dicionário* como um verdadeiro tesouro da sabedoria do doce no Brasil.

Cada receita do *Dicionário* é uma obra em si. Traz memórias coletivas, memórias individuais, em depoimentos, creio que emocionados, pois fazer comida exige alma, conexões quase divinas. Como se diz popularmente, "para a cozinha é preciso ter mão", a tão propagada "mão de cozinha".

Mas o que é a "mão de cozinha" senão a prática, rituais de observação continuada e a vocação de trabalhar sabores? Tudo isso ganha conotação mais especial quando se trata do doce, porque o doce é uma comida que sempre ocupou um lugar diferenciado nos cadernos de receitas, no ofício dos cozinheiros, cozinheiras, padeiros e dos *chefs*. Por isso é comum se ouvir dizer: "doce é com fulana". Assim, há uma especialidade que é a *mão de doce*, daí o reconhecimento dos ofícios da doçaria, da confeitaria e, consagradamente, da arte tradicional de fazer bolos.

Ainda esse saber de fazer doce está concentrado nos espaços das confeitarias e padarias, verdadeiros templos de pães, broas, bolachas, sonhos, biscoitos, cremes em quantidade e variedade.

O *Dicionário* se equipara em valor e significado patrimonial a uma igreja barroca, uma sinfonia ou qualquer outro testemunho da invenção, da criação histórica, da civilização de um povo, de uma região, de um país.

Por isso o *Dicionário do doceiro brasileiro* tem esse sentido de Brasil que deve ser preservado, divulgado, e antes de tudo experimentado, pois é uma obra para ser lida e especialmente comida.

> Se o destino dos povos depende da maneira como eles se alimentam (Billat-Savarin), é tempo de se agitar no Brasil uma campanha pela arte de bem comer. Seria ao mesmo tempo uma campanha de nacionalização do paladar.[13]

Agora eu quero mesmo é um bom pedaço de bolo de macaxeira.

---

[13] Gilberto Freyre, "Arte de bem comer", em Carolina Leão & Lydia Barros (orgs.), *Crônicas do cotidiano: a vida cultural de Pernambuco nos artigos de Gilberto Freyre* (Recife: Diário de Pernambuco, 2009), p. 60.

# DICCIONARIO

## DO

# DOCEIRO BRAZILEIRO

CONTENDO

Milhares de receitas, pela maior parte novas,
de doces de todas as qualidades,
obra da maior utilidade até hoje conhecida
e dedicada especialmente
ás mãis de familias

PELO

## Dr. Antonio José de Souza Rego

3.ª EDIÇÃO

MUITO MELHORADA

RIO DE JANEIRO

NA LIVRARIA DE J. G. DE AZEVEDO, EDITOR

33, RUA DA URUGUAYANA, 33

1892

**ABÓBORA D'ÁGUA CONFEITADA** – Descasca-se a abóbora, limpa-se do miolo, corta-se em talhadas, e deita-se em água com um pouco de sal. No dia seguinte, muda-se para água simples, a fim de perder o sal. Cozinha-se então, e põe-se a escorrer, para se colocar em uma bacia, e ajuntar-se-lhe então a calda bem quente. Repete-se isto três vezes, uma vez cada dia; e por fim deixa-se escorrer bem e enxugar. Ferve-se depois na calda a *ponto de espadana*, tira-se e cobre-se com açúcar seco e bem claro; o que se faz sempre que cada camada de açúcar estiver bem seca. Guarda-se depois em caixas.

**ABÓBORA D'ÁGUA DE COVILHETE** – Descasca-se a abóbora, limpa-se o miolo, depois de bem cozida em um tacho, pisa-se em gral de pedra e põe-se então em uma peneira para escorrer a água. Embrulha-se a abóbora assim pisada em um pano, que se torce bem para acabar de se extrair a água e depois se pesa. Toma-se igual peso de açúcar, que se leva ao fogo para limpar. Então ajunta-se-lhe a abóbora e vai-se cozendo, até que não saia da colher, quando se lhe der volta, porque então o doce estará pronto. Pode-se acrescentar cravo-da-índia ou outro qualquer aroma; põe-se em covilhetes ou pires, e vai a corar ao sol.

Também se faz por este modo o doce de *melancia*.

**ABÓBORA EM CALDA** – Descasca-se a abóbora, tira-se o miolo, parte-se em talhadas delgadas e iguais, e deita-se de molho em água e sal por 24 horas. Passem-se depois para água simples, a fim de lhe tirar o sal. Cozem-se então, deixam-se escorrer, lançam-se em água fria e depois em calda rala, feita com 370 gramas de açúcar para cada meio quilograma de abóbora. Ferve-se por meia hora até a calda ficar em *ponto de espadana*, ajunta-se-lhe um pouco de canela, erva-doce e alguns cravos-da-índia; depois, tira-se do fogo e guarda-se.

**ACAÇÁ DE LEITE DE COCO** – Molham-se 750 gramas de arroz e põem-se ao sol, depois pisam-se e passam-se por peneira de seda. Ralam-se então dois cocos, tira-se-lhes o leite, temperam-se com sal e açúcar, e mesmo frio vai-se deitando a farinha de arroz, que deve ter sido pesada, somente 500 gramas. Depois de peneirada e de estar todo o fubá no leite, cozinha-se em uma caçarola de folha, em fogo brando para não pegar. Estando bem cozido e sem gosto de cru, tira-se do fogo e vai-se deitando aos bocadinhos em pequenas folhas de bananeiras que se dobram ao comprido; 500 gramas de farinha de arroz levam o leite de dois cocos. Se for preciso mais, lava-se o bagaço.

### 🕸 ACAÇÁ DE LEITE DE COCO

Geralmente o acaçá, quando feito de milho branco ou mesmo de farinha de arroz, é chamado de *acaçá branco*. É uma comida insossa e serve para acompanhar pratos bem condimentados, por exemplo, o vatapá, o caruru, entre tantos outros pratos de azeite.

Experimentei em viagem ao Benin, na cidade de Cotonou, o acaçá branco servido às colheradas, acompanhado de delicioso peixe feito com muito dendê e pimentas. Assim, mantendo a mesma qualidade do nosso acaçá como acompanhamento.

Contudo, fala-se do acaçá envolto em folha de bananeira que é utilizada como embalagem para essa comida tão marcante no âmbito afrodescendente.

Esse acaçá, como outras comidas envoltas em folhas, mostra tecnologias nativas, indígenas, como também é o caso da pamonha de milho envolta na palha desse cereal. Pois a folha, além de embalar a comida, acrescenta sabor especial.

No caso, fala-se do acaçá temperado de coco e de açúcar, sendo muito apreciado como lanche, no café da manhã ou mesmo diluído em água, formando uma espécie de refresco, tradicionalmente conhecido na Bahia como *afurá*.

**ALCAMONIA** – Desfaz-se e se limpa açúcar mascavo ou rapadura, toma-se ponto de meia pasta que não seja muito grossa, tira-se do fogo, deita-se uma porção de gengibre bem socado, e vai-se ajuntando farinha de mandioca peneirada até ficar como um mingau ralo, então se leva ao fogo para engrossar e, estando o ponto quase a açucarar, despeja-se em um tabuleiro molhado e, quando quer esfriar, vai-se cortando em quadrados e está pronto.

**ALFENIM** – Toma-se um quilograma de calda na qual se lança uma colher de bom vinagre branco, ou meia colher de geleia de fruta azeda. Leva-se ao fogo e, quando está em *ponto de quebrar*, deitam-se algumas gotas de óleo essencial de flor de laranjeira ou qualquer outro que se prefira. Tira-se então do fogo, derrama-se sobre uma mesa de mármore e deixa-se esfriar até poder pegar com as mãos. Toma-se então um bocado, e principia-se a estender como em fio, separando as mãos, tornando a unir as pontas e tornando a puxar, estendendo, e repetindo isto até que a massa esteja branca prateada, e que, reunidas, as pontas do fio não se ajuntem em massa. Neste estado se desfia em fios delgados, que se dobram e torcem como um cordão, estendem-se sobre o mármore, e cortam-se do tamanho que se quiser. Esta operação deve ser feita com rapidez, e, portanto, por duas ou mais pessoas, para que a massa não arrefeça. Estas preparações podem ser coradas, e então a matéria corante em pó se ajunta ao estender a massa, logo em princípio, porque pela repetição desta operação se mistura por toda a massa igualmente.

**ALFENIM DE LARANJA** – Em um quilograma de açúcar ajuntam-se 250 gramas de sumo ou caldo de laranja passado por peneira, ferve-se até chegar ao *ponto de quebrar*. Então deitam-se 2 gramas de essência de flor de laranjeira, tira-se do fogo, e opera-se como no alfenim simples. Do mesmo modo se fazem os alfenins de quaisquer outras essências, e cozimentos ou infusões de substâncias aromáticas e de sumos.

**ALFORJES DE MARMELOS** – Depois de descascar os marmelos, cortam-se em rodelas, tira-se o centro onde estão os caroços, e feita uma massa da consistência de mingau incorporado e composto de duas colheres de farinha de trigo, uma gema de ovo, uma colher de açúcar, uma de manteiga e a quantidade necessária de água quente ou leite, passam-se as rodelas de marmelo neste mingau e, em seguida, fritam-se em gordura. Polvilham-se de açúcar e canela e servem-se como sobremesa.

**ALIMENTO PARA CRIANCINHAS** – Tomam-se duas colheres de chá cheias de farinha de flor de milho ou maisena, misturadas com duas colheres de sopa cheias de água fria; ajuntam-se-lhes meia garrafa de leite e água fervendo em quantidades iguais, e depois se faz ferver por sete minutos e adoça-se ligeiramente. Quando estiver quente deve ter a consistência de nata.

**ALMA DE PADEIRO** – Ferve-se uma garrafa de leite, com o qual se escalda meio prato de fubá de milho e um prato de polvilho, ajunta-se uma colher de manteiga, uma de banha de porco, cinco ovos e água de sal. Amassa-se tudo bem e põe-se, com o feitio de bolacha, em folhas de bananeiras. Vai ao forno, que deve estar quente.

**ALPERCHES EM AGUARDENTE** – Tomem-se bons alperches, que não estejam muito maduros e ainda rijos, limpem-se e piquem-se por todos os lados até ao caroço, com um alfinete grosso. Levem-se inteiros ao fogo em calda clarificada. Logo que começarem a ferver, ajunte-se-lhes 1 litro de aguardente, dê-se-lhes uma fervura, tirem-se do fogo e guardem-se em frascos.

**ALPERCHES EM CALDA** – Tomam-se alperches maduros, que se descascam, partem-se em quartos e pesam-se. Cada 500 gramas de alperches levam 750 gramas de açúcar em calda. Vai tudo ao fogo, do qual se tira, logo que o açúcar toma o *ponto de rebuçado*. Guarda-se molhando em álcool um papel, que tape bem toda a superfície do doce, que se cobre com ele, se for para conservar; mas, sendo para imediato consumo, basta cobrir com tampa, ou antes com papel grosso ou pele atada com fio.

Do mesmo modo se faz o doce de calda de damasco, pêssego, maçã, marmelo e pera. Estando, porém, verde a fruta, ou *sobre o verde*, deve, antes de ir ao açúcar, ser cozida em água, isto é, branqueada. Depois de bem escorrida a água do branqueamento, vai a cozer no açúcar.

**AMBROSIA** – Batem-se bem 6 claras e 12 gemas de ovos, ajunta-se-lhes uma garrafa de leite e continua-se a bater. Põe-se em uma caçarola um quilograma de calda grossa e, quando estiver bem quente, despejam-se dentro os ovos com o leite, sem se mexer. Deixam-se ferver a calda e coalhar o leite, mexem-se então ajuntando-se meia colher de água de flor de laranjeira, cravo e um pouco de manteiga. Logo que os ovos estiverem bem cozidos e que a calda enxugar, tire-se a vasilha do fogo e, quando o doce estiver frio, ponha-se em copos ou compoteiras, e polvilhem-se com canela moída.

**AMBROSINA** – Tomem-se 500 gramas de açúcar em ponto de calda grossa, batam-se 9 gemas de ovos, ajunte-se-lhes uma xícara de leite, mexe-se bem, misturado com a calda. A mistura feita num tacho leva-se ao fogo, que deve ser brando, e de vez em quando se mexe para que não pegue no fundo. Pode-se botar um pouco de canela em pau ou casca de limão e serve-se em compoteira.

**AMEIXAS** – Abram-se ao meio as ameixas, e extraiam-se os caroços. A cada 500 gramas de ameixas ajuntem-se 300 de açúcar e levem-se assim a fogo vivo; mexendo sem parar com a escumadeira, para que o doce não pegue. Quebre-se uma porção dos caroços, escaldem-se as ameixas para lhes tirar com facilidade a pele, e misturem-se as amêndoas com o doce antes de o tirar do fogo. Conhece-se que o doce está cozido quando se deitar um pouco num prato e ele pegar logo que arrefecer.

**AMEIXAS EM AGUARDENTE** – Escolhem-se ameixas ainda um pouco duras, picam-se com uma agulha até o caroço e lançam-se em um tacho, em que se tem feito derreter um quilograma de açúcar com meio litro de água para cada 50 ameixas. Aquece-se gradualmente até entrar em ebulição, não se devendo deixá-las boiar, porque a ação do ar as faz enegrecer. Para obstar isto, põe-se-lhe um prato em cima e sobrecarrega-se com uma pedra. Depois de algumas fervuras, deita-se tudo em um vaso de porcelana, onde se deixa macerar durante 20 a 30 horas; decorrido este tempo, escorre-se o sumo, que se ferve até se condensar bastante; metidas já as ameixas em frascos, distribui-se por eles o xarope; 4 dias depois, ajunta-se-lhes um litro de aguardente. Deve deitar-se o xarope nos frascos bastante quente e, para evitar que estes pelo aquecimento rápido se quebrem, deve haver o cuidado de aquecê-los previamente em água morna. Os frascos molham-se muito bem com cortiça, e esta reveste-se de pergaminho molhado, que se aperta e adere bem ao bocal. Emprega-se de preferência a ameixa-rainha-claudia branca ou roxa.

**AMEIXAS CRISTALIZADAS** – As ameixas que têm de ser assim preparadas não devem estar completamente maduras. Furam-se com um alfinete até o caroço e levam-se ao fogo em um tacho com água fria. Quando a água estiver a ponto de ferver, tiram-se as ameixas, e lançam-se sobre uma peneira para as fazer escorrer. Prepara-se a calda nas proporções de um quilograma de açúcar para meio litro d'água. Põem-se as ameixas dentro e deixa-se ferver devagar; tira-se a escuma; depois, deita-se tudo em uma terrina. No dia seguinte, leva-se ao fogo ajuntando-se um pouco de açúcar; deixa-se a calda ficar bem espessa, põe-se tudo em potes de boca larga e coloca-se em um forno morno durante dois dias. No fim desse tempo, tiram-se as ameixas da calda, fazem-se escorrer, polvilham-se com açúcar fino, e põem-se sobre placas de folhas de flandres em um forno morno até que estejam secas.

**AMÊNDOAS** – Ponham-se em uma caçarola um quarto de litro d'água com 500 gramas de açúcar e 500 ditas de amêndoas descascadas, que se vão virando com uma espátula até começarem a estalar, e a destacarem-se do açúcar. Tira-se então metade da calda e continua-se a cozinhar as amêndoas até que o açúcar comece a ligar-se de novo a elas; evitando-se com muito cuidado que fervam muito, vai-se pondo aos poucos a calda que se tirou, até que esteja tudo tirado às amêndoas. Deitam-se em uma peneira para as fazer esfriar e antes de completamente frias separam-se as que estiverem ligadas umas às outras. Pode-se variar de muitas maneiras o sabor das amêndoas. Para fazê-las de *rosas*, ajuntam-se à água, que deve prepará-las, 30 gramas de água destilada de rosas e 8 a 10 de carmim líquido. Para as de *baunilha*, ferve-se na calda uma fava de baunilha até dar o gosto desta. Para as de *hortelã-pimenta*, junta-se água de hortelã-pimenta. Para as de *canela*, ferve-se a canela na calda até dar-lhe o gosto, e assim se fazem todas as outras.

**AMÊNDOAS DE AMENDOINS** – Torram-se os amendoins, descascam-se e segue-se o mesmo processo que as amêndoas de castanhas de caju; elas custam menos a cobrir porque são menores.

---

### ☙ AMÊNDOAS DE AMENDOINS

Em variados usos, o *Arachis hypogaea* L., juntamente com o açúcar, faz uma das melhores combinações de sabores, entre elas as amêndoas, como forma e estética.
Inesquecíveis os docinhos de aniversário, aqueles artesanais, bolinhas doces, de um tudo, diga-se com muito leite condensado.
Destaco um desses docinhos de festa cujo principal ingrediente é o amendoim, que pode ser complementado com uma castanha de caju. É o tão conhecido cajuzinho, que é a massa de amendoim modelada a mão.

**AMÊNDOAS DE CHOCOLATE** – Raspam-se os paus de chocolate que se entender, e amolecem-se até ficarem em massa, da qual se formam pastilhas que se põem ao sol para secar; outras se passam por calda grossa em *ponto de refinar* e põem-se ao ar para secar. Quando se queira fazer delas pastilhas, estende-se a massa de chocolate, cortam-se em quadrados e vão a secar da mesma maneira que as outras. Fazem-se de todos os feitios.

## O CAJU

*Anacardium occidentale*, fruta nativa, traz um rico e amplo imaginário gastronômico destacado pelo consumo *in natura*. Sem dúvida, com seus muitos usos em receitas tradicionais e contemporâneas, os cajus são apresentados em calda de açúcar, como passas

> **Amendoas de castanhas de cajú.** — Torrão-se as castanhas de cajú, quebrão-se e tirão-se das cascas, faz-se á parte alguma calda que se põe em ponto de refinar, deitão-se dentro as amendoas e ata-se a cada argola do tacho uma corda que liga a alguma viga ou páo suspenso, de sorte que se possa agitar o tacho de um para outro lado, até que as amendoas sequem bem e assucarem. Então vão-se tirando as que estão cobertas e tornando a chegar o tacho ao fogo afin de que o assucar torne a derreter e cubra todas ellas, seguindo sempre esse processo.

"dessoradas artesanalmente", e assim concentrando o sabor e o odor peculiares da fruta. Ainda, a sua castanha verde, chamada *maturi,* é a base com que se faz saborosa moqueca ao se acrescentarem azeite de dendê e temperos. Também o "filé" que se obtém do fruto, chamado *carne de caju,* é empregado para pratos condimentados e salgados.

Contudo, uma das formas mais apreciadas e frequentes de comer o caju está no aproveitamento da castanha, que é, verdadeiramente, o fruto. Assada, salgada ou acrescida de açúcar, compõe amplo cardápio da mesa brasileira.

**AMÊNDOAS COBERTAS FINAS BRANCAS** – Quando se fazem confeitos, separam-se todas as amêndoas que não são defeituosas, porque é com estas últimas que se fazem as amêndoas cobertas. Toma-se, portanto, um quilograma de amêndoas e outro de calda clarificada, que se dividem em duas partes iguais; faz-se cozinhar uma destas partes até o *ponto de bala,* lançam-se-lhe os confeitos, cobrem-se de açúcar como as amêndoas cobertas ordinárias, crivam-se, toma-se o açúcar que se separou da outra porção de açúcar clarificado, cozinha-se depois tudo até o *ponto de bala,* aí se põem outra vez as amêndoas cobertas para açucará-las de novo; quando estiverem açucaradas, crivam-se, e elas são finas, porque não se cobrem de açúcar.

**AMÊNDOAS COBERTAS, PISTACHES OU AVELÃS** – Todos os três fazem-se da mesma maneira. Tomam-se 500 gramas de amêndoas, que se esfregam em um pano para limpá-las, lançam-se em uma panela de cobre não estanhado, com 500 grâmas de açúcar, meio copo d'água, e põem-se sobre o fogo; quando as amêndoas estalarem um pouco forte, tiram-se e mexem-se sempre até que o açúcar esteja em areia e bem separado das amêndoas;

tira-se, divide-se o açúcar em duas partes, das quais se deixa metade na vasilha com meio copo d'água, faz-se ferver até que esteja em ponto quase de caramelo; lançam-se-lhe então as amêndoas, mexem-se para fazê-las tomar açúcar e tiram-se ainda; põem-se a outra metade de açúcar com outro tanto d'água, faça-se chegar da mesma maneira o caramelo, põem-se as amêndoas, mexam-se até que elas tenham tomado todo o gosto do açúcar, tirem-se, lancem-se sobre papel e separem-se as que estiverem pegas. Se quiser fazê-las com *flor de laranjeira*, ajuntem-se 30 ou 60 gramas de flores de laranjeiras torradas ou frescas, mas esmagadas em um almofariz, depois das duas últimas cocções de açúcar. Nas de *limão*, emprega-se raspa de casca de limão. Nas de *baunilha*, faz-se cozinhar com as duas últimas cocções de açúcar um pedaço de baunilha pisada.

**AMÊNDOAS E DAMASCOS EM CALDA** – Deitem-se as amêndoas e damascos verdes dentro d'água com quatro mãos cheias de cinza, dê-se-lhes uma fervura; tirem-se do líquido, esfreguem-se com as mãos, para tirar a pele, e deitem-se em água fria; passem-se depois para água fervendo e deixem-se cozer. Logo que lhes entre facilmente uma agulha, passem-se outra vez para água fria. Deitem-se depois em açúcar clarificado; volte tudo ao fogo, até que ferva um pouco, e fique bem verde, e o açúcar reduzido ao ponto.

**AMENDOIM SOCADO** – Deitam-se os amendoins em um tacho, torram-se; depois de frios esfregam-se entre as mãos para se desprender a película que os cobre, e sopram-se na peneira; em seguida, socam-se grosseiramente em um pilão, e passam-se por uma peneira grossa. Faz-se uma calda de açúcar limpo que se deve tirar do fogo quando estiver quase em *ponto de espelho*; deitam-se-lhe então os amendoins, mexendo-se bem para não formarem grumos.

Torna-se a levar a calda ao fogo, até alcançar o *ponto de espelho*, e despeja-se em pires ou copos, polvilhando-se de canela moída.

**AMORAS PRETAS EM CALDA** – Tomam-se 500 gramas de amoras bem maduras e perfeitas e 500 ditas de açúcar em calda, que se leva ao fogo e, quando começar a engrossar, ajuntam-se-lhe as amoras, que se deixam ferver até a calda ficar em *ponto de espelho*; tiram-se então do fogo, e guardam-se em vasilhas vidradas. Da mesma maneira se aprontam as amoras brancas ou framboesas, e também as frutas das amoreiras em que se criam os bichos-da-seda.

**ANANÁS CONFEITADO** – Toma-se o ananás, tira-se-lhe a casca, deixando uma parte de coroa, lava-se, depois de ter enterrado a faca em muitos sentidos até o âmago. Para os confeitar, procede-se como para os *damascos*.

**ANANÁS INTEIRO** – Descasca-se o ananás sem se lhe cortar o pé; tiram-se-lhe os olhos com a ponta de um canivete, dá-se-lhe uma fervura em água, deixa-se esfriar e depois se tira do fogo. Faz-se uma calda com 500 gramas de açúcar para cada ananás, deita-se a fruta nesta calda enquanto ela ainda está rala; deixa-se ferver algumas vezes, e tira-se do fogo, deixando-se a fruta na calda por 24 horas. Depois se leva tudo de novo ao fogo, ferve-se até a calda ficar em ponto de espelho, tira-se e guarda-se.

### ❧ ANANÁS INTEIRO EM CALDA

Certamente, com o coco verde e a manga, o ananás é a fruta que integra o ideário dos sabores tropicais.

É uma fruta suculenta, de odores próprios e sobretudo refrescante, destacada nos cenários e ambientes do verão. Assim, nada melhor e gostoso do que uma fruta carnuda, com muita água, madura, o que indica ser doce. Pois o ananás pronto para o consumo é reconhecido por um quase dourado e por seu perfume.

> **Ananaz inteiro em calda.** — Depois de bem descascado o ananaz, tirão-se-lhe os olhos com um canivete, e ferve-se em um tacho; quando começa a ferver, lança-se no tacho uma boneca de panno cheia de cêra branca, e logo que se desfaça, se tira o tacho do fogo, deixa-se esfriar, e muda-se depois o ananaz para outra agua. Todos os dias o ananaz vai ao fogo, mas sem a cêra, até que fique bem macio. Então pesa-se; cada 500 grammas de ananaz leva 1 kilogramma de assucar. Limpa-se a calda, deita-se-lhe o ananaz, e assim se deixa por tres dias; dando-se em todos elles uma pequena fervura, e á ultima apura-se o doce.

A receita do *ananás inteiro em calda* traz um ingrediente peculiar que é a *cera branca*, certamente a chamada cera virgem, sem aditivos, que funciona como ingrediente na composição da massa. A cera é colocada num saquinho de tecido, chamado "boneca", como, aliás, é feito para conter condimentos em combinações especiais como *quatre-épices, garam masala seca*, entre outros.

**ANGÉLICA CONFEITADA** – Cortem-se de 15 centímetros de comprimento, quando muito, hastes da angélica bem tenras e vão-se lançando na água fria; tirem-se depois e se deitem em água quase a ferver. Retire-se logo a bacia do fogo para deixá-la uma hora nesse estado; tirem-se a angélica, as filandras e a pele de baixo, que se vão lançando na bacia com bastante água para que mergulhem, e faz-se ferver até que dobrem debaixo dos dedos; retirem-se do fogo e lance-se meio punhado ou um punhado de sal para fazer reverdecer as hastes, deixando-se 1 hora, tirem-se e deixem-se escorrer; faça-se um xarope com tantos quilogramas de açúcar quantos de angélica, e termine-se como as ameixas-rainha-claudia. O açúcar resultante das operações acima serve para compotas.

**APRESSADO** – Tomem-se 500 gramas de açúcar, 500 ditas de farinha de araruta, 12 ovos com claras e gemas; mistura-se em uma bacia, bate-se tudo até rebentar bolhas, e mande-se ao forno em vasilhas untadas de manteiga.

**APRESSADO** – Meio prato de queijo ralado, um dito de polvilho, meia xícara de banha de porco, meia dita de manteiga, um pires de açúcar fino e quatro ovos; amasse-se tudo com leite, tempere-se com sal e cravo, e proceda-se como no anterior.

**ARAÇÁ EM CALDA** – Tomam-se os araçás antes de estarem bem maduros, dá-se-lhes um golpe até ao centro, e põem-se ao fogo em água fria para ferverem por 5 minutos; depois disto se tiram, e deixam-se escorrer. Põem-se então em uma calda rala, que se deixa ferver até chegar ao *ponto de espelho*.

**ARAÇÁ DO CAMPO EM CALDA** – Toma-se uma porção de araçás do campo que se lava em água fria, e vai a ferver; logo que os araçás sofrerem a primeira fervura, se tiram com uma escumadeira.

Por outra parte, se faz uma calda rala de açúcar limpo, e deitam-se nela os araçás, deixando-se ferver até ter alcançado o *ponto de espelho*;

ajuntam-se então alguns cravos-da-índia e uns pedacinhos de canela, e despejam-se em compoteiras.

**ARROZ DE BOM BOCADO** – Cozinham-se bem em água, com uma pequena porção de sal, 125 gramas de arroz, que se desfaz com uma colher de pau em uma massa branda. Depois de bem desfeito se tira do fogo, e ajuntam-se-lhe 500 gramas de açúcar areado. Estando tudo bem misturado, torna-se a pôr ao fogo até tomar *ponto de espadana* largo; e, estando neste ponto, tira-se do fogo para se lhe ajuntar 12 gemas de ovos, bem batidas e limpas das claras. Estando tudo bem misturado, torna-se a pôr ao fogo, mas brando, para cozinhar os ovos e enxugar, depois do que se deita em pratos, polvilhando por cima com canela em pó.

**ARROZ-DOCE DOURADO** – Ferve-se meio prato de arroz com duas garrafas de leite, 250 gramas de açúcar, sal, casquinhas de limão e noz-moscada ralada; estando o arroz cozido e quase seco, acrescentam-se 6 gemas de ovos batidas, com um copo de vinho branco e duas colheres de manteiga; deixa-se ferver mais um pouco, põe-se sobre pratos, polvilha-se de canela moída e serve-se quente.

**ARROZ-DOCE À IMPERIAL** – Depois de frio o *pudim de ovos* (veja-se), corta-se em bocados iguais, deita-se em um prato e põe-se de parte.

Lavam-se em três águas 250 gramas de bom arroz escolhido e se deita em uma caçarola com litro e meio de leite a ferver; deixa-se cozer, temperando-o de sal, pouco, e lhe deitando um pau de canela e uma casca de laranja; deve ferver muito devagarzinho. Em estando cozido, deita-se-lhe o açúcar necessário para ficar doce, e mexe-se com uma colher de pau, observando se o arroz está cozido e se precisa de mais algum leite. Estando cozido, tira-se do fogo, deitam-se-lhe 100 gramas de manteiga de vaca e um quartilho de nata e mexe-se muito bem, em cima do lume, até ferver; tira-se então para fora do fogo; em estando frio, deitam-se-lhe 24 gemas de ovos crus e mexe-se bastante até ficar bem ligado. Depois, ajunta-se-lhe com muito jeito, para não se desmanchar, o pudim de ovos que se cortou, e deita-se a massa em uma ou duas formas untadas com manteiga de vaca sem sal, e levam-se a cozer em banho-maria.

**ARROZ DO JAPÃO EM PUDIM** – Cozem-se em água e muito pouco sal 500 gramas de bom arroz, bem escolhido e muito bem lavado; estando cozido, desfaz-se com uma colher de pau o melhor que for possível, devendo ficar o grão completamente desfeito; em estando assim, ajuntam-se-lhe 1.500 gramas de açúcar em *ponto de espadana*, mas quase frio, 48 gemas de ovos batidas, alguma canela em pó, duas ou três pitadas, meia casca de limão ralado e 250 gramas de manteiga derretida, quase fria; ligam-se com uma colher de pau todos estes preparos e em seguida metem-se em uma ou mais formas de pudim, untadas com manteiga e cozem-se no forno, ou em banho-maria. Estando cozidas, tiram-se do forno e servem-se.

**ARROZ DE LEITE** – Depois de inchado o arroz, leva-se ao fogo numa caçarola, cobre-se com água e deita-se um pouco de sal. No fim de 5 minutos, escorre-se a água, e ajunta-se ao arroz o leite com algumas casquinhas de limão. Cozinha-se em fogo brando, e misturam-se-lhe açúcar e algumas gotas de água de flor de laranjeira, na ocasião de se ferver.

**ARROZ DE PRATO COM BAUNILHA** – Quando se quer proceder com mais prontidão, e evitar a operação da moldagem que traz sempre uma certa complicação do trabalho, se prepara o arroz como no *bolo de arroz com limão*; ajunta-se uma colher de sopa de açúcar de baunilha, e põe-se o arroz no prato como o assoprado. Polvilha-se de açúcar e cozinha-se um quarto de hora no forno de campanha, com fogo em cima muito brando e embaixo muito vivo; cobre-se com a palheta vermelha.

**ARRUFADAS DE SANT'ANNA** – Vinte litros de farinha de trigo saloio, 32 ovos, um quilograma e meio de açúcar, um quilograma de manteiga, 15 gramas de canela e um pouco de fermento. Amassa-se tudo como se amassa o pão, deixa-se levedar, por espaço de 12 a 24 horas, se tanto for necessário. Estando levedado, fazem-se as arrufadas do tamanho que se quiser, e mandem-se ao forno.

**ARRUFOS** – Tomem-se dois pratos de polvilho fino, passados por peneira fina, ajuntem-se-lhes 24 gemas e uma clara de ovo e, depois de sovar bem esta massa, escalde-se em gordura quente, e, ajuntando-se-lhe uma colher de manteiga inglesa, fazem-se os biscoitos, que são levados a forno quente.

**ASSOPRADINHOS DE FOLHADOS** – Tomem-se 125 gramas de amêndoas escolhidas, soquem-se bem finas com clara de ovo, ajuntando-lhes 125 gramas de açúcar e um pouco de baunilha. Faça-se a massa bastante dura para que se possa estender com o rolo, e cortem-se com um saca-bocado pedaços do diâmetro de uma moeda de vintém. Põem-se sobre uma folha untada de manteiga, e cozinham-se em forno brando. Enquanto cozinham, batem-se em neve bem firme 6 claras de ovos, e sobre cada um dos pedaços de massa acima mencionados dispõe-se uma espécie de pirâmide que não seja mais larga embaixo do que os ditos pedaços. Corem-se todas essas pirâmides com açúcar branco, azul, vermelho e outras cores que quiserem, molhando as pirâmides no açúcar. Cozinhem-se em forno muito brando e sobre latas. Perfume-se com *kirschwasser*.

**ASSOPRADOS DE ARROZ** – Faça-se infundir durante um quarto de hora duas vagens de baunilha em nove copos de leite fervendo. Desmancham-se neles 500 gramas de farinha de arroz; depois de igual espaço de tempo empregado em fazer cozinhar em fogo brando, ajuntam-se-lhes 500 gramas de açúcar, 250 ditas de manteiga e uma pitada de sal, mexendo-se sempre. Durante esse tempo batem-se 16 claras de ovos e, logo que estiverem bem firmes, tira-se a mistura do fogo e deitam-se-lhe as 16 gemas. O assoprado deverá oferecer então a consistência de uma massa de pastel, senão ajuntar-se-lhe-á um pouco de creme batido; misture-se-lhe primeiro a quarta parte das claras, depois o resto com ligeireza, como se pratica com a massa para biscoitos. Lança-se o assoprado na forma e sustenta-se com tiras de papel forte e untado de manteiga, colocadas em redor do alto da forma, e leva-se a forno moderado durante duas a duas horas e meia. Pouco antes de se servir, tira-se o assoprado, que se polvilha com açúcar e se cobre com palheta vermelha, conservando-o ainda em um prato fundo colocado sobre brasas. Todas estas precauções têm por fim impedir que o assoprado abata. Ele deve ser servido logo.

**ASSOPRADOS DE BATATAS, CAFÉ, CHOCOLATE** – Misturem-se 4 gemas de ovos, 6 colheres de fécula de batatas, uma de manteiga muito fresca e uma casca de limão raspada. Dissolva-se tudo em meio litro de leite, que se põe no fogo, e se mexe com uma colher de pau, até que a mistura tenha dado uma ou duas fervuras. Então se deixa esfriar, e se ajuntam ainda 4 gemas de ovo e 6 claras batidas; tudo misturado com precaução, cozinha-se como o assoprado de arroz, descrito anteriormente.

Com esta sorte de massa se fazem todas as qualidades de assoprados. Se ela estiver muito espessa, devem-se ajuntar um ou dois ovos inteiros; se estiver muito rala, mistura-se-lhe fécula, porque é de sua consistência que dependerá o bom resultado do doce.

Quando se quer um *assoprado de café*, faz-se uma infusão do café no leite antes de misturar-lhe a fécula. O de *chocolate* faz-se derretendo a quantidade que se quiser de chocolate, e diminuindo então a da fécula na mesma proporção. Também se faz de frutos perfumados, como *damascos*, *ananases*, etc., ajuntando marmelada. Fazem-se também de *castanhas*, empregando farinha fina de castanhas em lugar de fécula.

**ASSOPRADOS DE BAUNILHA** – Põe-se em uma caçarola de três litros o seguinte: um litro de leite, 200 gramas de farinha de trigo, 200 gramas de açúcar em pó, duas colheres de xarope de baunilha e uma pitada de sal. Desmancha-se a farinha no leite, cozinha-se e tira-se do fogo logo que ferver, devendo-se mexer com uma colher de pau para tornar a massa bem lisa. Tomam-se 6 ovos, que se quebram, separando as gemas das claras, põem-se as gemas na caçarola mexendo fortemente, e batendo as claras de modo que fiquem bem firmes. As gemas e claras devem ser bem misturadas, mexendo-se com pouca força, a fim de que a massa não fique muito líquida. Lança-se toda a massa de uma só vez em um prato de porcelana côncavo, que vai a forno quente por espaço de 20 minutos ou em forno de campanha, que se aquecerá meia hora antes. O assoprado deve ser feito do tamanho de 22 centímetros sobre 18. Depois de pronto, polvilha-se com açúcar fino e se come pouco depois, porque ele é susceptível de abater com facilidade.

**ASSOPRADOS DE FÉCULA** – Depois de batidos, até ficar branco e leve, dois ovos com 130 gramas de açúcar, ajuntam-se duas gemas de ovos, água de flor de laranjeira e 25 gramas de fécula, que se misturam bem. Batam-se bastante 4 claras de ovos, que se misturam devagar aos outros ingredientes. Então se unta de manteiga um prato de metal e, pondo nele o assoprado, vai a fogo brando, ou cobre-se com um forno de campanha aquecido antes. Quando o assoprado estiver bastante alto, sirva-se depressa, a fim de não abater.

**ASSOPRADOS DE QUEIJO** – São excelentes bolinhos que se fazem com 180 gramas de fécula de batatas, 90 ditas de manteiga fresca, meio litro de creme simples e alguns grãos de sal. Cozinha-se esta mistura até ficar perfeitamente ligada, e à qual se ajunta então um pedaço de noz-moscada e uma pequena quantidade de parmesão. Quando tudo estiver meio frio, ajuntam-se 12 gemas de ovos, e mais tarde, no momento de pôr os assoprados no fogo, 8 claras batidas em neve e 180 gramas de parmesão raspado. Um quarto de hora somente antes de servir, enchem-se com esta preparação caixas de papel, que já devem estar untadas de manteiga, e secam-se na estufa. Sobre placas de folha de ferro, vão a forno ligeiramente aquecido. Depois de cozidos, servem-se enquanto estão quentes.

## ASSOPROS À MINEIRA

As receitas, especialmente dos doces, têm vocação de particularizar memórias, e do que se pode chamar de singularizar territórios. Quando se fala à mineira, busca-se compreender um longo processo histórico, social e cultural que faz das *Gerais* um lugar de repertórios múltiplos, que traz as grandes cozinhas rurais com os seus fogões à lenha, utensílios em cobre, destacando-se os tachos para fazer doces. Além dos utensílios peculiares, estilos pessoais das doceiras determinam também o sentido de território e de lugar, no caso, das Minas Gerais.

Assopros à mineira confirmam as tendências de uma doçaria tradicional e identitária de base portuguesa no que se refere ao uso culinário de muitos ovos.

> **Assopros á mineira.** — Mistura-se 120 grammas de fubá de arroz, com uma chicara de leite, 250 grammas de assucar em pó, 120 ditas de manteiga de vacca, quatro gemas de ovo, e um pouco de canella moida; bate-se tudo, até formar uma massa escumosa, que se põe n'uma cassarola sobre o fogo; aquece-se, mexendo-se até estar em ponto de endurecer; accrescentão-se nesta occasião oito claras de ovo batidas duras, mexe-se e formão-se pequenas porções desta massa, que se deitão ás colheres, umas perto das outras, em folhas de Flandres, que se põem n'um forno temperado.

**AÇÚCAR** – *Clarifica-se o açúcar* deitando-se em um tacho 4 quilogramas de açúcar grosso de Pernambuco, que é o melhor de todos, despejam-se-lhe por cima dois litros d'água batida com uma clara de ovo, e mexe-se tudo muito bem com uma colher de pau, que não deve servir senão para este trabalho. Logo que o açúcar estiver dissolvido, leva-se ao fogo, tendo, porém, o cuidado de mexê-lo algumas vezes para não se pegar ao fundo do tacho. Quando levantar fervura, e o líquido estiver subido quase à boca do tacho, faz-se imediatamente descer, espargindo-lhe por cima a quarta parte de um litro de água pura, e em seguida abranda-se o calor do fogo cobrindo o braseiro com cinza para que a segunda fervura leve mais tempo a realizar-se. Em fervendo, deita-se de novo sobre a escuma do açúcar a mesma quantidade de água que se deitou na primeira fervura, devendo se repetir esta operação quando o líquido ferver pela terceira vez; e, por fim, escuma-se a calda depois de ter repousado alguns momentos. Tiradas as escumas, dá-se bastante fogo ao tacho para acabar de limpar a calda e fazê-la chegar ao ponto de pasta. Conhece-se que a calda está limpa quanto as últimas escumas que se lhe tiram são ligeiramente brancas; então, tira-se o tacho do fogo e coa-se a calda por um pano de algodão trançado, ou de flanela branca.

Clarifica-se ainda o açúcar com *carvão animal*, operando-se como no processo anterior, com a diferença apenas de ajuntar ao açúcar, antes de ir para o fogo, 120 gramas de carvão animal em pó, o qual absorve a cor amarela do açúcar e faz com que se obtenha calda mais clara do que pelo primeiro processo.

Para que os processos de clarificação do açúcar, que acabamos de indicar, tenham o êxito que se deseja, devem-se tomar as seguintes precauções:

1ª Ter toda a cautela de que as vasilhas que servirem não estejam sujas de gordura.

2ª Não deitar mais do que uma clara de ovo.

3ª Não cobrir a vasilha em que estiver a calda depois de coada, senão depois de esta estar bem fria.

4ª Conservar o fogo sempre coberto com cinza até se escumar a calda pela primeira vez.

Se não se tiver essas precauções resultará:

Na falta da primeira, não se conseguir clarificar o açúcar.

Da segunda, não se poder trabalhar com a calda, pois que ela quando ferver sairá pelo tacho fora.

Da terceira, azedará a calda no fim de 2 ou 3 dias.

A quarta precaução tem por fim fazer com que a clarificação se faça lentamente.

Clarifica-se o açúcar cristalizado, quando está cheio de corpos estranhos, pondo-se em um tacho dois quil ogramas de açúcar cristalizado, com um litro de água batida e metade de uma clara de ovo, dissolve-se bem o açúcar no líquido e leva-se ao fogo; logo que principie a ferver, tira-se o tacho do fogo e escuma-se; depois, leva-se de novo ao fogo para lhe dar outra fervura, e logo que ajunte escuma retire-se, escuma-se de novo e passa-se por um pano bem tapado.

O açúcar em pedra não precisa ser clarificado; basta derretê-lo em água pura e escumá-lo quando ferver.

Os diversos grãos ou *pontos de açúcar* em calda que se conhecem são os seguintes: *ponto de areiar, de assoprado, de bala* ou *de quebrar, de cabelo, de caramelo, de coalho, de espadana, de fio, de pasta, de pérola, de rebuçado* e *de voar* ou *de borboleta*.

*Ponto de areiar* – É quando o açúcar, depois de ferver mais algum tempo que no *ponto de rebuçado*, deixa em volta do tacho algum açúcar agarrado, e que imediatamente engrossa.

*Ponto de assoprado* – É quando se mete a escumadeira no tacho, saco-de-se, e depois, soprando-se através dela, forma-se fita, ou quando formar bolhas que flutuam no ar.

*Ponto de bala* ou *de quebrar* – Conhece-se quando se tira com a escumadeira uma pequena porção de calda, e deitando-a dentro d'água fria apalpa-se depois com os dedos, e ela quebra quando se comprime.

*Ponto de cabelo* – Conhece-se este ponto fazendo-se com os dedos a mesma operação que acima se fez. Se a calda deixar entre eles um fio que não quebre, e se no abrir e fechar dos dedos se ouvirem uns estalos semelhantes aos que se ouvem quando se desprende a língua do céu da boca, ou se o fio quebrar e ficar uma gota em cada um dos dedos que se apertou. No areômetro marque 37,5 graus.

*Ponto de caramelo* – É quando a calda toma cor amarelo-escura, exalando cheiro ativo semelhante ao do benjoim. A cor não se deve deixar carregar, porque então é devido ao açúcar estar queimado ou muito pegado no fundo da caldeira, por falta de ter sido bem mexido.

*Ponto de coalho* ou *petit cassé* – É quando se mete o dedo em água fria, e logo depois na calda, e, introduzindo-se outra vez n'água, a porção da calda que ficar pegada ao dedo quebrar com facilidade, mas ficar agarrada aos dentes.

*Ponto de espadana* ou *de espelho* – É quando, levantada a colher, a calda cai quase do centro dela como em fita delgada, ou numa espécie de véu; quando se soprar este véu com força e ele ondular sem se romper; quando se deixar cair alguns pingos da calda num pires com água, estes se conservarem algum tempo nela; quando se meter a escumadeira na calda e caírem pelos buracos dela bolinhas; ou quando deixar entre os dedos, em vez de fio, uma fita.

*Ponto de fio* – É quando, levantada a colher, a calda cai em fios muito delgados, que voam ou se agitam com o leve ar; ou quando se molham dois dedos em água fria, e metendo um deles na calda ajuntam-se depois os dois dedos e, separando-os outra vez, entre eles a calda formar uma espécie de fio. Este ponto deve marcar no areômetro 36 graus.

*Ponto de pasta* – É quando, depois de levado o açúcar ao estado de xarope, e, continuando a cocção, se lhe mete a escumadeira e, levantando-a de repente, dá-se ao mesmo tempo sobre si duas ou três voltas e, conservando-a depois virada de lado, a calda que escorrer cair em toda a largura da escumadeira como em fita larga ou aos pedaços e não em fio. A calda com este ponto deve marcar no areômetro 32,5 graus.

*Ponto de pérola* – É quando a calda forma entre os dedos um fio que se não quebra, seja qual for a distância que mediar entre o índex e o polegar, ou quando a fervura formar uma espécie de pérolas redondas e elevadas.

*Ponto de rebuçado* – É quando, depois de ferver o açúcar um pouco mais que no ponto de espadana, se tira uma colher de calda e, lançando-a num prato com água fria, ela se ajunta como em bolas e não se espalha nem se dissolve.

*Ponto de voar* ou *de borboleta* – Para conhecer-se quando a calda alcança este ponto, mete-se a escumadeira na calda, levanta-se e sopra-se-lhe aos buracos, dos quais devem sair umas bolhazinhas, a que se chamam borboletas.

**AÇÚCAR DE GENGIBRE** – Trinta gramas de gengibre, 500 ditas de açúcar. Pisem-se o açúcar e o gengibre. Passem-se por peneira de seda e guarde-se em uma caixinha.

**AÇÚCAR DE LIMÃO** – Lavem-se e enxuguem-se alguns limões. Tirem-se-lhes as cascas de maneira a ter 60 gramas. Deixem-se secar à sombra. Cortem-se bem miúdos, deitem-se no gral com 500 gramas de açúcar em pedra. Pise-se e passe-se por peneira.

**BABA DE FRADE** – Tomem-se 8 gemas de ovos e 250 gramas de açúcar, batam-se bem, ajunte-se um quartilho de leite e, depois de bem mexer, levam-se ao fogo e fervem-se.

**BABA DE MOÇA** – Tome-se o leite de um coco ralado, ajuntem-se-lhe 500 gramas de açúcar em calda em ponto de pasta, e num tacho leve-se ao fogo; quando tiver tomado ponto, ajuntem-se-lhe 10 gemas de ovos bem batidas, aperte-se o ponto e sirva-se em compoteiras, polvilhando-se com canela.

**BABA DE VELHA** – A um quilograma e meio de açúcar em calda pouco grossa ajuntam-se 2 cocos ralados, dá-se ponto e deixa-se esfriar; depois se lhe deitam 4 gemas de ovos bem batidas, vai de novo ao fogo para cozinhar os ovos, mexendo sempre para não pegar. Põe-se em compoteiras com canela por cima. Pode-se aromatizar com água de flor de laranjeira.

**BACURI EM CALDA** – Tome-se uma porção destas frutas ainda não bem maduras, descasquem-se bem de maneira que se lhes tirem toda a pele, e também os talos, a fim de não ficar o doce escuro, atravessem-se com furos feitos com um pedaço de arame, ou uma agulha de coser fardos; assim preparadas, deitem-se na calda de açúcar em ponto de xarope, feita de 750 gramas de açúcar para cada 500 ditas de frutas; deixam-se ferver durante um quarto de hora, e postas num vidro de boca larga com alguns cravos-da-índia e uns pedacinhos de canela; deite-se-lhes a calda quente por cima.

**BAIANINHAS** – Um coco ralado, 500 gramas de açúcar, 14 gemas de ovos, 125 gramas de manteiga; funda-se tudo se mexendo bem, e leve-se a forno regular em forminhas untadas de manteiga.

---

### ❧ BAIANINHAS

Nominar por características regionais ou mesmo nominar por motivos alegóricos são formas de particularizar receitas, modos de fazer e sobretudo ingredientes.
Fortemente unido ao imaginário da cozinha do Recôncavo, além do coco do dendê, está o chamado *coco-da-baía*. Trata-se do *Cocos nucifera* L., de grande ocorrência tanto nas receitas de pratos salgados como nas de pratos doces. Nas *baianinhas* verifica-se que para cada 500 g de açúcar são adicionadas 12 gemas de ovos. Embora já tropicalizada pelo uso do coco ralado, essa receita preserva uma forte identidade com a doçaria tradicional portuguesa.

---

**BALAS DE AMÊNDOAS** – Cinco quilogramas de açúcar refinado e derretido ao fogo sem água, deita-se um quilograma de amêndoas doces descascadas e bem pisadas. Estando tudo isto bem combinado, façam-se e arrumem-se as balinhas em hóstias e tostem-se com a pá quente.

**BALAS DE CEREJA** – Faz-se cozinhar em fogo forte um litro de calda de açúcar; quando estiver a chegar ao ponto, deitam-se-lhe 2 decilitros de sumo de cereja e, levantando fervura, tira-se a caçarola do fogo, escuma-se bem a calda e põe-se de novo a ferver até chegar ao *ponto de quebrar*. Estando assim, despeja-se sobre uma mesa de mármore, que já deve estar ligeiramente untada com manteiga ou óleo de amêndoas doces, deixa-se então esfriar um pouco e marcam-se as balas com um cortador próprio para estas balas e para os do limão, o qual se encontra à venda na rua do Hospício, n. 57 A. Passa-se depois uma espátula de ferro entre a mesa e a pasta, para a despegar, deixa-se esfriar um pouco mais, e, depois, muda-se a pasta para um lado da mesa com o debaixo para cima, limpa-se com um pano a manteiga ou óleo que tiver e desmancham-se as balas principiando pelo lado mais frio. Embrulham-se em papéis brancos.

**BALAS DE COCO** – Faz-se calda com 500 gramas de açúcar e, quando esta estiver em *ponto de cabelo*, acrescenta-se um coco ralado e um pouco de canela em pó; mexe-se, e despeja-se num prato untado com um pouco de manteiga; tiram-se pequenas porções para formar balas, rolando-se a massa na palma das mãos.

**BALÃO DE LIMÃO** – Cozinhe-se a fogo forte um litro de calda de açúcar, e quando chegar ao *ponto de quebrar* deitam-se-lhe 6 gotas de essência de limão; tira-se a caçarola do fogo, despeja-se a calda sobre a mesa de mármore untada com manteiga ou óleo de amêndoas, e segue-se o final conforme a receita das *balas de cereja*.

**BALINHAS DE AMÊNDOAS** – Tomam-se 500 gramas de açúcar, que se levam ao *ponto de cabelo*; deitam-se-lhe 120 gramas de amêndoas doces descascadas e socadas com 60 gramas de açúcar seco; mexe-se, tira-se a caçarola do fogo, e formam-se umas balinhas, que se embrulham em papéis.

**BALÕES** – Põe-se sobre a mesa de trabalho um quilograma de farinha de trigo peneirada, faz-se uma cova no centro e deitam-se-lhe 8 ovos e 60 gramas de fermento de cerveja, que se encontra nas fábricas de cerveja. Amassa-se tudo com o leite preciso para fazer uma massa mole, que se põe, depois de bem amassada, dentro de uma vasilha de barro e em lugar quente até que tenha o dobro do volume; nesta ocasião faz-se uma cova no centro do crescente, e deitam-se nela 100 gramas de açúcar, 200 ditas de manteiga e algum leite.

**BANANAS ASSADAS** – Toma-se uma porção de bananas com cascas, enfiam-se no borralho, tiram-se e descascam-se; envolvendo-as em fubá mimoso, fritam-se em gordura, e servem-se, pondo açúcar por cima.

**BANANAS EM CALDA** – Depois de descascadas, passam-se com pressão por peneira, põem-se ao fogo em calda de açúcar, em quantidades iguais em peso, e deixa-se tomar ponto.

**BANANAS DE FORNO** – Põem-se em uma frigideira nova 6 bananas-da--terra descascadas, que sejam boas e macias; deitam-se por cima 250 gramas de açúcar, outro tanto de manteiga, umas pitadas de canela, algum cravo-da-índia e um pouco de água. Feito isto, vão ao fogo, sacudindo-se sempre a frigideira, a fim de não queimar; quando estiverem bem passadas e com a calda grossa, pulverizam-se com açúcar e canela e vão ao forno. Antes de se arranjarem as bananas na frigideira, furam-se com um pauzinho, a fim de que os temperos penetrem bem nelas.

**BANANAS FRITAS** – Ferve-se em água uma porção de bananas com casca; descascam-se depois, racham-se pelo meio e fritam-se em manteiga ou gordura, polvilham-se com açúcar e queijo ralado, e servem-se. Quando as bananas estão bem maduras, não se cozinham, descascam-se e põem-se a frigir.

### ❧ BANANAS FRITAS À BRASILEIRA

Trago uma experiência gastronômica da Bahia, na cidade da Cachoeira, Recôncavo, onde certamente comi excelentes bananas fritas. Lá são as chamadas *bananas-da-terra,* que em Pernambuco são as *bananas-compridas.*
São servidas no café da manhã, muito bem fritas, sequinhas, pois certamente passaram pelo papel para enxugar gordura. Creio que foram fritas em óleo. Por serem grandes e longas, as talhadas são generosas e enriquecidas com uma mistura fantástica, que traz o mundo magrebino, o açúcar com canela.
No *caruru de Cosme*, que é um cardápio votivo para homenagear os santos gêmeos, são Cosme e são Damião, a banana-da-terra é frita no azeite de dendê.
Esse cardápio é complementado com feijão de azeite, abará, acarajé; acaçá branco, roletes de cana, rapadura; farofa de azeite, doboru – pipoca –, aluá e o caruru de quiabos.

> **Bananas fritas á brasileira.** — Cortão-se em fatias delgadas e ao comprido algumas bananas maduras, e fregem-se em manteiga de vacca, porém com muito cuidado para que fiquem as talhadas inteiras; á proporção que se forem frigindo, põem-se n'um prato, e polvilhão-se muito bem com bastante assucar fino areiado e canella em pó, pondo as talhadas umas em cima das outras; estando fritas, põem-se n'uma estufa ou n'um lugar em que lhe chegue o calor para se servirem ainda quentinhas.

**BANANAS DE OVOS** – Quinhentos gramas de açúcar em *ponto de espelho* e uma gema de ovo batida. Misture-se uma amêndoa socada e bem batida com a gema de ovo, depois se deite na calda, espalhando-se e abrindo-se com a colher. Deixa-se cozinhar de uma e outra parte até que fique da mesma sorte, depois se embrulha com a colher, põe-se em uma peneira a escorrer e cobre-se com canela e açúcar.

**BANANAS DE POLVILHO** – Um pires de farinha de mandioca e um prato de polvilho. Escalda-se o polvilho com leite fervendo, mistura-se a farinha com uma colher de manteiga de vaca e outra de banha de porco e 6 ovos com claras; amassa-se bem. Se ficar dura, põe-se um pouco de leite, enrola-se na mão untada de gordura, põe-se pouco açúcar e vai ao forno em folhas de bananeira e cobre-se por cima também.

**BAZÓFIAS COZIDAS À BRASILEIRA** – Batem-se com umas varas 6 claras de ovos, que fiquem em espuma muito alta; misturem-se-lhes imediatamente 6 colheres de açúcar em pó, uma casca de limão ralada (melhor serão uns pingos de essência de limão, se houver), ou óleo de canela; bata-se muito bem, e divida-se esta espuma em porções iguais, metendo-as num tabuleiro forrado de papel; leve-se a forno muito brando e deixe-se corar ligeiramente; tire-se então e com auxílio de uma faca despeguem-se, untando o *lar* de cada um desses bolos com doce de ovos; unam-se depois dois bolos *lar* com *lar* e assim se vai fazendo até ficarem todos aos pares; levam-se outra vez a forno brando e, passados um ou dois minutos, tirem-se e sirvam-se.

**BATATADA** – Cozinham-se as batatas, descascam-se e passam-se por uma peneira, e em cada 500 gramas de massa 750 gramas de açúcar; depois de limpo o açúcar, mistura-se parte deste com a batata, leva-se ao fogo, desfaz-se bem com uma colher, mexendo-se sempre; vai se renovando com o resto da calda até se pôr em ponto de correr. Para fazer em bocadinhos secos, a que chamam linguinha de mulata, deixa-se que o doce se despegue no mexer do tacho, tanto no fundo como à roda; então está em bom ponto, tira-se do fogo, fazem-se as galanterias que se quiser e secam-se ao sol.

**BATATAS-DOCES** – Tomam-se algumas batatas-doces, das roxas, que se descascam, depois se cozinham em água simples, e passam-se em uma peneira fina, esfregando-se com a mão. Faz-se uma calda de açúcar limpo, põe-se a massa das batatas a ferver juntamente nesta calda, que deve ser feita na proporção de 500 gramas de açúcar para 500 ditas de massa. Deixa-se tudo ferver até a calda alcançar o *ponto de espelho*, ajuntam-se-lhe uns cravos-da-índia, uns pedacinhos de canela, e despeja-se em compoteiras, copos ou qualquer outra vasilha.

**BEIÇOS DE MOÇA** – Toma-se o leite de 2 cocos-da-baía, deitam-se-lhe 500 gramas de açúcar refinado, e ferve-se até a calda chegar ao ponto de xarope; deixa-se esfriar ajuntando-lhe então 9 gemas de ovos bem batidas, leva-se de novo ao fogo, ferve-se, mexendo-se durante 10 minutos e, pondo-se depois em xícaras, polvilhe-se com canela em pó.

**BEIJINHOS** – Estando 500 gramas de açúcar em *ponto de pérola*, deitam-se-lhe 120 gramas de amêndoas bem pisadas, e, logo que levantar fervura, tire-se o tacho do fogo, batam-se 15 gemas de ovos e duas claras, ajuntem-se-lhes canela em pó e um pouco de casca de limão ralada; lancem-se dentro, leve-se tudo ao fogo, e vá se mexendo sempre, para não pegar, até que engrosse, de maneira que se possam fazer os beijinhos nas mãos; untem-se as latas com manteiga e ponham-se em forno brando.

**BEIJINHOS DE MOÇA** – Tomem-se 500 gramas de amêndoas piladas e bem pisadas, ajuntem-se-lhes meio litro de leite e 500 gramas de açúcar fino e, quando tudo estiver bem ligado, formem-se pequenos bolinhos, e levem-se em bandejas a forno regular; quando se retirarem do forno, e ainda quentes, passem-se esses bolinhos por açúcar cristalizado e sirvam-se.

**BEIJINHOS DE MOÇA** – Tomam-se 2 pratos de farinha de mandioca, reduzida a pó e passada por peneira fina, ajuntem-se-lhe 3 pratos de polvilho, 250 gramas de banha, uma pequena colher de sal fino, uma garrafa de leite, duas claras de ovos, e forme-se uma massa bem fina e bem sovada, e com ela formem-se biscoitos a capricho de quem fabrica, e levem-se em bandejas a forno com boa quentura.

**BEIJINHOS DE MOÇA** – Batem-se 6 ovos com 125 gramas de açúcar, 90 ditas de fubá de arroz, uma pedra de sal e um pouco de baunilha em pó; deita-se a massa em uma forma, de maneira que fique da altura de um dedo; põe-se em forno temperado, e cozinha-se, o que se alcança em um quarto de hora. Neste estado cortam-se os pedaços com uma forma do tamanho de uma moeda; vidra-se uma metade com calda de açúcar e a outra com chocolate. Grudam-se, sempre juntos, dois biscoitinhos, vidrados diferentemente, e põem-se em forno brando para secar.

**BEIJOS DE FRADE** – Para 500 gramas de açúcar, 14 ou 15 gemas de ovos, façam-se ovos moles. Estando cozidos e principiando a açucarar, vá se lhes deitando e mexendo cerca de duas colheres pouco mais ou menos de farinha de trigo até que fique açucarado a ponto de despegar-se do tacho. Tire-se então do fogo, ponha-se sobre uma tábua molhada e estenda-se com a mão. Logo que esfriar, cortem-se talhadinhas, que se levam ao forno em vasilhas para corar.

**BEIJOS DE FREIRA** – Depois de batidos, até ficarem bem ligados, 500 gramas de açúcar com 4 claras de ovos, ajuntem-se um pouco de sumo de limão meio maduro e um bocadinho do sumo da casca exterior, que se extrairá levemente com as costas de uma faca. Ponha-se a massa em pequenos bolinhos, sobre papel, metem-se no tabuleiro, e vão ao forno, que não deve estar muito quente. Se forem precisas mais claras de ovos, ajuntem-se, tendo atenção a que a massa deve ficar sobre o duro.

**BETERRABA RALADA** – Descascam-se algumas beterrabas encarnadas, que se ralam, lavando-se depois a massa em duas águas, e pondo-se numa peneira fina. Faz-se uma calda rala de açúcar, deita-se a massa, e ferve-se tudo até chegar ao *ponto de espelho*. Ajuntam-se uns cravos-da-índia, pedacinhos de canela, e despeja-se em copos.

**BICO DE OVOS** – Em 24 gemas de ovos batidas até ficar bem grosso, lançam-se 4 colheres de farinha de trigo e mexe-se tudo até ligar bem. Deita-se então em um tacho um pouco de calda bem limpa e leva-se ao fogo. Quando a calda estiver fervendo, vão se deitando nela os ovos aos bocadinhos com uma colher de chá, e aí se deixa um pouco de tempo para ficar bem passado, depois se tira, deita-se em um prato para esfriar, e assim se continua a fazer até acabar, depois se arruma como se quiser.

**BISCOITINHOS DE CARÁ** – Três quilogramas de cará cozido, três ditos de farinha de trigo, duas xícaras de banha de porco, uma dita de manteiga, 6 colheres de açúcar, 4 ovos e 60 gramas de fermento. Amasse-se tudo bem, abafe-se e logo que estiver levedado fazem-se biscoitinhos, que se levam ao forno.

---

### ❧ BISCOITINHOS DE CARÁ

O cará, *Colocasia antiquonum,* é um tubérculo nativo como a mandioca. Seu uso é amplo na feitura de bolos ou então cozido na água e sal, e servido com manteiga.
O cará, assim como o inhame, a fruta-pão, o aipim ou macaxeira, oferece uma boa massa para ser enriquecida com outros ingredientes.
Destaque para as bolachas e biscoitos do tão tropical e brasileiro cará.

---

**BISCOITINHOS DE FARINHA DE MILHO** – Um prato de farinha de milho ou de fubá, um dito de farinha de trigo, 2 ditos de polvilho, 3 ovos e uma xícara de banha. Amassa-se tudo bem com leite, um pouco de sal e erva-doce; fazem-se biscoitinhos e levam-se ao forno em vasilhas próprias.

**BISCOITOS ACADÊMICOS** – Escalde-se um pires de farinha de trigo com gordura fervendo a ponto de farinha para papo de peru; ajuntem-se-lhe dois pires de polvilho, um pires de açúcar refinado, 5 ou 6 ovos, bata-se tudo e, em formas apropriadas, leve-se a forno brando.

**BISCOITOS ALAGOANOS** – Tomem-se 500 gramas de fubá de arroz, 500 ditas de araruta, 500 ditas de açúcar, 250 ditas de manteiga, 4 ovos bem batidos. Com esta massa formem-se biscoitos e levem-se ao forno, em bandejas untadas de manteiga.

### 🙈 BISCOITOS ANTROPOLÓGICOS

Os biscoitos antropológicos nascem de uma compreensão estética na cozinha de que os formatos da massa de fubá de milho, enriquecida com ovos, polvilho entre outros ingredientes, podem retratar corpos e/ou elementos anatômicos de homens ou mulheres.

Aliás, na nossa doçaria tradicional, de forte marca portuguesa, são usuais os nomes que indicam tipos e personagens: papo de anjo, barriguinha de freira, olho de sogra, cabelinho de anjo, testículos de São Gonçalo, baba de moça, Dom Rodrigo, beiço de mulata.

> **Biscoutos anthropologicos.** — Escalde-se um prato fundo de fubá com 125 grammas de gordura fervendo, feito o que, ajuntem-se-lhe dous pratos de polvilho, 125 grammas de manteiga, 3 ovos e 5 gemas; sove-se bem esta massa até ficar bem fina, estende-se e cortem-se figuras de animaes, de homens, mulheres, etc., que, em bandejas polvilhadas, levão-se a forno regular.

**BISCOITOS DE ARROZ OU DE FÉCULA** – Ponham-se em uma terrina 125 gramas de farinha de arroz passada por peneira, ou de fécula, 500 ditas de açúcar refinado, a casca da metade de um limão raspado, 6 gemas de ovos; bata-se tudo junto durante meia hora com duas espátulas; ajuntem-se-lhe depois 12 claras de ovos batidas, que se misturam bem com o resto da massa; deita-se nas formas; faz-se cozinhar em forno brando; depois de cozidos, cobrem-se com açúcar.

**BISCOITOS DE AÇÚCAR** – Batem-se, por uma parte, 12 gemas de ovos com 250 gramas de açúcar, e, por outra parte, 6 claras de ovos com outros 250 gramas de açúcar, misturam-se e ajuntam-se 250 gramas de farinha de trigo e um pouco de casquinha de limão ralado; bate-se tudo ainda durante meia hora, e põe-se a massa em pequenas formas para cozinhar em forno temperado; vidram-se depois os biscoitos com açúcar em calda.

**BISCOITOS BAIANOS** – Passe-se por peneira de seda um quilograma de polvilho, ralem-se 2 cocos e espremam-se bem até ficar todo o leite. Ponha-se este em uma vasilha e ajuntem-se-lhe 1 ovo, 125 gramas de manteiga lavada e 125 de banha derretida; mexa-se, adicionando o polvilho e o açúcar conforme o gosto da pessoa. Coza-se em forno quente. É um biscoito saborosíssimo.

---

### ❧ BISCOITOS BAIANOS

Novamente um doce recorre ao nome da Bahia, certamente pela grande variedade de receitas, especialmente doces, que foram inventadas ou recriadas a partir das tradicionais receitas portuguesas, que, na sua maioria, chegam das cozinhas conventuais.

Essa tendência de tropicalizar receitas lusitanas é uma característica da rica e variada cozinha baiana. Sem dúvida, o *Cocos nucifera* L. funciona como um importante ingrediente/assinatura nesse campo tão criativo e dinâmico que é o da gastronomia.

**BISCOITOS DO BONFIM** – Um prato de polvilho, molhe-se como farinha para torrar, 500 gramas de toucinho derretido e bem quente; escalde-se o polvilho numa gamela e, estando bem mexido, vire-se na frigideira para ensopar bem a gordura, ponha-se na gamela, deixe-se esfriar, vá se quebrando ovos, e amassando até ficar mole, de modo que se possa rolar; passe-se um pouco de polvilho por peneira de seda, para pôr-se na mão e na tábua, a fim de se poder fazer os biscoitos.

**BISCOITOS DE CARIMÃ** – Amassem-se de manhã 2 pratos de farinha de trigo, e à noite ajuntem-se 2 pratos de fubá de arroz, dois ditos de carimã, 3 ditos de açúcar refinado e passado por peneira fina; amasse-se tudo com ovos e manteiga até ficar em consistência de fazer as broinhas; a massa não deve ser muito dura a fim de crescer bem; cubra-se a gamela e, no outro dia, logo que a massa estiver levedada, façam-se as broinhas e mandem-se para o forno, que devem ser quentes como as roscas.

**BISCOITOS DE CASTANHAS** – Descascam-se 250 gramas de castanhas, que se pisam com 60 gramas de amêndoas amargas e 250 ditas de açúcar;

tendo batido separadamente 6 claras e 3 gemas de ovos, misturam-se com as castanhas e mais 30 gramas de farinha de trigo peneirada. Fazem-se os biscoitos, que, polvilhados de açúcar e canela, se põem em folhas e vão a um forno temperado para cozinhar.

**BISCOITOS DE S. CLÁUDIO** – Tomem-se 60 gramas de farinha de arroz passada por peneira fina, e ponha-se em uma terrina com 500 gramas de açúcar fino, 4 gemas de ovos, um pouco de limão verde cortado muito fino. Bata-se tudo junto por um quarto de hora; depois se deitem 8 claras de ovos batidas. Lancem-se os biscoitos em pequenas formas de papel untadas com manteiga por dentro; façam-se cozinhar em forno brando; quando saírem dele, polvilhem-se com açúcar fino.

**BISCOITOS DE COLHER** – Batem-se 6 claras de ovos com uma vassoura de arame em vasilha própria, até principiarem a engrossar; estando assim, deita-se-lhes uma colher, das de chá, cheia de açúcar, e continua-se a bater as claras até ficarem bem encorpadas e secas; então ajuntam-se-lhes 6 gemas e 115 gramas de açúcar refinado e mistura-se; em seguida, deitam-se-lhes 115 gramas de farinha de trigo peneirada, de forma que esta fique bem dissolvida na massa, sem contudo a mexer muito.

Antes de se dar princípio à preparação desta massa deve-se fazer o seguinte:

Limpar alguns tabuleiros de forno.

Cortar tiras de papel grosso da largura de 12 centímetros e quase do comprimento do tabuleiro.

Reduzir a pó algum açúcar cristalizado para polvilhar os biscoitos.

Logo que a massa estiver pronta, toma-se o *saco de tirar massas líquidas*, mete-se um tubo de folha de flandres e arrolha-se; depois, estendem-se os biscoitos atravessados sobre as tiras de papel, como se estendem os palitos sobre os tabuleiros, e, em seguida, polvilham-se com açúcar cristalizado reduzido a pó, põem-se duas tiras em cada tabuleiro e levam-se a cozinhar a forno fraco; quando estiverem bem secos, tiram-se do forno e, depois de frios, despegam-se do papel. Cada tabuleiro não deve levar a cozinhar mais que duas tiras.

O *saco* é feito de algodão trançado, em forma cônica, tendo 50 centímetros de comprimento, 30 de largura em cima e 6 embaixo, onde deve ser furado, para dar saída ao tubo de folha de flandres, que se introduz pela parte superior do saco e fica seguro na parte inferior. O tubo de folha deve ter 10 centímetros de comprimento, 6 de diâmetro em cima e 12 de diâmetro embaixo, por onde tem de sair a massa. O saco deve ser debruado de cadarço em ambas as extremidades.

**BISCOITOS À CONDE D'EU** – Tomem-se um quilograma e meio de farinha de trigo, 6 ovos e 6 gemas, um prato de gordura derretida, duas colheres de manteiga, açúcar, sal e erva-doce quanto tempere; ajunte-se um pouco de fermento; sove-se bem esta massa até o ponto de bolha, estenda-se e façam-se biscoitos a capricho, que se levam a forno regular, devendo ser polvilhados com açúcar cristalizado ao sair do forno.

**BISCOITOS DE CURITIBA** – Deitam-se 500 gramas de farinha de trigo em uma gamela, e forma-se no meio uma cova, na qual se põem uma pitada de sal, 250 gramas de tutano de vaca frito, uma colher de açúcar, um pouco de erva-doce e 15 gramas de fermento desfeito em um pouco de leite quente; acrescentam-se os ovos necessários para formar uma boa massa, que se cobre, e se põe em lugar quente para crescer. Passadas duas horas, formam-se uns biscoitos grandes, que se cozinham sobre folhas em um forno quente; estando cozidos, douram-se com claras de ovos, e acabam-se de cozinhar.

**BISCOITOS DIGESTIVOS** – Deitam-se em uma vasilha 500 gramas de farinha de trigo e outro tanto de açúcar; ajuntam-se 8 ovos e uma pitada de sal; bate-se tudo bem e deita-se em pequenas formas untadas de manteiga, pondo-se no fundo de cada uma duas ou três sementes de erva-doce. Deixa-se cozinhar a massa em forno temperado.

**BISCOITOS À DIPLOMATA** – Ferva-se em um tacho um 1 copo de leite com uma 1 xícara de manteiga ou banha, sal e açúcar quanto baste, e, quando for completa a ebulição, derrame-se sobre meio prato de fubá mimoso e meio de araruta, mexendo-se lentamente para formar angu, ao qual, esfriando, ajuntem-se 12 gemas de ovos batidas, e, depois de tudo bem ligado, façam-se os biscoitos, que, em bandejas untadas de manteiga, são levados a forno regular.

**BISCOITOS DE FARINHA DE BATATAS** – Doze ovos, 500 gramas de açúcar, 90 ditas de farinha seca no forno, 180 ditas de fécula de batatas, 180 ditas de amêndoas pisadas com uma clara de ovo, e a raspadura de um limão. Quebram-se os ovos como para os biscoitos ordinários, batem-se as gemas com o açúcar, a fécula, a farinha e as amêndoas, e seguem-se depois os mesmos processos que para os biscoitos imperfeitos. É necessário evitar, o mais que for possível, abrir o forno quando se cozinham os biscoitos.

**BISCOITOS DE FARINHA DE TRIGO** – Um quilograma de farinha de trigo, 750 gramas de gordura, água com sal, erva-doce, 24 gemas e 6 claras de ovos; amassa-se tudo bem, fazem-se os biscoitos e, postos em bacias ou tabuleiros de folha, levam-se ao forno.

**BISCOITOS DE FARINHA DE TRIGO E POLVILHO** – Passam-se por uma peneira fina uma tigela de farinha de trigo e duas de polvilho, ponha-se em uma gamela e ajunte-se quanto baste de ovos, açúcar, banha de porco e um pouco de sal, amasse-se bem, façam-se os biscoitos e mandem-se ao forno.

**BISCOITOS FLUMINENSES** – Ajuntam-se um pires de mandioca cozida e peneirada, dois pratos de polvilho, duas garrafas de leite e 6 ovos. Depois de bem amassados, façam-se biscoitos e, em bandejas, levem-se ao forno quente.

**BISCOITOS DE FUBÁ DE MILHO** – Dois pires de farinha de milho, 2 ditos de polvilho ou farinha de trigo, 60 gramas de manteiga e 120 ditas de açúcar branco. Se quiserem, ajuntem-se 4 gemas de ovos, amasse-se tudo muito bem, e leve-se ao forno sobre latas forradas de papel.

**BISCOITOS DE FUBÁ MIMOSO** – Um prato de fubá mimoso, gordura quanto umedeça o fubá, 12 ovos, sal e um pouco de açúcar; depois de tudo bem amassado, façam-se os biscoitos.

**BISCOITOS DE GENGIBRE** – Um quilograma de farinha de trigo e 120 gramas de manteiga. Misturam-se até ligar, ajuntam-se 120 gramas de açúcar refinado, 60 ditas de gengibre em pó fino, amassam-se com leite até ficar uma massa consistente, passa-se o rolo até a massa ficar delgada e corta-se formando biscoitos, que vão ao forno até que fiquem bem torrados e tomem uma cor loira. Pode-se pôr mais açúcar se for preciso. Vão em latas para o forno.

**BISCOITOS DE GOMA** – Ponham-se em uma gamela 3 pratos de goma passada por peneira fina, amasse-se uma mão de goma e faça-se grude duro e bem cozido, lance-se a goma neste grude, e vá se amassando logo com água morna, sal quanto tempere, 360 gramas de banha, uma mão de açúcar para não ficar muito doce e 6 ovos; depois de tudo bem amassado e ligado, pondo-se água até ficar bem mole, peneira-se um pouco de goma em peneira de seda em cima de uma tábua, vá se tirando a massa e fazendo os biscoitos sobre a goma que está na tábua para não pegarem, depois mandem para o forno onde ficam até torrar, não se devendo tirar daí enquanto estiverem quentes porque murcham; podem-se mudar depressa os que estiverem assados do fundo para a boca do forno.

**BISCOITOS DE GRUDE** – Para se fazer grude duro, tomem-se dois pratos de polvilho, deitem-se três ou quatro ovos, uma xícara de gordura, sal e açúcar quanto tempere; a massa deve ser mole e o forno esperto.

**BISCOITOS DE MEL** – Deitam-se numa gamela 500 gramas de farinha de trigo peneirada, 250 ditas de amêndoas doces descascadas e pisadas com 750 ditas de açúcar, o pó de uma noz-moscada, 30 gramas de canela, 12 cravos-da-índia, tudo moído, a casquinha picada de 2 limões, e uma xícara de aguardente boa; mistura-se tudo depois de ter fervido sobre o fogo, deitam-se 250 gramas de mel fervendo sobre a mistura, e amassa-se; se a massa não ficar dura, acrescentam-se mais algumas colheres de farinha. Estenda-se a massa na altura de um dedo sobre folhas polvilhadas com farinha de trigo, e cozinhe-se em forno quente. Estando a massa cozida, tiram-se as formas do forno, corta-se a massa em tiras, as quais, depois de limpar-se-lhes a farinha com uma escova, e banhadas em calda de açúcar, põem-se no forno, onde se deixam vidrar e secar.

**BISCOITOS DE MESA** – Tomem-se 125 gramas de farinha de trigo peneirada, 250 ditas de manteiga bem lavada, 250 ditas de açúcar, 6 gemas de ovos bem batidas, e quanto baste de água morna e sal; amassa-se tudo bem, e formam-se os biscoitos ou rosquinhas, que devem ser cozidos no forno, postos em bacias ou tabuleiros de folhas, untados de manteiga.

**BISCOITOS DE MILHO** – Duas tigelas de fubá passado em peneira de seda, duas de polvilho também passado na mesma peneira, 500 gramas de banha derretida e fria, 5 ovos e açúcar refinado quanto baste.

**BISCOITOS DE MILHO DE PILÃO** – Tomam-se 2 pratos de raspa, 4 ditos de fubá, 12 ovos, açúcar quanto baste; misturam-se a raspa e o fubá, deita-se em cima a manteiga fervendo, trabalha-se bem a massa, com a qual se fazem os biscoitos, que se cozinham em forno temperado.

**BISCOITOS MINEIROS** – Tomem-se um e meio quilograma de farinha de milho, 12 ovos, duas colheres de manteiga bem lavada, 500 gramas de gordura derretida e fria. Misture-se a farinha com os ovos, vá se amassando e pondo a gordura e a manteiga, tendo antes ajuntado um pouco de fermento, erva-doce e açúcar quanto adoce. Depois de tudo bem amassado, façam-se os biscoitos, deitem-se em bacias polvilhadas com farinha de trigo e levem-se ao forno. Logo que estiverem corados, tirem-se, e deixe-se arrefecer o forno, onde serão metidos de novo para torrar. O fermento deve ficar abafado de um para outro dia, tendo-se ajuntado mais farinha e, quando se quiser servir dele, tirar-se-á com uma faca a côdea de cima que estiver seca.

**BISCOITOS À MODA** – Tomam-se 250 gramas de fubá de arroz, que se misturam com 250 ditas de açúcar em pó; amassam-se com 12 gemas de ovos e um pouco de casquinhas de limão; ajuntam-se depois 18 claras de ovos batidas, e um pouco de nata de leite, se a massa ficar muito seca. Formam-se os biscoitos, que se cozinham sobre folhas, em forno temperado.

**BISCOITOS DE OVOS** – Batam-se 12 ovos com claras e 500 gramas de açúcar, 500 ditas de farinha, uma pequena porção de erva-doce escolhida e água rosada; depois de batido muito bem este polme, deite-se com uma colher em bacias sobre obreias à porta do forno, com farinha por baixo das obreias. Quando estiver meio cozido, tire-se do fogo, corte-se com uma faca do tamanho que quiserem e, virando-os, acabem-se de cozinhar no forno.

**BISCOITOS DA PÉRSIA** – Desfazem-se 250 gramas de pessegada e 120 ditas de marmelada em um copo de leite; ajuntam-se uns pedacinhos de canela, a casca de um limão picada, 8 gemas de ovos batidas, 2 colheres de polvilho e 120 gramas de açúcar. Bate-se tudo bem, e deita-se a massa em pequenas formas untadas de manteiga, polvilham-se com açúcar, e cozinham-se em forno temperado.

**BISCOITOS DE PINHÕES** – Ferve-se uma porção de pinhões; estando cozidos, descascam-se, e pisam-se com a casquinha de um limão, misturando-se a polpa com 250 gramas de açúcar, 4 gemas e 3 claras de ovos batidas separadamente, uma colher de polvilho e outra de nata de leite. Fazem-se biscoitinhos, ou broinhas, que, dourados com açúcar, cozinham-se em forno temperado.

**BISCOITOS DE POLVILHO** – Seiscentos e vinte gramas de polvilho em pó, 500 ditas de banha de porco, 8 ovos e 3 claras, açúcar quanto baste, amassem-se no pilão com um pouco d'água morna.

**BISCOITOS DE POLVILHO** – Dois pratos de polvilho, um de pó de arroz, xícara e meia de gordura, 3 ovos, açúcar quanto adoce, um pouco de erva-doce e água com sal; tudo bem amassado e sovado como massa de rosca, formam-se os biscoitos e levam-se ao forno, que deve ser brando.

**BISCOITOS DE POLVILHO** – Prato e meio de polvilho, duas garrafas de leite, 4 ovos, açúcar, erva-doce e sal quanto baste. Tome-se mais meio prato de polvilho peneirado, e deite-se-lhe uma garrafa de leite fervendo para fazer grude, forme-se a massa, ajunte-se o grude, amasse-se tudo muito bem, enrolem-se os biscoitos em folhas de bananeiras e vão ao forno, onde devem ficar até estalar como pipoca.

**BISCOITOS DE POLVILHO** – Dez gemas e duas claras de ovos, 500 gramas de açúcar peneirado, uma colher de manteiga, sal fino quanto tempere; deite-se um pires de polvilho passado por peneira fina, mexa-se e vá se pondo mais polvilho e amassando até ficar em boa consistência, que não seja nem dura nem mole, ajunte-se um pouco de canela e cravo, façam-se os biscoitos e cozam-se.

**BISCOITOS DE POLVILHO DA JOAQUINA** – Um prato de polvilho peneirado, uma caneca de água bem quente com sal, mexa-se bem e ajuntem-se 500 gramas de toucinho derretido e fervendo; deitem-se pouco a pouco ovos batidos, até ficar como para fruta de seringa, ponha-se em bacias ou folhas, e vá ao forno, o qual deve ser tapado, e estar quente, de modo que, introduzindo-se nele um pedaço de folha de bananeira, esta murche logo e vá corando.

**BISCOITOS DE POLVILHO PUBA** – Dois pratos de polvilho, que se esfrega bem com a coalhada, faz-se um pouco de grude com o mesmo polvilho, uma mão de polvilho para o grude, meio prato de banha bem quente, escalda-se o polvilho com a banha e vai se amassando com a coalhada. Põem-se 2 ovos. A massa deve ser como a do biscoito de polvilho e faz-se do mesmo modo; o polvilho deve ser puba.

**BISCOITOS DA RAINHA** – Quinze ovos, dos quais 5 com claras, 500 gramas de açúcar refinado; quando estiverem batidos, deitam-se 500 gramas de farinha e vai se mexendo até que se incorporem, então cortam-se sobre papel do comprimento de um palmo e da altura de uma polegada, ou fazem-se umas caixinhas de papel desse mesmo tamanho e altura, põe-se a massa nelas e deitam-se em bacias, que vão a cozinhar ao forno; querendo pôr-se açúcar seco por cima, pode-se fazer, mas há de ser bem fino. Depois de cozidos, tiram-se os papéis com a ponta da faca, podendo ir ao forno outra vez para torrarem, se quiserem.

**BISCOITOS DA RASPA DE MANDIOCA** – Amassam-se 125 gramas de açúcar, 125 ditas de banha de porco, 500 ditas de fubá de raspas de mandioca, 12 gemas de ovos, uma pitada de sal e um pouco de erva-doce. Fazem-se uns pequenos biscoitos de diferentes formas, que se cozinham sobre folhas em forno temperado.

**BISCOITOS DO RIO GRANDE** – Cento e vinte gramas de manteiga, 500 ditas de farinha de trigo e 250 ditas de bom fermento. Logo que a massa estiver pronta, fazem-se os bolos, e vão para o forno, que deve estar a calor como para cozinhar o pão.

**BISCOITOS RIO-GRANDENSES** – Ajuntam-se, a um prato de polvilho, 125 gramas de farinha de trigo, 125 ditas de açúcar refinado, 125 ditas de manteiga, 125 ditas de banha, cravo, canela, erva-doce e 6 ovos; sove-se bem esta massa, levando-a a ponto de bolha, depois do que façam-se os biscoitos a capricho do fabricante, e, em bandejas untadas de manteiga, levem-se a forno brando.

**BISCOITOS DE SABOIA** – Quinze ovos, 625 gramas de açúcar, 185 gramas de farinha. Quebram-se os ovos como para os biscoitos ordinários, batem-se as gemas ajuntando-se-lhes o açúcar, farinha, flor de laranjeira confeitada e a casca raspada de um limão; batem-se as claras em neve e, depois, mistura-se tudo e enchem-se as formas que devem estar untadas de manteiga fresca e polvilhadas com açúcar muito seco, passado por peneira de seda; cozinha-se em forno brando; são necessárias 2 horas para cozinhar bem este biscoito. Se ele toma muita cor, destapa-se o forno e põe-se uma folha de papel pardo, que se dobra em cima de duas ou três dobras.

### 🍃 BISCOITOS DE SERRALHO

A variedade de biscoitos, bolachas e o aproveitamento de massas para fazer *tarecos*, *brevidades* e outros mostram um forte encontro entre a padaria e a cozinha da casa.

O biscoito é um tipo de comida integrado ao cotidiano. É usual no lanche e na *merenda*, acompanhando o café preto, o chá, o chocolate e outras bebidas quentes, inclusive quando integra a *ceia*, última refeição do dia.

Destaque nessa receita para serralho, provavelmente serralha – *Sonchus oleraceus* L., planta da família das *Asteraceae*. Vegetal comum para saladas e cozidos, agregando qualidades medicinais. Contudo, essa espécie não integra a receita desses biscoitos, ficando então uma questão a ser respondida.

> Biscoutos de serralho. — Toma-se um peso igual de ovos e de assucar bem branco, quebrão-se os ovos separando-se as gemas das claras, misturando aquellas com assucar, ajunta-se uma pequena porção de cascas de limão verde raladas e de flôres de laranjeiras cortadas muito finas, batem-se até nevarem as claras d'ovos e mistura-se tudo, mexendo lentamente e encorporando ao mesmo tempo, de farinha de trigo peneirada, metade do peso dos ovos; põe-se a massa em fôrmas pequenas para fazel-á cozer n'um forno brando.

**BISCOITOS DO SUL** – Tomam-se 250 gramas de manteiga, 250 ditas de farinha de trigo peneirada, 250 ditas de açúcar, 6 gemas de ovos bem batidas, um pouco de cardamomo em pó e leite quente quanto bastar; amassa-se tudo e, logo que a massa estiver bem trabalhada, fazem-se pequenos biscoitos, que se cozinham em forno temperado, sobre folhas untadas de gordura.

**BISCOITOS SUL-MINEIROS** – Raspa de mandioca um prato, tapioca um prato, açúcar branco um prato, 6 ovos, sal, canela e erva-doce em pó, quanto baste; sove-se bem esta massa até ponto de bolha, estenda-se e corte-se com carretilha à vontade e, em bandejas polvilhadas, leve-se a forno regular.

**BISCOITOS DE TAPIOCA** – Quatro pratos de tapioca, 3 de farinha de trigo, 14 gemas e 5 claras de ovos, um pires de açúcar, uma medida de leite, 120 gramas de manteiga, 250 ditas de banha, erva-doce e um pouco d'água com sal. Amasse-se tudo, façam-se os biscoitos e mandem-se ao forno.

> ### ❧ BISCOITOS DE TAPIOCA
>
> A base dessa receita é a tapioca, fécula alimentícia proveniente da mandioca. No Nordeste, é mais conhecida como goma. Esse ingrediente substitui a farinha do reino, que é a farinha de trigo, tradicional na feitura de bolos e biscoitos.
> Esses biscoitos nacionalizam receitas europeias, mantendo, contudo, a quantidade de gemas de ovos, forte referência da doçaria portuguesa.

**BISCOITOS DE VINHO** – Sessenta gramas de manteiga, 60 ditas de açúcar, 2 ovos, 250 gramas de farinha de trigo, 4 gramas de carbonato de amônia. Ajunta-se tudo, misturando vinho branco em quantidade suficiente para dar-lhe a consistência necessária, e corta-se com a carretilha, dando-se-lhe a forma que entender. Vai ao forno em latas próprias.

**BOCA DE DAMA** – Batem-se em um alguidar 12 gemas de ovos com 12 colheres de açúcar, até ficarem quase brancas; logo que estejam assim, vão-se-lhes misturando pouco a pouco 10 colheres de farinha muito fina (se for de arroz, melhor), até ficarem completamente desfeitas nos ovos; batem-se em seguida 6 claras de ovos até ficarem bem levantadas, as quais pouco a pouco e com muito cuidado se misturam neste polme. Estando assim ligados, toma-se um saco de brim, na forma pouco mais ou menos de um funil, tendo na extremidade um bico de folha cuja grossura não exceda a do dedo mínimo; põe-se então um bocado deste polme dentro do saco e com jeito se espremem pequenas porções redondas sobre meias folhas de papel; em estando toda a massa estendida, levam-se ao forno brando, e quando cozidas tiram-se e despregam-se do papel; toma-se em seguida um bocado de geleia de qualquer fruta, ou doce de ovos, e com uma faca se estende no lar de um destes doces uma camada de qualquer destas geleias, ajuntando-lhe outro, para que fiquem ambos bem unidos; assim se faz ao resto. Cobrem-se depois com clara de ovo batida e açúcar em pó aromatizado com qualquer essência.

**BOCADINHOS DE DEDÉ** – Tomam-se 500 gramas de açúcar em pedra, e num gral reduza-se a pó, e ajuntem-se-lhe 15 gemas e uma clara de ovo bem batida, e leva-se a fogo brando para cozer. Serve-se em pequenas xícaras.

**BOCADOS DE CIDRA** – Para 500 gramas de cidra, ralada e madura, 750 ditas de açúcar em calda. Vai ao fogo para secar. O ponto deve ficar como broinha de coco; depois de frio, fazem-se os bocados e secam-se ao sol. Da mesma forma fazem-se os de *mamão verde*.

**BOCADOS DAS DAMAS** – Tomem-se 6 ovos, ponham-se em uma terrina com 125 gramas de açúcar em pó e 90 ditas de fécula de batatas, um pouco de sal, um bocado de água de flor de laranjeira; bata-se tudo bem. Depois, unte-se com manteiga um papel, no qual se derrame tudo isto; estenda-se ligeiramente e ponha-se a cozinhar por um quarto de hora em forno brando. Depois de cozido, tire-se, corte-se em partes com um pequeno corta-massa do tamanho de uma moeda de vintém, ponha-se sobre estes bocados ou chocolate ou clara de ovo, e façam-se secar à boca do forno, armem-se e sirvam-se.

**BOCADOS DE OVOS RECHEADOS** – Feita a pasta dos ovos, e logo que se puder pegar com as mãos, ajuntem-se duas ou três pastas de ovos do tamanho que for a bacia, e ponha-se sobre folhas de bananeiras. Quando estiver bem direita, ponha-se a espécie, que se há de fazer de um dia para outro, e é a seguinte: 500 gramas de açúcar em *ponto de bala*, 500 ditas de coco ralado e 4 gemas de ovos, tudo misturado, leve-se ao fogo a cozer; depois, despeje-se para no dia seguinte se rechearem os bolos ou bocados. Posta a espécie no meio da pasta, cobre-se com a mesma pasta, de sorte que fique como torcidas de fartes, e leve-se ao forno, que deve ser bem quente. Tire-se do forno e, quando esfriar, parta-se como fartes; se não se puderem cozinhar no mesmo dia, guardem-se para o fazer no dia seguinte.

*N. B.* As pastas de ovos são feitas como se acha explicado no título *Bolos de ovos de armar pratos.*

### ❧ BOCADOS DE OVOS RECHEADOS

A massa separada às colheradas, aos bocados, vai para o forno.
A orientação da receita nasce na escolha do recipiente que vai ao fogo, no caso ao forno, que é a bacia de metal; daí, certamente, nasce uma ampla família de doces, geralmente bolos, popularmente chamados de *bolos de bacia*. Há ainda outra receita complementar, que é a do recheio, destacando-se o *ponto de bala* ou *ponto de rebuçado*, quando o açúcar em calda adquire consistência de massa, pronta para se modelar artesanalmente as balas, vendo-se também, mais uma vez, a presença do *Cocos nucifera* L., que, aliás, é um excelente componente para fazer doces.

**BOLACHAS DE ARARUTA** – Tomam-se 250 gramas de manteiga e 6 ovos, batem-se e, depois, ajuntam-se 500 gramas de farinha de araruta, 250 ditas de farinha de trigo peneirada, um pouco de sal e o leite necessário para formar uma massa dura que se estende sobre uma tábua, polvilha-se com farinha de araruta, e corta-se com o molde. Cozinham-se bolachas sobre folhas de flandres em forno temperado, e deixam-se secar bem.

**BOLACHAS À PORTUGUESA** – Tomam-se 60 gramas de açúcar, 60 ditas de manteiga, 1 quilograma de farinha de trigo, 4 ovos, um pouco de sal e água quente, quanto for preciso para formar uma massa de boa consistência, amassa-se tudo bem, e ajuntam-se então 15 gramas de carbonato de amônia desfeitos em uma xícara de água quente e mistura-se bem. Estende-se a massa sobre uma tábua, polvilhada de farinha de trigo; corta-se com a carretilha em tiras de dois dedos de comprimento e quatro de largura; põem-se estas tiras em folhas de flandres, e cozinham-se em forno quente. Depois de cozidas, tiram-se, e, tendo o forno esfriado um pouco, tornam-se a pôr para secarem bem.

**BOLACHINHAS DE ARARUTA** – Um quilograma de farinha de trigo, 1 dito de araruta, 10 gemas de ovos, 500 gramas de açúcar feito em calda nem fria nem grossa, e enquanto a calda está quente deitam-se 250 gramas de manteiga, 40 réis de fermento delido, um bocadinho de água; ajunte-se a massa muito bem até ficar macia, depois se fazem as bolachinhas; depois do folhado é que se corta com a boca de um cálice, faz-se cama e botam-se as bolachinhas, cobrem-se bem por espaço de uma hora em bacias e assam-se como quem assa broinhas em forno bem brando; depois de assadas, deitam-se na boca e mastigam-se.

**BOLACHINHAS À BAIANA** – Ajuntem-se 125 gramas de farinha de trigo, 250 ditas de polvilho, 125 ditas de açúcar, leite de dois cocos, uma colher de manteiga, sovem-se bem, cortem-se as bolachinhas e levem-se a forno brando.

**BOLHELHOS DE ARROZ** – Deita-se em uma caçarola um pequeno covilhete de arroz escolhido e lavado; ajunte-se-lhe uma garrafa de leite, um pedaço de canela e 120 gramas de açúcar; mexe-se tudo a frio, põe-se ao fogo, e durante a cozedura não se mexe, nem se cobre a caçarola, para que o leite não talhe. Quando se tornar espesso a ponto de se querer apegar, tira-se do fogo, separa-se-lhe a canela, mexe-se com uma colher de pau para desfazer o arroz, ajuntam-se-lhe alguns grãos de sal, uma colher de farinha de trigo e 3 gemas de ovos. Mexe-se tudo, leva-se de novo ao fogo e continua-se a mexer até formar uma pasta ligada. Se ficar muito fluida, ajunte-se-lhe farinha, e, quando estiver em boa consistência deite-se no prato. Depois de esfriar, corta-se em bocados do tamanho de nozes; molham-se primeiramente em ovo bem batido, depois em farinha, e fritam-se em azeite bem quente. Enfim, deixam-se escorrer na peneira, pulverizam-se de açúcar e servem-se.

**BOLHELHOS DE PÃO** – Cortam-se fatias de miolo de pão redondas e delgadas como rodelas de maçãs; põem-se em uma terrina, e deitam-se em cada uma 3 gotas de água de flor de laranjeira; depois, cobrem-se de leite a ferver. Passado um quarto de hora, tiram-se sem as esmigalhar, e deixam-se escorrer em um prato. Então envolvem-se em massa preparada como para empadas e frigem-se. Quando estiverem de boa cor, servem-se pulverizadas de açúcar.

**BOLHELHOS DE QUEIJO** – Pisam-se em um gral de pedra uma pouca de farinha, o sal preciso e 3 gemas de ovos com uma colher de azeite ou de manteiga cozida, até que a farinha não tenha o menor grânulo. Ajunta-se queijo tenro e fresco, feito na véspera, e bem escorrido do soro, pisa-se e ajunta-se nova porção até formar-se uma massa de boa consistência, que se sustenha sem se alastrar. Desta partem-se bocados como ovos, que se enrolam em farinha, e arredondam-se nas mãos. Unta-se de manteiga o fundo de uma torteira, que não seja de cobre nem de barro vidrado, põem-se dentro os bolhelhos, coloca-se em cima do borralho, e cobre-se com o forno de campanha cheio de brasas por tempo de meia hora. Tiram-se e pulverizam-se de açúcar clarificado. Para serem bons devem ficar louros, e quase vazios no interior.

**BOLINHOS DE ABÓBORA** – Descasca-se e corta-se em pedaços uma abóbora e tiram-se-lhe as sementes. Fervem-se estes pedaços em leite e, depois de cozidos, deixam-se escorrer; pisam-se, em seguida, formando-se uma massa homogênea; acrescentam-se a cada 500 gramas desta massa uma colher de polvilho, 4 ovos, uma colher de açúcar, um pouco de sal e erva-doce. Formam-se, com esta massa, uns bolinhos, que se frigem em gordura quente.

**BOLINHOS DE AMOR** – Deitam-se em um alguidar 250 gramas de manteiga, 250 ditas de açúcar, 3 ovos, sendo 2 com claras, um pouco de canela em pó; bate-se tudo muito bem e vai se pondo farinha de trigo e batendo sempre até ficar em consistência de fazer os bolinhos, que devem ser do tamanho de uma moeda de dois vinténs; marcam-se com um coração, e vão, em latas untadas de manteiga, a cozinhar no forno.

**BOLINHOS DO CÉU** – Com um prato de fubá de milho faz-se um angu com leite, que fique bem duro; deixe-se esfriar um pouco, ajuntem-se-lhe um prato de polvilho, outro de gordura, açúcar quanto adoce, uma pitada de sal, amassem-se com os ovos até que fique massa branda; querendo-se, pode-se ajuntar uma xícara de farinha de trigo; façam-se broinhas, põem-se em tabuleiros e vão a forno esperto.

**BOLINHOS CROCANTES DE ARROZ** – Prepara-se uma porção de arroz como para o *Bolo de arroz*; porém, quando estiver pronto e frio, em lugar de pô-lo em forno, tomam-se pequenas porções dele, dão-se-lhes a forma de uma bola, passam-se por claras de ovos batidas com um pouco de açúcar, e depois em roscas socadas; repete-se esta operação mais uma vez e frigem-se os bolinhos em manteiga sobre um fogo esperto.

**BOLINHOS EXCELENTES** – Quinhentos gramas de açúcar, 5 gemas de ovos, 120 gramas de manteiga lavada, 250 ditas de queijo de minas ralado, 500 ditas de farinha de trigo; batam-se até abrir olhos, untem-se as formas com manteiga e mandem-se ao forno.

**BOLINHOS DE FARINHA** – Um quilograma de açúcar em *ponto de espadana*, 24 gemas de ovos, leve-se ao fogo até ferver, tire-se então e, estando morno, deitem-se um quilograma de farinha e duas claras de ovos, mexa-se bem e façam-se os bolinhos.

**BOLINHOS FOFOS** – Põem-se em uma tigela de barro 6 ovos inteiros, 250 gramas de açúcar em que se tem antes misturado cascas de limão para ficar o óleo no açúcar; tiram-se as cascas, e mete-se a vasilha em água muito quente e mexendo bem o conteúdo até que fique bastante quente, tira-se depois fora d'água e continua-se a bater até ficar grosso e frio; vão-se deitando depois devagarzinho 250 gramas de farinha de trigo que deve estar peneirada. Tomam-se forminhas próprias, 12 para esta porção, untam-se de manteiga, pulverizam-se de açúcar, põe-se em cada forma uma colher de massa, pulveriza-se de açúcar e vai ao forno em fogo brando.

**BOLINHOS DE LARANJA –** Põem-se em uma terrina 200 gramas de açúcar, 50 ditas de suco de laranja e 8 gemas de ovos. Batem-se as gemas de ovos com o açúcar, por espaço de um quarto de hora. Deita-se um pouco de sal nas 8 claras e batem-se até que fiquem compactas. Depois, misturam-se pouco a pouco as gemas nas claras e ajuntam-se 150 gramas de farinha de trigo. Unta-se uma forma com gordura de rim de vitela derretida e pulveriza-se de açúcar. Enche-se a forma pelas três quartas partes, e deixa-se cozinhar 40 minutos em fogo lento. São muito saborosos.

**BOLINHOS DE MAÇÃS –** Tome-se folhado ou massa, estenda-se da espessura de uma moeda, deite-se em cima marmelada de maçãs, na qual põem-se dois terços de confeitos de groselhas; cobre-se de massa da mesma espessura; colam-se bem os dois bordos; doura-se a parte superior; depois, risca-se ao comprido com a ponta de uma faca, e depois outra vez para formar um desenho. Marque-se a largura dos bolos apoiando sobre a massa, de uma à outra extremidade, com o dorso de uma grande faca; depois o comprimento apoiando outra vez; cozinhem-se em forno moderado e, quando estiverem cozidos, cortem-se e armem-se uns sobre os outros.

**BOLINHOS DE MANGARITOS –** Depois de cozinhar-se uma porção de mangaritos, amassam-se estes e ajuntam-se-lhes 120 gramas de manteiga, leite de um coco, açúcar até adoçar, 12 ovos, sendo 9 só as gemas e 3 as gemas e as claras, e um pouco de canela em pó. Mexe-se tudo bem e vai ao forno a cozinhar, em forminhas untadas de manteiga.

## ✥ BOLINHOS DE MILHO

A receita tem como base o *fubá* – uma farinha muito fina –, que poderá ser de diferentes cereais e raízes; contudo, o imaginário da nossa cozinha tradicional associa o fubá à farinha de milho. A massa é complementada com *raspas* de milho, parte mais grossa e irregular, o que influi na textura e no sabor.

> **Bolinhos de milho.** — Tres tigelas de fubá de milho e 2 ditas de raspa, tempere-se de assucar, herva doce, cravo e canella, derrete-se um kilogramma de manteiga, meio dito de banha de porco, mistura-se tudo e vão se deitando gemas de ovos, amassa-se tudo isto na vespera e guarda-se para o dia seguinte, para então fazer-se os bolinhos.

**BOLINHOS DE NHONHÔ** – Quinhentos gramas de batatas que se amassam e depois se pesam, 120 gramas de passas de Corinto, 120 ditas de açúcar, 120 ditas de manteiga e 4 ovos. Mistura-se tudo bem, forram-se as forminhas com massa folhada e vão ao forno.

**BOLINHOS DE NOIVA** – Quinhentos gramas de açúcar em ponto de pasta larga, ajuntam-se 250 gramas de manteiga lavada, 125 ditas de farinha de trigo, 9 ovos batidos, as claras à parte, cravo e canela. Vai ao fogo.

**BOLINHOS DE PALADAR** – Duzentos e cinquenta gramas de manteiga, 500 ditas de açúcar, 16 gemas e 8 claras de ovos, um pouco de canela, bata-se tudo muito bem, ponha-se farinha de trigo até ficar massa de se poder fazer os bolinhos. Levem-se ao forno para cozinhar.

**BOLINHOS DE POLVILHO** – Quatro pires de polvilho bem fino, 2 colheres de sopa de banha de porco, 2 ditas de manteiga do reino, 6 gemas de ovos e 2 ditas com claras, um pires bem cheio de açúcar refinado seco; derretem-se ambas as manteigas e deita-se sobre o polvilho, mistura-se bem o polvilho com a manteiga, deitam-se o açúcar e os ovos e amassa-se bem até que se possam enrolar os bolinhos, temperam-se de erva-doce socada e peneirada e um pouco de canela em pó.

**BOLINHOS DE QUINOLA** – Batam-se 3 gemas de ovos com erva-doce, canela, sumo de limão e uma xícara de leite; ajuntem-se-lhes 125 gramas de açúcar, 125 ditas de manteiga e, quando tudo estiver bem batido, ajuntem-se 500 gramas de farinha de trigo e, depois de bem ligado, fazem-se bolinhos em forma de peras e levam-se a forno brando em bandejas polvilhadas com farinha de trigo.

**BOLINHOS À REAL** – Talhem-se em uma lâmina de massa de folhado, de grossura de 4 milímetros, 30 bolos com um corta-massa oval, de 68 milímetros de comprimento, 49 centímetros de largura, e cujas extremidades sejam pontudas. Tome-se um pau de baunilha pisado com 180 gramas de açúcar, tudo passado por peneira e misturado com clara de ovo em uma pequena terrina, onde se mexe com uma colher durante alguns minutos. Ponha-se sobre os bolos um quarto de colher desta mistura, e estenda-se com a lâmina da faca para que ela fique igualmente espessa de 2 milímetros. Espera-se meia hora antes de pôr em forno moderado, a fim de que o ar tenha tempo de crestá-la, e que assim não possa se enrugar e derreter. Tiram-se do forno e se tiverem inchado muito, o que acontece frequentemente, dever-se-á ter cuidado para que não se quebrem.

**BOLINHOS RICOS** – Tomem-se 500 gramas de manteiga bem lavada e 500 ditas de açúcar refinado, ajuntem-se e batam-se muito bem com a mão, até que a massa fique como se fosse para pão de ló, e depois vá se lhe ajuntando aos poucos farinha de trigo peneirada, continuando sempre a bater, até que não se apegue à mão; neste estado formam-se bolinhos, também nas mãos, que se vão acomodando em tabuleiros ou bacias de folha, e vão a cozer ao forno, que deve estar quase morno.

**BOLINHOS SIMPLES** – Um quilograma de farinha de trigo e 250 gramas de tapioca fina; misturam-se, levam-se ao fogo com um pouco d'água, mexem-se até fazerem angu bem duro. Estando bem cozido, põe-se em um alguidar, vão se amassando e deitando ovos e manteiga até ficar em consistência de se fazerem os bolinhos.

**BOLINHOS DE SUMO DE LIMÃO** – Um quilograma de farinha, 360 gramas de açúcar, 6 ovos com claras, 60 gramas de manteiga boa e um pouco de erva-doce; piquem-se dois limões sobre o verde, rale-se em ralo a casca somente, depois se ponha dentro da massa, e vá se amassando bem, fazendo os bolinhos; levem-se estes ao forno em bacias polvilhadas com farinha e, depois de cozidos, deixe-se esfriar o forno para torrar os bolinhos.

**BOLINHOS DE TAPIOCA** – Põem-se 500 gramas de tapioca, da mais grossa, de molho em tanto leite quanto baste para que a tapioca fique bem ensopada, mas com consistência mais rija que massa de pão; quando ela assim estiver, ajuntam-se um pouco de açúcar fino, canela em pó e tantas gemas de ovos quantas as precisas para que a massa, ficando com boa cor amarela, se possa facilmente fritar; em estando assim, tiram-se com uma colher bocados desta massa e frigem-se em banha fresca; estando corados, tiram-se e cobrem-se com açúcar e canela em pó. Deve estar a tapioca de molho no leite de um dia para o outro, e, quando se fritarem os pãezinhos, não deve estar a manteiga quente demais, para que fiquem cozidos por dentro.

**BOLO DA BAHIA (OU BOLOS DE BACIA)** – Dezesseis gemas de ovos, 500 gramas de açúcar, um coco ralado, 120 gramas de manteiga e erva-doce socada. Misturam-se os ovos com o açúcar, batem-se, ajunta-se o coco e torna-se a bater, deitando por último a manteiga. Depois de tudo bem batido, põe-se em formas untadas de manteiga, e vai para o forno, que deve ser quente como para pão de ló.

**BOLO DA BAHIA** – Cozinha-se um cará grande, que se descasca e se rala; tomam-se 500 gramas desta massa, põem-se numa gamela, ajuntam-se 60 gramas de fubá mimoso, duas colheres de gordura, 120 gramas de açúcar, 3 gemas de ovos, uma xícara de leite, sal e erva-doce. Amassa-se bem, e ajunta-se mais uma ou duas gemas de ovos, para a massa ficar branda; formam-se depois pequenos bolos, que se cozinham em forno quente sobre folhas untadas de manteiga.

**BOLO DA BAHIA** – Um pouco de massa bem amassada com alguns ovos, açúcar, manteiga, água fria e sal quanto tempere. Faça-se uma folha fina e ponha-se sobre uma bacia untada de manteiga; a massa deve estar sobre o duro para se poder pôr na bacia. Deve estar já pronta a espécie, que se faz com 500 gramas de amêndoas bem pisadas e 500 ditas de açúcar em *ponto de bala*, que, depois de misturados, vão ao fogo a esquentar, então tira-se do tacho e vaza-se sobre a folha da massa que há de tomar toda a bacia; cubra-se com outra folha de massa, untada de manteiga. Tenham quanto for preciso de manjar branco batido com um pouco de açúcar em pó e gemas de ovos, que se aquentam muito, e deita-se sobre a outra folha este polme, que se cobre com outra folha de massa untada de manteiga, sobre a qual se lança uma camada de ovos moles com canela por cima; cobre-se com outra folha untada de manteiga e com amêndoas não muitas, e guarda-se para o outro dia, em que já se devem ter prontos ovos moles, para se fazerem os bolos. Os ovos moles preparam-se com 500 gramas de açúcar e 15 ovos, só as gemas. No outro dia, estando a massa bem amassada com manteiga, açúcar e ovos, vai-se fazendo o folhado do comprimento de palmo e meio e da largura de dois dedos, e pondo a espécie de amêndoas, deixando massa à roda da mesma espécie. Assim que estiver posta esta espécie, vão se ajuntando os ovos moles, depois limão picado e bem pisado, misturado com cidra, sendo mais de limão que de cidra, e se vai pondo outra camada por cima de ovos moles. Então, corta-se com a carretilha toda a massa à roda, que fique menos de um dedo; assim que se corta, enrola-se na flecha, põe-se em folha de bananeira que fique a flecha em pé, tira-se fora esta e se amassa o bolo alguma coisa para baixo com a mão, e vai logo ao forno, que não deve estar muito quente. Quando sair do forno, polvilha-se com açúcar peneirado e canela.

**BOLO DE BERLIM** – Bata-se em creme, em uma terrina, um quilograma e 250 gramas de manteiga, ajuntem-se-lhe pouco a pouco outro tanto de farinha de trigo, 250 gramas de amêndoas pisadas, outro tanto de açúcar, meia colher de levedura de cerveja e 60 gemas de ovos. Batam-se bem à parte, com um feixe de varas, as 60 claras e lancem-se na terrina, misturando-se tudo bem. Arme-se a massa nas formas quadradas, da largura de 162 milímetros e da altura de 54 milímetros. Faça-se ela levantar na estufa por alguns instantes; ponha-se em forno moderado. Tire-se do fogo depois de três quartos de hora, e corte-se o bolo em talhadas espessas ou pelo meio. É muito bom para tomar com chá.

**BOLO DO BRASIL –** Descasque-se o aipim, e depois de bem lavado, ralado e espremido em uma toalha, ajuntem-se-lhe um coco ralado, duas colheres de manteiga, açúcar quanto adoce, amasse-se bem e enrole-se em folhas de bananeiras e leve-se a forno regular onde se deixa cozer bem.

**BOLO DE CAMPINAS –** Tomem-se 12 gemas de ovos e 500 gramas de açúcar, batam-se bem; depois, ajuntem-se-lhes 12 claras de ovos batidas em neve, 250 gramas de fubá de arroz, 250 ditas de manteiga, um pouco de erva-doce, sal e o leite quente necessário para fazer uma massa branda, com a qual se formam pequenos bolos que se põem sobre folhas polvilhadas de fubá de arroz e se cozinham em forno quente.

**BOLO CARIOCA –** Batam-se bem 6 ovos e ajuntem-se-lhes 500 gramas de açúcar e 500 ditas de manteiga, e, batendo-se de novo, ajunte-se-lhes gradualmente um quilograma de farinha de trigo, bata-se ainda ajuntando-se-lhes 6 gemas de ovos, tempere-se com canela e erva-doce em pó; façam-se os bolos que, em bandejas polvilhadas de farinha, são levados a forno quente como para pão de ló.

**BOLO CHINÊS –** Ajuntem-se, mexendo lentamente, 6 gemas de ovos, 62 gramas de manteiga, 62 ditas de farinha de trigo, 250 ditas de açúcar refinado, e, quando tudo estiver bem ligado, ajuntem-se-lhes 6 claras de ovos bem batidas, faça-se de tudo massa compacta e fina, deite-se em pequenas forminhas untadas de manteiga e leve-se ao forno para cozer.

**BOLO DE CORINTO** – Peneira-se sobre a mesa um quilograma de farinha de trigo, ajunta-se em monte e faz-se-lhe no centro uma cova, onde se deitam 500 gramas de açúcar refinado, 250 ditas de manteiga lavada, um decilitro de rum da Jamaica ou conhaque fino, 4 ovos com claras e gemas e 250 gramas de passas de Corinto, bem limpas dos pés. Desmancham-se primeiramente estes ingredientes com as mãos, e depois se ajunta a farinha, mistura-se tudo bem e amassa-se; logo que esteja bem amassado, polvilha-se a mesa com farinha, estende-se a massa com o rolo até ficar da grossura de um centímetro, corta-se em rodelas com o corta-massa moldado de 4 centímetros de diâmetro, e arrumam-se distanciadas sobre tabuleiros de forno ligeiramente untados com manteiga e polvilhados com farinha. Feito isto, levam-se a cozinhar em forno regular *com vista*, e depois de cozidas cobrem-se por cima com marmelada desfeita em conhaque e salpicam-se depois com açúcar cristalizado. Forno *com vista* é quando se põem sobre o braseiro duas ou três achas de lenha seca em chamas. Serve só para corar o doce quando está quase a sair do forno.

**BOLO DE DIA DE CAMPO** – Duas xícaras de açúcar branco, 2 ovos e a clara de um terceiro; uma xícara de manteiga, uma de leite, duas de farinha de trigo, uma de maisena, uma colherinha de creme tártaro, meia colherinha de soda; deite o açúcar e a manteiga juntos, depois una o leite, a maisena e a farinha de trigo misturada com o creme tártaro; tenha os ovos bem batidos e adicione-os depois à farinha de trigo, dissolva a soda em um pouco de leite e deite-a por último.

**BOLO FLAMENGO** – Tomem-se 250 gramas de farinha de trigo, 4 ovos frescos, 250 gramas de manteiga e umas pedras de sal. Amasse-se tudo com o leite que for necessário, ajunte-se-lhe um pouco de fermento e, logo que a massa estiver ligada e sovada, ponha-se sobre uma folha de papel, cubra-se com um guardanapo quente, e deixe-se fermentar ao pé do fogo cinco quartos de hora; depois se forme o bolo como de *ordinário*, ponha-se sobre papel amanteigado, meta-se a cozer no forno. Estando cozido, coma-se quando quiserem.

**BOLO FLUMINENSE** – Duas xícaras de massa de abóbora e leite de um coco, 3 xícaras de açúcar refinado, meia xícara de leite de vaca fervido, 12 ovos, sendo 6 com claras, 250 gramas de manteiga do reino, 250 ditas de farinha de trigo e 250 ditas de amêndoas bem pisadas. Coze-se a abóbora com a casca, passa-se em peneira e depois em um guardanapo, para extrair toda a água, mistura-se o leite do coco com o leite de vaca e ajuntam-se as amêndoas. Feito isto, medem-se duas xícaras de massa de abóbora e deitam-se em uma vasilha, ajuntam-se-lhe o leite de coco, 3 xícaras de açúcar e ovos, sendo 6 com claras. Isto unido, ajunta-se a farinha e por último as amêndoas, as quais devem ser unidas com a massa aos poucos, em uma tigela, para não ficar em caroços, e ajunta-se-lhes a manteiga; quando estiver unido vai ao forno em uma forma untada com manteiga. O forno não deve estar quente demais para poder cozinhar o bolo por igual.

**BOLO DA GLÓRIA (OU BOLO À LILI)** – Tomem-se um quilograma e meio de farinha de trigo peneirada, 750 gramas de manteiga derretida, a massa de um pão de 40 réis, 18 ovos bem batidos e 750 gramas de açúcar refinado; amassa-se tudo muito bem, e depois se fazem os bolos, que se colocam em bacias ou tabuleiros de folha, polvilhados com farinha de trigo, e cozinham-se no forno, até ficarem meio tostados, e depois se retiram.

**BOLO GOIANO** – Amassam-se 500 gramas de polvilho com 500 ditas de queijo velho ralado, um quilograma de gordura de porco, meio de açúcar, 8 gemas e 4 claras de ovos, duas xícaras de bom leite, uma colher de sal e um pouco de erva-doce. Quando a massa estiver bem trabalhada, deita-se em pequenos pratos untados com banha, e põe-se em forno temperado para cozinhar.

**BOLO GUARANI** – Socam-se em um gral de mármore 15 gramas de amêndoas descascadas e peladas e 2 ovos. Quando as amêndoas estiverem quase em massa, ajuntam-se-lhes 240 gramas de passas de Málaga, e continua-se a socar tudo, até que as passas fiquem bem desfeitas. Deitam-se em um alguidar 400 gramas de açúcar refinado, e vão se lhe ajuntando 10 gemas de ovos, mexendo-as no açúcar, com uma colher de pau, cada uma por sua vez; logo que estejam todas mexidas, ajuntam-se-lhes as amêndoas que se socaram; depois de tudo bem misturado, ajuntam-se-lhe mais 200 gramas de manteiga derretida, 2 cálices de *kirsch* e 300 gramas de farinha de arroz; feita a competente mistura, batem-se 6 claras de ovos até ficarem bem encorpadas, e ajuntam-se à massa que se fez. Unta-se a forma com bastante manteiga lavada, e enche-se quase com esta massa, e depois se cozinha em forno regular. Logo que esteja cozida, desenforma-se e deixa-se esfriar; então se cobre de marmelada bem desfeita, espalham-se por cima amêndoas picadas em pedacinhos miúdos e salpica-se tudo com açúcar cristalizado. Conhece-se quando estão cozidos apalpando-os por cima. Se a massa estiver consistente, tira-se do forno.

**BOLO DAS ILHAS** – Quinze ovos, 8 com gemas só e 7 com claras, 500 gramas de açúcar refinado; tudo mexido e não batido, unta-se a forma de manteiga e vai ao forno.

**BOLO INGLÊS** – Trezentos e cinquenta gramas de manteiga, desta tira-se para untar as formas; uma dúzia de ovos, da metade tiram-se as claras grossas, 750 gramas de açúcar refinado, 120 ditas de passas, 750 ditas de farinha de trigo, um cálice de vinho branco. Depois de lavada a manteiga, ponha-se em uma panela com açúcar e batam-se bem os ovos à parte, ajunte-se e misture-se tudo bem, deitem-se o vinho ou aguardente do reino, a farinha de trigo e as passas, e as claras batidas em escuma; depois, despeje-se na vasilha, que deve estar forrada com papel, e unte-se com manteiga, indo então para o forno, que deve estar pronto como para pão de ló. Também se enfeitam com amêndoas inteiras, e cobrem-se com açúcar e canela.

**BOLO INGLÊS** – Tomam-se 12 gemas de ovos que se batem bem; depois, ajuntam-se-lhes 500 gramas de manteiga bem lavada e sem água alguma, e 500 ditas de açúcar refinado; lançam-se então seis claras de ovos que devem ter sido bem batidas e 500 gramas de farinha de trigo peneirada, um punhado de passas, um cálice de vinho branco e um pouco de água de flor de laranjeira. Mexa-se tudo por espaço de hora e meia a duas horas e, logo que a massa fizer olhos, deite-se em formas de papel untadas com manteiga e leve-se ao forno, que deve ser bem quente. Para que o bolo possa rachar, o que o torna mais bonito, tem-se cuidado de introduzir no meio dele, antes de ir ao forno, uma pequena quantidade de manteiga. Reconhece-se que está cozido introduzindo um palito na massa, o qual, saindo seco, indica achar-se o bolo em estado de ser tirado do forno.

**BOLO INGLÊS PARA CASAMENTO** – Deitam-se em um alguidar 460 gramas de manteiga bem lavada e 460 ditas de açúcar refinado; mexem-se com uma colher de pau até ficarem numa espécie de creme; depois, ajuntam-se-lhe, 12 gemas de ovos uma a uma, mexendo sempre a massa, para não ficar aguada, e, em seguida, ajuntam-se-lhe sucessivamente 120 gramas de coco ralado, 120 ditas de passas de Corinto, 120 ditas de passas de Málaga, 2 ditas de cravo-da-índia em pó, 4 ditas de pimenta-da-jamaica em pó, 230 ditas de doce de *cidrão* cortado em pedacinhos e 230 ditas de doce de casca de laranja bem picado, 4 cálices de vinho branco e 4 ditos de conhaque, e por último 450 gramas de farinha de trigo bem peneirada; depois de tudo bem misturado, finaliza-se ajuntando à massa 10 claras de ovos muito bem batidas. Leva-se depois ao forno a cozinhar em formas redondas, de pão de ló, ligeiramente untadas com manteiga e forradas de papel branco. O forno deve estar a calor regular. Deve ficar no forno de 45 a 50 minutos.

**BOLO À JUDITH** – Duzentos e cinquenta gramas de farinha de trigo para fermento, uma dúzia de ovos e uma xícara grande de açúcar bem batidos. Mistura-se tudo com o fermento e mais 750 gramas de farinha de trigo, uma xícara de banha de porco, uma colher de manteiga, canela e sal, quanto baste, sova-se bem e, em formas untadas de manteiga, leva-se a forno de pão de ló, tendo cuidado de não encher as formas, pois a massa cresce.

**BOLO À MADALENA** – Aqueçam-se em um prato 60 gramas de manteiga fresca; quando estiver bem derretida, ajuntem-se 120 gramas de farinha, 150 ditas de açúcar, a metade de uma casca de limão raspado, uma colherada d'água de flor de laranjeira, 3 gemas de ovos, batam-se em meia neve as 3 claras e misture-se tudo com uma colher. Ponha-se a cozinhar uma hora em um forno qualquer a fogo moderado, sobre uma torteira ou em formas.

**BOLO À MADALENA** – Amassem-se 500 gramas de farinha de trigo, 8 ovos, 360 gramas de açúcar fino, 500 ditas de manteiga, casca de limão e flor de laranjeira picada e água. Depois de tudo amassado e sovado, estenda-se, até que fique da grossura de uma polegada, ponha-se sobre papel untado de manteiga; coza-se no forno e, depois, vidre-se com açúcar, e a pá quente.

**BOLO À MADALENA** – Deitam-se em uma caçarola 120 gramas de manteiga e 250 ditas de farinha de trigo. Derrete-se a manteiga, mexendo-a para que se misture com a farinha. Logo que estiver derretida, tire-se a caçarola do fogo e ajuntem-se-lhe 3 ovos inteiros. Torne-se a mexer e, depois, deitem-se-lhe 250 gramas de açúcar e umas casquinhas de limão. Bata-se tudo com uma colher até formar uma massa espessa e líquida, mas, se ficar muito espessa, ajunte-se-lhe mais um ovo. Unte-se com manteiga uma torteira, deite-se-lhe a massa dentro, e cozinhe-se uma hora debaixo do forno de campanha cheio de borralho, em cima de lar quente ou brasas misturadas com cinza. Se houver um forno quente, podem-se dobrar as doses e cozinhá-lo numa timbaleira untada de manteiga.

**BOLO MALAKOFF** – Ponha-se sobre uma torteira um fundo de massa de brioche como se faz *Bolo Santo Honorato* ordinário, prepare-se a massa, faça-se uma elevação, afundada de espaços iguais. Cubra-se o fundo da massa de marmelada de damascos. Ponha-se ao forno, depois da cocção, que deve ser sempre loura, preparem-se bastões de *massa de choux* (veja-se) e cozinhem-se; guarneça-se depois o interior da torta com os bastões que farão outros tantos compartimentos que se enchem com creme de baunilha, marmelada de marmelos, de damascos, geleia de groselhas segundo o gosto, cubra-se o creme com café ou chocolate, as outras com *kirsch*, rum ou açúcar em *ponto de quebrar*, enche-se cada côncavo feito na elevação do fundo da massa com um fruto confeitado.

**BOLO À MARGOT** – Ajuntem-se, ligando bem, 500 gramas de farinha de trigo e 500 ditas de manteiga, depois do que ajuntem-se-lhes 500 gramas de açúcar e duas gemas de ovos e, depois de isto bem batido, reúnam-se-lhe as duas claras em ponto de escuma, feito o que se encham pequenas formas untadas de manteiga que são levadas a forno quente para cozer a corar.

**BOLO DO MARANHÃO** – Um coco ralado, 20 colheres de açúcar refinado e bem seco, 15 gemas de ovos e uma colher de manteiga lavada; batem-se os ovos com o açúcar como para pão de ló; ajunta-se a manteiga e depois o coco, feito o que meta-se tudo em uma forma para gelatina bem untada de manteiga, e leve-se a forno regular.

**BOLO MINEIRO** – Misturam-se 12 gemas e 7 claras de ovos com 500 gramas de polvilho, 500 ditas de açúcar, duas xícaras de nata de leite ou, na falta desta, duas colheres de manteiga fresca, uma xícara de leite e um pouco de erva-doce. Amassa-se bem, põe-se em formas bem untadas de manteiga e cozinha-se em forno quente.

**BOLO DE NANÃ** – Quinhentos gramas de açúcar, 24 gemas e 12 claras de ovos e 125 gramas de manteiga; bata-se tudo muito bem como para pão de ló, depois ajunte-se a tudo um coco ralado e continue a bater-se engrossando-se com farinha de trigo ou de arroz; deite-se nas vasilhas e leve-se a forno brando.

**BOLO DE NATAL** – Tomem-se 500 gramas de maisena, 500 ditas de açúcar, 250 ditas de manteiga, 6 ovos batidos; faça-se de tudo uma massa fina e fofa que em formas untadas de manteiga é levada a forno regular.

**BOLO DE NATAL** – Tomam-se 500 gramas de farinha de trigo, 360 ditas de manteiga e 750 ditas de açúcar, duas ou três dúzias de gemas de ovos e um pouco de sal. O fermento faz-se com vinho branco, pouca água e sal necessário; deita-se pouco a pouco a farinha; estando a manteiga derretida, ajunta-se-lhe uma porção com os ovos, e, estando tudo misturado, deita-se uma vez açúcar e outra vez manteiga.

**BOLO DE NATAL** – Tomam-se 250 gramas de manteiga e deita-se em uma vasilha sobre o calor do fogo para derreter; bate-se depois até ficar como creme, quebram-se 8 ovos, separam-se as claras e ajuntam-se as gemas à manteiga, que se continua a bater até ficarem bem grossas. Batem-se as claras até ficarem em escuma e ajuntam-se à manteiga; havendo cuidado de bater constantemente, misturam-se aos poucos 500 gramas de farinha de trigo, 360 ditas de açúcar, um copo d'água, 360 gramas de passas de Corinto e Málaga, tiram-se os caroços, cortam-se em metades e vão-se reunindo aos poucos, ajuntam-se depois 120 gramas de *cidrão* e uma colher de sopa das especiarias seguintes: canela moída, cravos e noz-moscada; de tudo isto é que se faz uma colher de sopa, dois cálices de aguardente de *brandy*. Cobre-se a vasilha e deixa-se descansar toda a noite e, no dia seguinte, cozinha-se a banho-maria, podendo servir-se com um molho de calda de açúcar e *brandy*.

**BOLO DE NHONHÔ** – Quinhentos gramas de açúcar, 500 ditas de amêndoas bem piladas, 8 gemas e 2 claras de ovos, 125 gramas de manteiga, canela em pó e um pouco de farinha de trigo; faça-se de tudo uma massa mole, e com ela façam-se bolos altos, arrumados em tabuleiros polvilhados de farinha. Forno quente como para pão de ló.

**BOLO DE PAPAS** – Ponha-se leite a ferver numa caçarola; logo que levantar a fervura, despejem-se-lhe dentro várias colheres de farinha que previamente se terá desmanchado em leite, deite-se-lhe um pouco de manteiga e deixe-se cozinhar esta papa até ficar bem espessa. Chegando a esse ponto tira-se do fogo e, logo que tiver arrefecido um pouco, para não talhar os ovos, deitam-se-lhe 3 ou 4 gemas e deixa-se esfriar de todo. Batem-se as claras até reduzi-las totalmente a escuma com casquinha de limão ralada ou água de flor; unta-se de manteiga uma forma, forra-se o fundo e ao redor com um papel igualmente untado, derrama-se-lhe tudo dentro, inclusive as claras de ovos batidas, e manda-se a um forno esperto. Logo que tostar, está pronto para ser mandado à mesa, com ou sem papel.

**BOLO PARANAENSE –** Um quilograma de farinha de trigo, 2 ditos de polvilho, 1 dito de açúcar, 24 gemas e 12 claras de ovos, 500 gramas de manteiga, que em formas são levados a forno brando.

**BOLO PAULISTA –** Tomam-se 200 gramas de pão de ló seco e ralado; amolece-se em leite a ferver, desfaz-se bem com uma colher de pau e, depois, ajuntam-se-lhe 60 gramas de manteiga lavada, 60 ditas de passas de Corinto, 200 gramas de açúcar refinado, 6 gemas de ovos, uma casca de doce de laranja picada e duas colheres de marmelada bem desfeita; bate-se tudo isto muito bem e, depois, prepara-se uma forma de torta forrada com massa folhada. Quando estiver forrada, enche-se com o recheio que se fez, leva-se depois a cozinhar em forno regular e, logo que esteja cozido, desenforma-se, põe-se em um prato, e cobre-se por cima com merengue, salpica-se com amêndoas picadas, polvilha-se com açúcar e leva-se ao forno para secar o merengue. O recheio que se fez dá mais de um bolo. Conhece-se quando estão cozidos apalpando-os por cima. Se a massa estiver consistente, tira-se do forno.

**BOLO PAULISTA –** Batem-se 12 gemas de ovos com 500 gramas de açúcar, ajuntam-se-lhes 500 gramas de fubá de arroz ou araruta, 500 ditas de manteiga derretida, um pouco de sal, erva-doce e um pouco de sumo de limão. Estando tudo bem ligado, acrescenta-se a neve feita de dez claras de ovos batidas; continua-se a bater durante mais de um quarto de hora, até a massa estar cheia de bolhas e até o momento de se pôr a massa na forma, que deve ir imediatamente ao forno quente. Estando cozido o bolo, vira-se sobre um prato, e enfeita-se com açúcar vidrado.

**BOLO DE PIAUÍ** – Ajuntem-se 500 gramas de manteiga, 500 ditas de açúcar, 500 ditas de farinha de trigo, 360 ditas de raspa, bata-se bem a ponto de bolha, ajuntem-se os ovos um a um, tempere-se de cravo e canela em pó, e formem-se bolos que são levados a forno quente.

**BOLO DE PRIMA ANNICA** – Soca-se milho, tira-se o fubá e põe-se à parte; toma-se o grosso do milho e faz-se em uma panela um angu; deixa-se esfriar e ajuntam-se-lhe coco ralado, açúcar até adoçar, manteiga, erva-doce, e depois se põe um pouco d'água no fubá fino e reúne-se ao fubá que está temperado, mexe-se com pressa para não encaroçar e deve ficar da consistência de um mingau grosso; põe-se em forminhas untadas de manteiga, que vão para o forno. Quanto à quantidade de milho, é a que se quer.

**BOLO REAL** – Ponham-se em uma caçarola uma boa porção de limão verde picado, 60 gramas de açúcar, uma colher de manteiga e um copo d'água. Faça-se ferver um pouco; depois ajuntem-se 4 ou 5 colheres de farinha; faça-se secar sobre o fogo e vire-se sempre com uma colher de prata até que a massa esteja bastante espessa para começar a fixar-se à caçarola. Mexendo-se a massa, lancem-se-lhe algumas pequenas ameixas e cerejas confeitadas. Quando a massa começar a agarrar, tire-se do fogo e ponha-se um ovo, mexendo sempre com a colher até que esteja bem misturado na massa; continue-se a pôr-lhe os ovos, um a um, da mesma maneira, até que a massa esteja mole sem ficar líquida. Ajuntem-se-lhe então dois biscoitos de amêndoas amargas raspadas, mas bem fino, depois se lance em uma forma. Cozinhe-se meia hora em forno de calor brando e, quando sair da forma, enfeite-se o bolo com frutas confeitadas e pequenas talhadas de doce de laranja ou cidra.

**BOLO DE REIS** – Tomam-se 500 gramas de farinha de trigo, é preferível a de cevada, e 300 gramas de manteiga. Põe-se a farinha sobre a tábua de amassar. Faz-se um buraco no meio, põem-se dentro 8 gramas de sal e 8 ditas de açúcar em pó, depois a manteiga e 2 decilitros d'água. Amassa-se, e, quando a manteiga e a farinha começarem a misturar-se, ajunte-se água aspergindo-a com a mão. Amassa-se ainda pondo de novo água e recomeça-se duas vezes a mesma operação. Quando a massa estiver bem lisa, forma-se uma bola e deixa-se repousar durante meia hora. Torna-se a tomá-la e achatá-se com o rolo para massa. Dá-se-lhe uma espessura de 4 centímetros e lavram-se os bordos com a faca, fazendo incisões de um centímetro de profundidade a um centímetro de distância umas das outras. Doura-se com ovo batido. Põe-se o bolo sobre um prato de folha de flandres, e faz-se cozinhar no forno durante meia hora. Não se deverá esquecer de introduzir uma fava no bolo, se o servirdes no Dia de Reis.

**BOLO ROMANO** – Tomem-se 6 ovos e separem-se as claras das gemas. Batam-se as claras bem e ajuntem-se-lhes duas colheres de açúcar em pó. Batam-se depois as gemas, ponha-se-lhes um punhado de açúcar e misture-se tudo. Tomem-se 8 a 12 gramas de fécula e 24 gramas de açúcar em pó, misture-se tudo. Para tornar o bolo leve, lance-se esta mistura de um pouco alto. Às claras e gemas de ovos que se batem sem parar, ajunte-se a metade da casquinha de um limão, do qual se espreme todo o sumo. Para que o bolo fique benfeito, ter-se-á o cuidado de untar a forma com azeite doce antes de lançar a mistura, que não deve encher a forma senão nos dois terços. Ponha-se a cozinhar entre dois fogos, isto é, com brasas em cima e embaixo.

**BOLO DE SANTA TERESA** – Batam-se 36 ovos, dos quais 12 com claras, com 3 quilogramas de açúcar branco, como para pão de ló. Depois de tudo bem batido, ajuntem-se 9 tigelas de farinha de arroz peneirada, um coco ralado, e depois a manteiga e erva-doce. Mexe-se tudo bem com colher de pau, até ficar a massa bem ligada; tempera-se então com sal, e deita-se em formas untadas de manteiga, que vão a cozinhar ao forno.

**BOLO DE SANTO ANTÔNIO** – Tomem-se 250 gramas de açúcar refinado, 250 ditas de manteiga lavada, 8 gemas de ovos, 250 gramas de farinha de trigo e 5 ditas de erva-doce. Mexe-se com uma colher de pau até ficar bem ligado o açúcar com a manteiga, depois ajunta-se-lhe a erva-doce, e vão se lhe deitando as gemas de ovos uma a uma, mexendo sempre. Depois, continua-se ainda a bater a massa durante 2 ou 3 minutos, e finaliza-se misturando a farinha na massa com muito cuidado. Cozinham-se em formas redondas, de pão de ló, forradas com papel. O forno deve estar a calor regular.

### ❧ BOLO DE SANTO ANTÔNIO

Sem dúvida, é uma receita comemorativa em homenagem a esse santo tão popular no mundo português e por extensão no Brasil.
Pelos ingredientes, especialmente a farinha de cará, vê-se uma nacionalização desse doce que também pode ser feito com farinha de trigo. O acréscimo do vinho do Porto ou da Madeira é outro vínculo dessa receita com Portugal, pois santo Antônio, cujo nome original é Fernando de Bulhões, nasceu em Lisboa.

> **Bolo de Santo Antonio.** — Tome-se 500 grammas de farinha de cará, 500 ditas de assucar refinado, 8 ovos batidos com as claras, 250 grammas de manteiga e de tudo isto faça-se uma massa bem sovada e fina em ponto de bolo, ajunte-se-lhe 2 calices de vinho do Porto ou de Madeira, tornando-se a bater para ligar, depois do que é posta em fôrmas untadas de manteiga que são levadas a forno brando.

**BOLO SANTO HONORATO** – Estende-se com o rolo uma porção de massa doce até ficar da grossura de 3 milímetros, e corta-se uma roda que tenha de diâmetro 16 centímetros, colocando-a depois, sem que perca o feitio, sobre um tabuleiro de forno; circunda-se por cima com um cordão de *massa de choux*, da grossura de um dedo, e pinta-se esse cordão com gema de ovo; formam-se no mesmo tabuleiro 8 montinhos de *massa de choux* do tamanho de uma avelã, que fiquem bem arredondados, e depois de feitos leva-se tudo a cozinhar em forno regular. Quando tudo estiver cozido, tira-se do forno, banham-se as bolinhas de *choux* em calda de açúcar, a *ponto de quebrar*, e, à medida que se vão banhando, vão se colocando em cima do cordão, de forma que fiquem distanciadas umas das outras; na mesma ocasião, devem-se ter alguns gomos de tangerina bem limpas do branco, que também se banham na calda, e se colocam um por um nos intervalos das bolinhas de *choux*, de maneira que o cordão fique enfeitado com gosto e com simetria; e assim fica pronto a encher-se de creme, que se prepara da seguinte forma: faz-se um *creme de baunilha* (veja-se creme); depois de feito, batem-se 3 claras de ovos até ficarem bem encorpadas, ajuntando-lhes ao bater, quando principiarem a engrossar, uma ou duas colherinhas, das de chá, cheias de açúcar refinado, e logo que estejam no ponto de batidas, misturam-se com o creme que se fez. Depois se recheia com ele o *Santo Honorato*, devendo ficar o creme em feitio de monte. Está pronto a servir-se.

**BOLO DE S. JOÃO** – Mexem-se 460 gramas de manteiga lavada em duas águas com 460 ditas de açúcar refinado, e depois 12 gemas de ovos, postas uma a uma mexendo sempre; ajuntam-se-lhes depois meio coco-da-baía ralado, uma pitada de cravo-da-índia em pó, meia noz-moscada ralada, 4 cálices de vinho branco e 460 gramas de farinha de mandioca puba, e mexe-se muito bem. Depois, finaliza-se por ajuntar e misturar bem na massa 12 claras de ovos muito batidas. Cozinha-se em formas de pão de ló forradas de papel. As formas para estes bolos não precisam ser untadas de manteiga. O forno deve estar a calor regular. Depois de cozidos devem ter a mesma aparência que o bolo inglês.

**BOLO DE S. JOÃO** – Mil e quinhentos gramas de mandioca puba, 1.500 ditas de açúcar refinado, 750 ditas de manteiga, 2 ou 3 dúzias de ovos, cravo e erva-doce. A mandioca puba deve ser muito enxuta e bem lavada para sair de todo a goma, e passada em peneira, os ovos devem só levar a metade das claras, a massa deve ser bem batida até formar bolhas. Vai em forma grande com manteiga para o forno, que deve ser quente.

**BOLO DA TIJUCA** – Batam-se 500 gramas de manteiga lavada com 500 ditas de açúcar mal pesado, depois se ajuntem 7 colheres de leite, 8 gemas de ovos, cujas claras são batidas à parte e depois misturadas à medida que se batem os outros ingredientes, e por fim 500 gramas de farinha de trigo; vá ao forno, que deve estar quente como para pão de ló.

**BOLO DA TRINDADE** – Tomem-se 3, 4 ou 5 ovos, ou quantos quiserem, e lancem-se na concha de uma balança, e na outra lance-se açúcar refinado quanto pesarem os ovos; tire-se o açúcar e pese-se araruta, depois pese-se manteiga, servindo os ovos de peso para tudo. Quebrem-se os ovos, separem-se as claras, que devem ser batidas à parte, de forma que fiquem todas em escuma, sem restar no fundo da vasilha líquido algum. Ao mesmo tempo que se baterem as claras, batam-se em outra vasilha as gemas com o açúcar; depois de bem batidas, ajunte-se a manteiga, e continue-se a bater bem, lance-se a araruta, continuando sempre a bater até que o forno e as formas estejam prontas e untadas com manteiga; então ajuntem-se as claras, e, sempre batendo tudo sem cessar, vá se enchendo as formas e logo sem demora se levem ao forno. Estando cozidos, logo à boca do forno, tiram-se os bolos das formas, e abafam-se com panos a fim de não apanharem ar e não abaterem.

*Advertência* – Depois de pesada a manteiga, esta deve ser bem lavada, para não ficarem os bolos salgados. As formas não devem ficar cheias, basta que fiquem pelo meio, porque a massa incha e cresce no forno, como o pão de ló, e sendo muito cheias transborda, e perde-se muita massa.

**BOLO DA TRINDADE** – Oito gemas de ovos, sobre elas deitam-se 500 gramas de açúcar limpo em uma panela funda, batem-se com uma colher de pau sempre de roda como para gemadas. Estando a mistura muito grossa e branca, batem-se bem com antecipação as claras com um garfo até ficarem em escuma, uma pessoa vai lançando estas sobre as gemas e outra mexendo. Deitam-se aos poucos colheres de manteiga lavada até chegar a 500 gramas, e outro tanto de farinha de trigo muito fina, sempre mexendo, ajuntam-se cravo, canela e erva-doce; vai ao forno bem quente. São muito rendosos.

**BOLO DA TRINDADE** – Quinhentos gramas de farinha de trigo amassada com 12 gemas de ovos, 500 gramas de açúcar e 500 ditas de manteiga, as 12 claras são batidas à parte até ficarem em escuma; depois de bem batidas, ajuntam-se à massa que deve ser mexida com uma colher de pau, até ficar bem ligada. Untam-se as formas com manteiga, deita-se-lhes a massa e vão ao forno, que deve ser como para pão de ló.

**BOLO TURCO** – Pisem-se bem 250 gramas de amêndoas limpas; quando estiverem bem finas, ajuntem-se 500 gramas de farinha, 250 ditas de manteiga, 375 ditas de açúcar em pó, uma colher cheia de açafrão em pó; pise-se tudo junto, ponham-se ovos à proporção, até que o aparelho esteja mole, unte-se de manteiga o fundo de uma forma e ponha-se em cima; dá-se-lhe uma igual espessura, e deixa-se a massa cozinhar em forno brando. A massa deve ficar mais ou menos espessa, corta-se com a faca ou com o corta-massa, e, quando sair do forno, dê-se-lhe a forma que quiserem. Podem-se substituir as amêndoas por pistaches.

**BOLO DE VÊNUS** – Toma-se a calda de um quilograma de açúcar em *ponto de espelho*, deitam-se-lhe depois de fria 10 ovos, as gemas e as claras batidas separadamente, 250 gramas de manteiga e 120 ditas de farinha de trigo peneirada; leva-se a caçarola de novo ao fogo, e mexe-se tudo até ficar bem ligado; deita-se depois sobre obreias, em porções tiradas com a colher, e cozinham-se em forno temperado.

**BOLO VITÓRIA** – Guarnece-se o fundo de uma forma para charlotas russas com uma forte camada de massa de biscoitos, de uma segunda de creme de amêndoas, de uma terceira de frutos confeitados, e assim de contínuo até que a forma esteja cheia. Ponha-se no forno e deixe-se cozinhar, até ficar loura. Vire-se e depois deixe-se esfriar. Cobre-se o bolo com açúcar e clara de ovos com uma camada de qualquer confeito.

**BOLOS** – Seis pires de farinha torrada, 6 ditos de boa goma, 14 ovos com claras, 500 gramas de banha, 120 ditas de manteiga, leite quanto baste e frio, sal só o necessário e um pires de açúcar, amasse-se tudo e façam-se bolos ou broas que se levam ao forno.

**BOLOS** – Batem-se bem duas claras de ovos com 500 gramas de açúcar até engrossar, ajuntam-se 500 gramas de amêndoas bem pisadas, batem-se e formam-se os bolos compridos, sobre folhas de ferro bem untadas de manteiga. Vão a forno brando.

**BOLOS DE ABÓBORA** – Três pratos de fubá de arroz, 1 de cará, 1 de abóbora, 6 ovos ou mais se quiserem. Também se podem fazer sem ovos.

**BOLOS DE ABÓBORA** – Parte-se a abóbora em bocados e cozinha-se, põe-se a escorrer, depois se amassa com farinha de trigo, ovos e fermento. Deixa-se levedar, e depois vão se frigindo às colheres, em manteiga ou banha de porco; passam-se por açúcar em calda e canela.

**BOLOS DE ABÓBORA** – Cozinha-se uma abóbora, depois se espreme em uma toalha até ficar sem água, passa-se a massa em uma peneira fina, põem-se 3 gemas de ovos, farinha de milho quanto possa formar os bolos, açúcar quanto baste e canela, amassa-se bem, fazem-se os bolos e frigem-se em banha de porco em uma frigideira vidrada.

**BOLOS DE AGRADINHOS** – Misturam-se em um alguidar 500 gramas de farinha de araruta, doze ovos com claras, bate-se tudo até rebentarem olhas e leva-se ao forno em pequenas formas.

**BOLOS DE AIPIM** – Tomem-se 250 gramas de aipim cozido e bem delido, ajuntem-se-lhe um ovo e 9 gemas, uma colher de manteiga, erva-doce, açúcar quanto baste. Bata-se tudo até ligar bem, encha-se com esta massa forminhas untadas de manteiga lavada, e levem-se a forno regular.

**BOLOS DE AIPIM** – Rale-se o aipim bem, e, depois de espremido em uma toalha, ajuntem-se-lhe um coco também ralado, duas colheres de manteiga, açúcar quanto baste e erva-doce; amasse-se bem, enrole-se em folhas de bananeiras, atando-se as extremidades, e cozinhe-se lentamente em forno regular.

**BOLOS DE AIPIM** – Um quilograma de aipim cozido e passado em peneira, e qual duro soca-se em pilão de pedra, 500 gramas de açúcar refinado, 12 gemas de ovos, 500 gramas de manteiga, da qual se tira para untar as formas; põem-se os temperos que se quer e mexe-se como pão de ló.

**BOLOS DE AIPIM** – Um prato de aipim cozido e ralado, sal, um coco ralado, 48 gemas e 24 claras de ovos, 120 gramas de manteiga, erva-doce, água de flor, açúcar quanto adoce, um pouco de fermento; engrosse-se com farinha de mandioca passada por peneira de seda, e estando em bom ponto façam-se os bolos, que vão ao forno em bacias forradas com folhas de bananeiras.

**BOLOS DE AIPIM E COCO** – Um coco ralado, 3 raízes de aipim, açúcar quanto adoce, 500 gramas de manteiga e ovos os que quiserem, unicamente as gemas.

**BOLOS DE AMANTE** – Quinhentos gramas de açúcar refinado, 500 ditas de amêndoas bem pisadas, 8 gemas e 6 claras de ovos, 120 gramas de manteiga derretida, canela em pó quanto baste, um pouco de farinha de trigo. Amassa-se tudo até ficar bem unido, fazem-se bolos redondos, e mandam-se ao forno em bacias forradas com farinha de trigo.

**BOLOS DE AMÊNDOAS** – Batam-se bem 2 quilogramas de amêndoas e 2 ditos de açúcar em *ponto de alambre*, isto é, acima do *ponto de pasta* e abaixo do *de fio*, deitem-se duas claras de ovos, torne-se a bater, ponha-se no fogo, e quando o tacho mostrar o fundo deitem-se-lhe 8 gemas de ovos e uma colher de manteiga; depois que lhe derem um par de voltas deitem em um alguidarzinho, que se pode guardar para o dia seguinte: estendam-se os bolos com farinha seca, pondo-se em uma bacia com farinha por baixo apartados uns dos outros, cozinhem-se até ficarem bem torrados e depois passem-se por açúcar e canela.

**BOLOS DE AMÊNDOAS** – Dois quilogramas de açúcar, um dito de amêndoas, 24 ovos, 7 com claras, 7 colheres de farinha de trigo, duas ditas bem cheias de manteiga.

**BOLOS DE AMÊNDOAS** – Quinhentos gramas de açúcar, 360 ditas de amêndoas, 3 claras de ovos muito bem batidas com o mesmo açúcar, deitam-se-lhes amêndoas partidas ao comprido e mexe-se, e com uma colher vai se deitando nas bacias sobre papéis para levar ao forno.

**BOLOS DE AMÊNDOAS** – Tomem-se 180 gramas de amêndoas, das quais 10 gramas amargas. Para tirar-lhes a pele, lançam-se na água fervendo; enquanto estão quentes elas pelam-se muito facilmente. Pisem-se em um almofariz de mármore, molhando-as pouco a pouco com ovo batido, a fim de não se tornarem em óleo. Quando estão bem pisadas, ajuntam-se-lhes 180 gramas de açúcar em pó, 180 ditas de manteiga, uma colher de água de flor de laranjeira, alguns grãos de sal e 3 ovos que aí se quebram um a um. Faça-se de tudo uma massa perfeitamente ligada. Tenha-se pronta massa folhada; formem-se dela duas bolas que se achatam a um centímetro de espessura. Estenda-se uma camada de massa no fundo da torteira bem untada de manteiga, e ponha-se por cima a massa de amêndoas; cubra-se com uma coberta de massa folhada; molhem-se as bordas com água para não soltarem. Doure-se com ovo batido, e faça-se sobre a massa losangos com a faca. Ponha-se no forno e cozinhe-se por meia hora. Deixe-se esfriar, tire-se o bolo da torteira, ponha-se em um prato e polvilhe-se com açúcar passado em peneira.

**BOLOS DE AMÊNDOAS BRANCOS** – Quinhentos gramas de açúcar em *ponto de bala* mole, 500 ditas de amêndoas bem pisadas, desmanche-se bem sem se bater; logo que estiver desfeito, tire-se do tacho, ponha-se em uma vasilha, e, se não houver pressa, é melhor guardar de um dia para o outro, e então fazer os bolos com os feitios que se quiser, amassando com farinha suficiente, e levando-os a cozer em forno brando, para que fiquem brancos e bem torrados.

**BOLOS DE AMÊNDOAS E FARINHA** – Quinhentos gramas de amêndoas descascadas e bem pisadas, um quilograma de açúcar em *ponto de bala* mole, 120 gramas de manteiga boa, 8 ovos sem claras. Deitam-se as amêndoas no açúcar, desmancham-se bem sem bater, e depois se lhes põem erva-doce, manteiga e farinha de trigo até ficar enxuta; deitem-se então as gemas de ovos e, depois de tudo junto e amassado, põe-se em uma vasilha e guarda-se para, no dia seguinte, se fazerem os bolos. Se forem para viagem, põem-se 1.500 gramas de açúcar em vez de um quilograma. Para se conhecer se a massa está boa, aplica-se a mão com força sobre ela; se não pegar está boa.

**BOLOS DE AMENDOINS** – Tomam-se 500 gramas de amendoins torrados em pó, e ajuntam-se-lhes 500 gramas de açúcar, 500 ditas de farinha de trigo, 4 ovos; bate-se bem esta massa, fazem-se bolos do tamanho que convier e, em bandejas polvilhadas, levam-se a forno regular.

**BOLOS DE AMENDOINS** – Descascam-se e tira-se a pelinha de 500 gramas de amendoins, que se socam com 500 gramas de açúcar; estando tudo reduzido a pó, acrescentam-se 12 gemas de ovos. Batem-se, por outro lado, 12 claras de ovos, ajuntam-se ao mais, e acrescentam-se ainda 120 gramas de farinha de trigo. Formam-se então pequenos bolos, que se põem sobre obreias, e cozinham-se em forno temperado.

**BOLOS DE AMOR** – Um quilograma de farinha de trigo, uma dúzia de ovos, 250 gramas de manteiga da melhor, 250 ditas de açúcar branco refinado. Deita-se tudo em uma vasilha, bate-se até ficar em massa fina, e depois põe-se em forminhas untadas com manteiga, que vão ao forno.

**BOLOS DE AMOR** – Pesem-se por uma quantidade qualquer de ovos, uma igual porção de manteiga e outra igual de açúcar refinado; misturem-se estes ingredientes, e mexa-se muito bem até ir para o forno, que deverá ser bastante quente. Como estes bolos têm a propriedade de tomar um grande volume, deve ter-se o cuidado de pô-los nas folhas em pequenas porções antes de cozinharem.

**BOLOS DE AMOR** – Quinhentos gramas de açúcar fino, 8 ovos; batem-se bem até levantar bolhas, ajuntam-se 125 gramas de manteiga e 500 ditas de farinha de trigo peneirada em peneira de seda, depois vai ao forno em formas untadas com manteiga. Forno de pão de ló.

**BOLOS DE AMOR** – Deitam-se em um alguidar 500 gramas de manteiga lavada, 500 ditas de açúcar refinado e a raspa da casca de um limão; mexe-se tudo bem com uma colher de pau até ficar com a aparência de creme. Estando assim, vão-se-lhe ajuntando 10 gemas e 6 claras de ovos uma a uma, e mexendo sempre com a colher; depois ajunta-se-lhe a farinha e mistura-se bem a massa. Esta massa deve ficar com alguma consistência para poder se lhe pegar com a mão e metê-la dentro de uma seringa. Estendem-se os bolos sobre tabuleiros de forno bem limpos e cozinham-se em forno regular. Na falta de seringa, podem-se fazer estes bolos com as mãos, dando-lhes um feitio redondo de tamanho regular.

**BOLOS DE AMOR** – Em 750 gramas de açúcar, reduzido quase a *ponto de bala*, deitem-se 500 gramas de amêndoas doces, limpas da casca, bem pisadas, e misturadas com algum açúcar; ajuntem-se-lhes depois 120 gramas de manteiga lavada e 120 ditas de dita derretida; misture-se tudo bem, depois se ajunte a esta mistura 250 gramas de *cidrão* branco, socado e passado por peneira; quando tudo estiver bem combinado, vai ao fogo até ficar bastante quente, e retira-se; então se lhe deitam 12 gemas de ovos, com a parte fina das claras bem batidas, um pouco de canela, cravo e água de flor de laranjeira, e, assim misturado, volta tudo ao fogo, para que os ovos fiquem quase cozidos, e guarda-se esta massa para fazerem-se os bolos no dia seguinte, e mandam-se para o forno, a fogo muito brando. Prepara-se a massa com 250 gramas de farinha de trigo, um ovo e um pouco de manteiga, e depois de pronta estende-se sobre uma tábua com um rolo ou pau de estender massa, corta-se da largura de uma mão travessa ou em tiras, deita-se a espécie no meio, deixando um dedo de massa de um e outro lado, enrolam-se os bolos e levam-se ao forno. Tiram-se do forno, depois de frios passam-se em calda grossa, enxugam-se numa peneira para depois serem polvilhados ou cobertos com canela e açúcar fino.

**BOLOS DE AMOR** – Fazem-se com um quilograma de açúcar refinado, 10 ovos, 250 gramas de manteiga de vaca lavada, limão ralado e quanto baste de farinha de trigo, para se deitar em formas, como já dissemos.

**BOLOS DE AMOR** – Deitam-se 6 ovos de um lado da balança, do outro lado, igual porção de açúcar, pesam-se e tiram-se 4 claras finas dos ovos, misturam-se com açúcar, batem-se bem; quando estiverem bem batidas, deitam-se 120 gramas de manteiga, 250 ditas de farinha de trigo, untam-se as formas com manteiga e vão ao forno.

**BOLOS DO AMOR** – Tomam-se 500 gramas de açúcar em *ponto de fio* de correr, 60 ditas de amêndoas, 30 ditas de *cidrão*, laranja ou limão, 25 gemas e uma clara de ovo, e quanto baste de canela e sal. Deitam-se 9 gemas e uma clara no funil de fiar, ou numa colher com um furo no fundo, e com ela se vai correndo em roda da fervura do tacho, deixando cair os ovos em fio até fazerem uma meada, a qual, depois de borrifada com água, se tira para fora do tacho. No resto do açúcar deitam-se a amêndoa e o *cidrão*, laranja ou limão e deixa-se ferver até o ponto de topete, que é quando faz uma escumazinha na costa da colher. Ajuntam-se-lhe então 16 gemas de ovos, e deixa-se ferver tudo, até que faça estrada no tacho. Tira-se para fora, e ajunta-se-lhe a meada dos ovos partida em bocadinhos, o sal e a canela. Fazem-se então uns bolinhos redondos, que se polvilham com farinha de trigo, e vão em latas a cozer ao forno. Depois de bem cozidos se untam bem com açúcar em fio de correr, e se esfregam nas mãos com jeito até branquearem, e deixam-se depois em tabuleiros de pau até secarem.

**BOLOS DE ARARUTA** – Quinhentos gramas de araruta, 360 ditas de banha; duas colheres de manteiga, açúcar até adoçar, erva-doce, água com sal, duas dúzias de gemas e 6 claras de ovos; amasse-se tudo bem e vai ao forno.

**BOLO DE ARARUTA** – Um quilograma de farinha de trigo, um dito de araruta, meio de açúcar refinado, 125 gramas de manteiga, 6 ou 9 ovos, um pouco de banha, canela, um pouco de sal moído; depois de tudo misturado, amassa-se bem e leva-se ao forno em calor regular.

**BOLOS DE ARROZ** – Depois de se terem escolhido e lavado 125 gramas de arroz, faz-se abrir sobre o fogo em uma pequena quantidade de leite e tempera-se com uma casca de limão, picada muito miúda, com 60 gramas de manteiga fresca e com açúcar em quantidade suficiente. Molha-se com leite a ferver à proporção que o arroz vai engrossando, porém não é preciso mexê-lo nem misturá-lo enquanto coze. Ele deve cozinhar sem ser machucado. Deixa-se ficar morno para se ajuntarem 4 gemas de ovos e um ovo inteiro; depois misturam-se duas claras de ovos batidas em nuvem, sem que sejam muito batidas. Deita-se então o bolo em uma forma barreada de manteiga e polvilhada de miolo de pão esfarelado muito fino, e faz-se cozinhar durante uma hora, ou sobre cinzas quentes com uma tampa e um pouco de fogo por cima, ou em forno de campanha. Serve-se quente ou frio e acompanhado se quiser de um creme à inglesa, composto de gemas de ovos diluídas em leite açucarado que se faz cozinhar mexendo sempre com uma colher de pau, durante a cocção, sem deixar ferver. Passa-se em seguida em peneira de seda.

**BOLOS DE ARROZ** – Lavam-se e faz-se branquear 300 gramas de arroz. (Branquear é pôr o arroz em água quente a ferver para amolecer ou dar-se-lhe uma pequena fervura.) Refresca-se e escorre-se o arroz. Deita-se o arroz em uma caçarola com um litro de leite, 30 gramas de açúcar e uma pitada de sal, meia vagem de baunilha, 25 gramas de manteiga. Faça-se cozinhar a fogo muito brando. Ponham-se, em formas ovais, fundos de *massa folhada*. Trabalha-se o arroz com a espátula; deitam-se dois ovos, um depois do outro; guarnecem-se as formas com o arroz. Faz-se cozinhar a forno vivo, tira-se das formas; polvilha-se com açúcar cristalizado em pó e serve-se quente.

**BOLOS DE ARROZ** – Cozinha-se arroz em leite, e, à medida que for secando, umedece-se com leite. No leite devem pôr-se casquinha de limão ou baunilha, como se desejar, açúcar e sal. Logo que o arroz estiver bem arrebentado, tire-se do fogo. Para 240 gramas de arroz põem-se de 4 a 6 gemas de ovos, as claras são batidas à parte até ficarem completamente reduzidas a escuma. Deitam-se as claras, assim batidas, no arroz, mexe-se bem, e despeja-se tudo isso numa forma untada de manteiga e açúcar. Manda-se imediatamente para um forno esperto e, quando ficar bem sólido e tostado, estará pronto. Em vez da casquinha do limão ou da baunilha, pode-se aromatizá-lo com água de flor.

**BOLOS DE ARROZ** – Para 120 gramas de arroz tomem-se 2 litros de bom leite não desnatado. Quando o arroz estiver bem lavado, põe-se ao fogo com o leite em uma caçarola estanhada. Ajunta-se o perfume que se quiser, quer um pau de canela, quer a casca de um limão, quer uma vagem de baunilha, e açúcar à vontade. Quando o arroz estiver bem cozido, tira-se a caçarola do fogo e deixa-se quase esfriar. Então se ajuntam 2 gemas de ovos batidas e um pouco de manteiga fresca. Tome-se uma forma de folha de flandres, unte-se toda com manteiga e faça-se aderir a essa manteiga côdea de pão ralado. Depois, encha-se a forma com o arroz de leite, e ponha-se no forno até que ele tenha tomado cor. Este bolo se come quente. Vire-se a forma sobre o prato no momento de servir. É um bom prato de sobremesa.

**BOLOS DE ARROZ À IMPERATRIZ** – Amassem-se 500 gramas de batatas cozidas, e reduzidas a polpa, com um quilograma de açúcar, 12 gemas de ovos e a neve de 6 claras, um quilograma de fubá de arroz, 500 gramas de manteiga, um pouco de sal, erva-doce, 30 gramas de fermento desfeito em uma garrafa de leite, e mais algum leite se for necessário, para formar de tudo uma massa branda; cobre-se e põe-se em lugar quente para crescer; passadas 6 horas, formam-se os bolos, que se põem sobre folhas e se cozinham em forno quente.

**BOLOS DE ARROZ E CARÁ** – Quinhentos gramas de fubá de arroz, 500 ditas de cará cozido e passado por peneira grossa, 500 ditas de açúcar, 6 gemas e 3 claras de ovos, 250 gramas de manteiga; ajuntem-se um pouco de cravo e canela moídos.

**BOLOS DE ARROZ E CARÁ** – Tomem-se 250 gramas de farinha de trigo em fermento, lancem-se-lhe 2 pratos fundos cheios de pó de arroz, um prato de cará, um quilograma de banha e 250 gramas de manteiga, bata-se muito bem, pondo uma xícara de água e sal, vá se amassando e deitando pouco a pouco 3 dúzias de ovos batidos; reduza-se um quilograma de açúcar a calda em *ponto de espelho*, ajunte-se ainda quente, misture-se tudo, façam-se os bolos e levem-se ao forno.

**BOLOS DE ARROZ E CARÁ** – Um quilograma de arroz, 500 gramas de cará ou batatas, um pouco de erva-doce, açúcar em calda quanto se julgar conveniente, e esta que seja alguma coisa grossa; a tudo isto, depois de bem amassado, ajunte-se água ou leite fervido, devendo ser feita esta preparação com diferença de 10 horas antes de ir ao forno, a fim de levedar, para o que é mister deitar um pouco de fermento; e isto basta fazer-se a primeira vez que se usar da vasilha, a qual não se deve lavar quando se queira continuar a fazer os bolos.

**BOLOS DE ARROZ E CARÁ** – Ponha-se em uma gamela uma tigela de cará cozido e passado por peneira; bata-se com uma colher, ajuntem-se açúcar quanto adoce e uma colher de sopa de manteiga. Depois de bem batido, ajuntem-se 2 tigelas de farinha de arroz socado, e se continue a bater e a pôr a água morna com sal, para que não fique nem muito duro nem muito mole. Deixe-se levedar de um dia para outro, amassando-se das 4 para as 5 horas da tarde. No dia seguinte, se se quiser, pode se lhe ajuntar leite, até ficar em boa consistência, ou a porção de duas ou três xícaras, pondo-se também os ovos que se quiser, e mais açúcar, caso não esteja a gosto. Despeje-se depois em vasilhas untadas com manteiga, e leve-se a forno para cozinhar.

**BOLOS DE ARROZ E CARÁ** – Mil e quinhentos gramas de farinha de arroz, 500 gramas de cará, um quilograma de açúcar em calda rala; amassa-se com a mão, primeiro sovando bem e depois se lhes ajuntam os ovos até ficar amarelo, bate-se com a colher, põem-se água de flor, erva-doce, isto se faz na véspera à noite, abafa-se, deixando-se levedar até o outro dia, em que se lhes ajuntam os ovos e um pouco de sal. Deitam-se em formas e levam-se a forno quente.

**BOLOS DE ARROZ E CARÁ** – Um quilograma de açúcar em *ponto de pasta*, um dito de arroz passado por peneira de seda, 500 gramas de cará. Logo que o açúcar esfriar, amasse-se com 30 gemas e 15 claras de ovos, ajunte-se metade de um pão cru, desmanche-se um pouco de fermento no cará, e com uma colher de pau bata-se tudo isto com a calda; deitem-se-lhe depois 500 gramas de manteiga e um pouco de erva-doce. Se a massa ficar muito enxuta, deite-se-lhe água, deixe-se fermentar e cozinhe-se em forno esperto.

**BOLOS DE ARROZ DE CARÁ** – Quinhentos gramas de pó de arroz, 250 ditas de cará passado em peneira de palha, 360 ditas de manteiga, 12 ovos, 8 gramas de erva-doce, uma gota d'água de flor de laranjeira e um coco pequeno ralado. Amassa-se tudo bem e, depois, deita-se em pequenas formas untadas de manteiga que vão ao forno.

**BOLOS DE ARROZ COM LIMÃO** – Lavam-se 300 gramas de arroz que se clareiam por 5 minutos n'água fervendo, escorrem-se e esfriam-se. Fervem-se 15 decilitros de leite em uma caçarola da capacidade de 3 litros; quando o leite começar a ferver, ponha-se o arroz na caçarola, ajuntem-se 500 gramas de açúcar, 40 ditas de manteiga e a raspadura de um limão. Cozinhe-se durante uma hora em fogo muito brando, por cima e por baixo, e evite-se que o arroz pegue, e, se acontecer de pegar, mudar-se-á de caçarola. Quebrem-se 3 ovos no arroz e misture-se bem com a colher de pau. Unte-se de uma camada de manteiga de 3 milímetros uma forma lisa de 12 centímetros de largura sobre 7 de altura. Salpique-se o interior de miolo de pão, depois ponha-se o arroz na forma, cozinhe-se em forno de campanha, com fogo em cima e embaixo, ou em forno durante 30 minutos. Verifique-se se o bolo está com boa cor, tire-se da forma e sirva-se assim ou com um molho feito da maneira seguinte: ponham-se 6 gemas de ovos em uma caçarola da capacidade de 2 litros, ajuntem-se 60 gramas de açúcar em pó, a raspadura de um limão e 5 decilitros de leite. Mexa-se em fogo brando até que a massa cubra bem o dorso da colher, tire-se do fogo e agite-se ainda 6 minutos. Passe-se através de um coador, sirva-se o molho com o bolo, em uma molheira à parte.

**BOLOS DE BACIA** – Amassam-se 60 gramas de farinha com água fria, temperada de sal moído, 2 gemas de ovos, pouca manteiga e água de flor. Depois de muito bem sovada esta massa, e sobre o duro, como se fosse para folhados, corta-se em peles, estende-se, e fazem-se folhas delgadas do tamanho da bacia. Unta-se esta bem com manteiga, põem-se dentro dela uma folha e por cima meio quilograma de amêndoas pisadas, feitas em massa de pão, em meio quilograma de açúcar em ponto; cobre-se isto com outra folha, e deitam-se por cima uns poucos de ovos moles, polvilhados de canela; cobre-se com outra folha untada de manteiga, e sobre esta 6 gemas de ovos cozidas, um pequeno limão à roda e 6 ovos reais no meio; coza-se no forno, depois, se quiserem, corte-se em talhadas, passem-se por açúcar em ponto e polvilhem-se com canela. Assim se fazem os pães recheados.

**BOLOS DE BATATAS** – Dois pratos de polvilho, um de batata-doce, 4 ovos, gordura, manteiga e sal. Depois de tudo amassado, escalda-se com leite fervendo.

**BOLOS DE BATATAS** – Seis pires de batata, 4 ditos de polvilho, uma colher de manteiga, 4 ovos, 2 pires de açúcar, erva-doce e canela; depois de bem amassados, fazem-se os bolos redondos e vão a forno quente, em folhas de bananeira.

**BOLOS DE BISCOITOS** – Ponha-se meio quilograma de biscoitos em uma terrina. Fervam-se 2 litros de leite e deite-se dentro uma porção de manteiga fresca, lance-se esta mistura fervendo sobre os biscoitos, ajuntem-se 120 gramas de açúcar em pó, a casca raspada de 1 ou 2 limões e uma colher de aguardente. Batam-se 4 ovos frescos, misturem-se como o resto. Mexa-se bem a mistura, que deve ter a consistência de uma massa mole. Unta-se de manteiga uma forma de folha de flandres, guarnece-se de côdeas de pão raladas e lança-se-lhe a mistura. Ponha-se ao fogo e cozinhe-se por três quartos de hora. Vire-se com precaução a forma sobre um prato e sirva-se quente.

**BOLOS DO BISPO** – Em um quilograma de açúcar em *ponto de espelho* ralo, fazem-se em trapos 24 ovos; depois, tiram-se e escorrem-se bem em uma peneira, aproveitando-se a calda, partem-se bem os ditos trapos com uma faca; têm-se mais 20 gemas de ovos, que se desmancham na calda como ovos moles e mexem-se da mesma sorte; estando em meio ponto deitam-se os trapos, e toma-se *ponto de bala*, guarda-se a espécie para no outro dia se formarem os bolos, que se fazem como as broinhas, tendo as mãos untadas de manteiga.

**BOLOS DO BISPO** – Tomem-se 1 quilograma de açúcar, 52 gemas de ovos e façam-se fios. Na calda que ficar dos fios, pondo-se outros ovos façam-se como ovos moles, e, depois de cozidos estes, se lhes misturem os fios de ovos no mesmo tacho até ficarem mais duros, em forma de espécie; então, deitem-se em um prato até o outro dia, em que se farão bolinhos, embrulhando-os na mão e se porão no forno com farinha de trigo por baixo, dentro de tabuleiros de folha, para se não queimarem. Ter-se-á já pronta um pouco de calda grossa, para, assim que vierem quentes do forno, se irem passando por ela os bolos, e cobrindo com açúcar e canela; se ficarem úmidos, podem ir outra vez ao forno para enxugar.

**BOLOS BRANCOS DE MASSA** – Um quilograma de farinha, um quilograma e meio de manteiga derretida e morna para se deitarem 2 quilogramas e meio de açúcar limpo e grosso, também mais frio que quente, e se vão fazendo os bolos do feitio que se quiser, deitam-se os ovos, quantos quiserem, uns com claras e outros sem elas.

**BOLOS CAMPESTRES–** Tomem-se um quilograma de massa de cará cozido passado por peneira, dois pratos de polvilho fino, uma xícara de manteiga, 6 ovos batidos, açúcar quanto baste, faça-se de tudo uma massa mole e fina com a qual se fazem os bolos, que são levados a forno de pão de ló.

**BOLOS DE CARÁ–** Um prato pequeno de cará ralado cru, uma xícara de gordura, 6 ovos sem claras, uma garrafa de leite, um prato fundo de fubá mimoso, um pires de polvilho, uma colher de manteiga, erva-doce, açúcar quanto adoce e sal; amassa-se tudo bem e põe-se em uma xícara com um pouco de fubá e vai ao forno quente. Faz-se do feitio de broas de milho.

**BOLOS DE CARÁ –** Cozinhem-se bem os carás e, enquanto estiverem quentes, descascam-se e passam-se por peneira fina; amassam-se depois com gemas de ovos nas seguintes proporções: um prato de massa, 3 gemas de ovos, 60 gramas de manteiga, um prato de açúcar, 60 gramas de farinha de trigo, uma xícara de leite de coco, cravo e noz-moscada. A massa deve bater-se bem e ficar mole; logo que principiam a aparecer bolhas, untam-se as formas, deita-se-lhes a massa, e vão para o forno a fogo moderado, por espaço de uma hora, se forem pequenas, e de duas horas, se forem grandes.

**BOLOS DE CARÁ CRESCIDOS–** Deitam-se em uma gamela 750 gramas de fubá de arroz, que se escalda com uma garrafa de leite quente; mexe-se e ajuntam-se 120 gramas de açúcar, outro tanto de manteiga derretida e quente, um pouco de sal, erva-doce, 500 gramas de massa de cará cozido e ralado, e ovos quantos forem necessários para formar uma massa branda de boa consistência. Formam-se 2 ou 3 bolos, que se põem sobre folhas, douram-se e cozinham-se em forno quente.

**BOLOS DE CARÁ À MINEIRA** – Ralam-se carás crus, batem-se com a mão, depois vai se ajuntando um pouco de farinha de trigo e, em seguida, alguns ovos batidos. Estando bem batido e misturado tudo, aperta-se uma porção da massa com a mão e vai caindo em bolinhos dentro de uma vasilha com banha derretida e a ferver no fogo. Logo que ficarem tostados ou cozidos, tiram-se com um pauzinho e deita-se açúcar por cima se quiser. É bom até para o chá.

**BOLOS DE CASTANHAS** – Quinhentos gramas de açúcar, 120 ditas de farinha de trigo fina, 300 ditas de polpa de castanhas cozidas e reduzidas a pasta e 12 ovos. Mistura-se bem e vai ao forno.

**BOLOS CELESTES** – Tomam-se 24 formas pequenas de pastéis e untam-se levemente com manteiga lavada; faz-se um batido exatamente igual ao das *fatias do céu* com 12 gemas de ovos, que é o suficiente para esta quantidade de formas. Estando as gemas bem encorpadas, deita-se em cada forma uma colher de sopa bem cheia desta massa e cozinham-se em forno regular; logo que estejam cozidos, desenformam-se, deixam-se esfriar e furam-se todos com um garfo; prepara-se a calda como para as *fatias do céu*, leva-se a caçarola ao fogo e, no momento em que levantar fervura, deitam-se-lhe dentro 6 ou 8 bolos, mergulham-se com uma escumadeira para tomarem bem a calda e, no fim de 3 ou 4 minutos de fervura, tiram-se e põem-se a escorrer sobre uma peneira de taquara; faz-se a mesma operação aos restantes e, depois de todos bem escorridos e frios, passam-se por açúcar refinado misturado com canela em pó, e arrumam-se em pratos, guarnecendo cada um com papel recortado.

**BOLOS DO CÉU** – Misturem-se bem, com uma colher de pau, 6 ovos, 500 gramas de açúcar fino e 375 gramas de manteiga bem lavada; ajuntem a essa mistura um quilograma de farinha de araruta e um e meio da de trigo, tudo peneirado; depois de bem amassada com a mesma colher, estende-se a massa sobre a tábua, que deve estar polvilhada de farinha de araruta misturada com a de trigo; corta-se então o molde da folha de flandres e vai para o forno em folhas untadas de manteiga.

**BOLOS DO CÉU** – Quinhentos gramas de açúcar em *ponto de espadana*, tire-se do fogo, deitem-se-lhe 500 gramas de amêndoas descascadas e bem pisadas, 8 gemas e 4 claras de ovos; depois de tudo bem batido, passe-se para outra bacia larga, que deve estar untada com manteiga e leve-se para o forno. Depois de cozido, tire-se e corte-se em talhadas enquanto estiver quente; depois, polvilhe-se com açúcar e ponha-se nos pratos.

**BOLOS DO CÉU** – Um quilograma de pó de arroz, 500 gramas de cará cozido, um quilograma de açúcar, o leite ou a metade de um coco-da-baía ralado, 18 gemas e 4 claras de ovos e 500 gramas de manteiga. Procede-se como no antecedente.

**BOLOS PARA CHÁ** – Cento e vinte gramas de pó de arroz, 4 quilogramas de massa de cará, 1 dito de banha, erva-doce, açúcar quanto adoce, um pouco de fermento; amassa-se à noite em uma gamela com um pouco de água de sal e abafa-se bem para, no dia seguinte, ir ao forno em formas untadas de manteiga.

**BOLOS DA CONDESSA** – Tomem-se 250 gramas de açúcar refinado, 5 gemas de ovos, 125 gramas de manteiga sem sal, e quanto baste de canela e erva-doce; mexa-se tudo muito bem e depois ajuntem-se 500 gramas de farinha de trigo e misturem-se. Quando esta massa estiver enxuta, façam-se os bolos nas mãos untadas de manteiga; depois, dá-se-lhes por cima uma leve capa com gema de ovo batida, põem-se em tabuleiros de folha, também untados de manteiga, e vão para o forno a cozinhar.

**BOLOS DA DUQUESA** – Faça-se reduzir um ou dois litros de leite, batam-se 6 gemas de ovos e uma clara juntamente com o açúcar e a baunilha, e ajunte-se ao leite. Faça-se cozinhar em banho-maria, em uma forma untada de manteiga ou de mel.

**BOLOS DE ESPERANÇA** – Para cada 500 gramas de açúcar, 120 ditas de amêndoas e 12 gemas e 2 claras de ovos; estando o açúcar em *ponto de fio* alto, deite-se-lhe a amêndoa bem pisada, dê-se-lhe uma fervura, e depois ajuntem-se os ovos batidos e uma colher de manteiga lavada, cozinhando-se de modo que não fique muito duro, e tire-se do fogo para esfriar. Faça-se massa com manteiga derretida, farinha de trigo e água de sal, de sorte que possa fazer folha, que se deve ir estendendo da largura de 2 dedos e comprimento de 6 palmos. Depois de bem estendida, vá se barrando aquela massa com as espécies, embrulhe-se e abaixe-se em cima de um papel untado com manteiga; depois, unte-se com a mesma manteiga derretida, polvilhe-se com açúcar e canela, e leve-se ao fogo.

**BOLOS DE EXCELÊNCIA** – Em 500 gramas de açúcar deitem-se 250 gramas de amêndoas torradas e socadas, 120 gramas de manteiga, 250 ditas de *cidrão* descascado e ralado, 12 gemas de ovos, cravo e canela. Despeje-se tudo em uma sopeira; com raspas de mandioca, faça-se um angu bem duro e formem-se bolos com a massa estendida, conforme o tamanho que se quiser; em bacias forradas de farinha de trigo, levem-se ao forno, que não deve ser muito quente.

**BOLOS DE LEITE** – Preparam-se com 8 litros de leite que se levam ao fogo até que, pela evaporação, sejam reduzidos à metade; ajuntam-se-lhe, na ocasião em que começa a ferver, 125 gramas de açúcar e um bocado de baunilha. Depois se batem 9 gemas de ovos muito frescos, e sobre elas se vai deitando pouco a pouco o leite ainda quente, e mexendo para que se ligue bem. Então, barra-se o molde de açúcar em ponto, e lança-se-lhe a mistura que em seguida se submete à ação do banho-maria por espaço de 2 a 3 horas, isto é, o tempo indispensável para que tome consistência; deixa-se esfriar, volta-se com cuidado sobre um prato e serve-se.

**BOLOS DE MAJESTADE** – Um quilograma de açúcar, 1 dito de amêndoas mal pesadas; estando já de molho 2 pães de 40 réis em 120 réis de leite, passa-se por uma peneira e põe-se na amêndoa, vai se mexendo; depois de estarem já coados o pão e o leite, põem-se-lhes 12 gemas de ovos com as claras, passa-se por uma peneira e batem-se 750 gramas de açúcar em calda mais grossa, e se lhe vão botando os ovos por uma escumadeira; quando se deitam os ovos deve estar fervendo o tacho no fogo e nunca se tira, vão se mexendo os ovos que fiquem esmigalhados, despeja-se na espécie e vão para o fogo, mexendo-se sempre até descobrir o fundo do tacho, se lhe ajuntam 40 réis de canela, uma colher de manteiga e guarda-se a espécie para o outro dia, cobrem-se os bolos de farinha de trigo na mão e vão para o forno; depois de cozidos se vão polvilhando de açúcar refinado.

### ❧ BOLOS DO MATO

A receita apresenta ingredientes fáceis de ser encontrados, pois são produtos nativos, *da terra*, numa relação imediata para se fazer doce à brasileira.

> **Bolos do mato.** — Um prato de fubá mimoso, uma colher de manteiga, herva doce e agua de flôr de larangeira, se quizer,. e um pouco de leite; depois leva-se ao fogo até tornar-se um mingáu duro; depois de frio ou morno põe-se em forminhas ou folhas de bananeiras e vai ao forno.

Destaque para as folhas de bananeira no processo culinário, lembrando tecnologias nativas de preparar a comida em diferentes folhas. Trago como exemplo os *tamales*, comidas embaladas com folhas para o cozimento de variados ingredientes, tecnologia tradicional dos povos americanos.
O nome *bolo do mato* é certamente uma tradução do que é autóctone, do sertão, rural, como uma maneira de qualificar a receita.

**BOLOS DE MILHO** – Misturam-se bem um quilograma de farinha de milho com 500 gramas de açúcar refinado e um quilograma de polvilho. Derretem-se 500 gramas de banha, e vai se deitando por cima farinha e mexendo tudo para ficar bem misturado, vão se pondo depois 12 ovos, um a um, e amassando-se bem, como se amassa pão; depois de estar bem macia, fazem-se os bolinhos, que devem ser do feitio de roscas, do comprimento de um dedo e redondos como *bolinhos de amor*. Não se deve demorar com a massa para não quebrar, porque são bolinhos muito delicados e rendem muito. Forno quente como para pão de ló.

**BOLOS DE MILHO** – Amassam-se bem 500 gramas de farinha de milho, 500 ditas de farinha de trigo, 500 ditas de manteiga e 400 ditas de açúcar cristalizado. Logo que a massa não apresentar grânulos, ajuntam-se-lhe duas colheres de mel e *cidrão* bem pisado, depois estende-se e corta-se em bolos, doura-se com gema de ovo desfeita em água, e vai ao forno para cozinhar em calor moderado.

**BOLOS DE MILHO** – Três pratos de farinha de milho, meio dito de polvilho, 9 ovos, uma colher de manteiga, um prato de banha e açúcar quanto adoce.

**BOLOS DE MINHA PAIXÃO** – Setecentos e cinquenta gramas de farinha de mandioca puba passada por peneira de seda, 1.500 gramas de açúcar em ponto de calda grossa, que se deixa esfriar; deite-se o leite de um coco, e no bagaço uma xícara de leite de vaca para tirar de novo o leite, 500 gramas de manteiga lavada e derretida, 24 gemas de ovos; bata-se tudo até ficar bem grosso e, quando estiver o forno pronto, deite-se a farinha, e ponha-se em forminhas untadas com manteiga para ir ao forno, que deve estar quente como para pão de ló.

**BOLOS DE MIOLO DE PÃO** – Corte-se em fatias um pequeno pão branco de 240 gramas. Faça-se ferver 1 litro de leite com uma vagem de baunilha ou a casca de um limão raspada, lance-se o leite sobre o pão e mexa-se até que ele esteja bem desmanchado. Ajuntem-se 6 gemas de ovos e 2 claras, ponha-se açúcar à vontade. Bata-se bem e, depois, ajuntem-se as 4 claras de ovos que vos restam, e que devem ser batidas em neve. Lance-se a mistura em uma forma untada de manteiga e guarnecida de côdeas de pão. Faça-se cozinhar em banho-maria e ponha-se ao fogo sobre a coberta. Deixe-se o bolo esfriar na forma.

**BOLOS DE OVOS DE ARMAR PRATOS** – Ponha-se um tacho bem alto com suficiente calda em um fogareiro, e quando a calda estiver em *ponto de espadana* e começar a subir, deitem-se-lhe as dúzias de ovos que forem convenientes, para se fazer o bolo, que tome o tamanho de um prato que se quiser; os ovos devem ser bem batidos, e o fogareiro deve estar com muito fogo; mexa-se sempre com o tacho para nele não pegar a pasta, e quando estiver bem tostada por igual, se despeje em um prato de metal, e deste se vire de cima para baixo, lançando-se-lhe a calda que ficar no dito prato, e se for pouca deite-se-lhe mais, e estando em ponto, ponha-se a pasta virada, como já se disse, no prato que se quiser, para que o bolo fique bem direito e alto, e deite-se canela por cima.

**BOLOS DE PÃO** – Escolhem-se 125 gramas de amêndoas doces, a que se tiram as películas, e pisam-se em um almofariz de porcelana, juntamente com 4 amêndoas amargas, 250 gramas de açúcar areado, 125 ditas de pão ralado depois de tostado no forno, 2 ditas de canela, 10 cravos-da-índia e 1 copo de bom vinho tinto, que se ajunta pouco a pouco. Misturadas estas substâncias, deitam-se em um vaso com 10 gemas de ovos, mexendo tudo no mesmo sentido até se terem incorporado; batem-se 10 claras de ovos até estarem bem levantadas e misturam-se-lhe também. Deita-se tudo imediatamente em um molde untado com manteiga e mete-se no forno. Este bolo é melhor se comido no dia seguinte.

**BOLOS PODRES** – Um quilograma de farinha de trigo, 1 dito de açúcar, 750 gramas de amêndoas pisadas até ficarem em massa e 15 gemas de ovos; bata-se primeiro o açúcar com as amêndoas e os ovos, alguma cidrada, e canela socada se quiserem. Depois de bem batido, ajunte-se a farinha de trigo até que se possam fazer bolinhos, cortem-se com a faca e levem-se ao forno.

**BOLOS DE POLVILHO** – Dois pratos de polvilho passado em peneira de seda, 2 dúzias de gemas de ovos, com as claras finas, 2 pires de açúcar limpo, 2 xícaras de nata, um pouco de manteiga; batam-se os ovos com o açúcar como para pão de ló, ajunte-se a nata com a manteiga e o polvilho; depois de bem misturados vão se deitando os ovos, e mexendo sempre com uma colher até ficar bem batido e dissolvida a manteiga; façam-se os bolinhos, ponham-se em bacias com raspa, e cozam-se em forno bem quente.

**BOLOS DE PRATA** – Quinhentos gramas de açúcar, 250 ditas de manteiga, 500 ditas de farinha de trigo; bate-se primeiro o açúcar com a manteiga, batem-se em separado 15 claras de ovos até criar escuma, e, depois, ajuntam-se pouco a pouco a manteiga e o açúcar mexendo-se sempre; depois, deitam-se a farinha, 20 réis de creme tártaro e 20 réis de soda.

**BOLOS DE QUEIJO** – Um quilograma de açúcar em ponto, 24 gemas de ovos, um quarto de queijo ralado, 120 gramas de manteiga e 120 ditas de farinha de trigo; faça-se massa e mande-se ao forno.

**BOLOS DE RAIVA** – Um quilograma e 500 gramas de farinha de trigo, 500 gramas de açúcar bem seco, 12 ovos sem claras, 500 gramas de manteiga, 40 réis de canela; mistura-se tudo e depois de bem amassado fazem-se os bolos que vão ao forno.

**BOLOS DE RAIVA DE LISBOA** – 620 gramas de farinha, 250 ditas de açúcar, 250 ditas de manteiga, canela e casca de limão ralado; une-se tudo muito bem, fazem-se os bolinhos e vão ao forno em tabuleiros de folha.

**BOLOS DE RAIVA DA TERCEIRA** – Quinhentos gramas de farinha, 6 gemas de ovos e uma clara, 120 gramas de açúcar, 120 ditas de manteiga lavada, pouca canela, casca de um limão-galego ralada; deita-se o açúcar em um alguidar, esfrega-se bem nas mãos para que fique sem torrão, então se lhe deitam os ovos, a canela e o limão e vai se amassando, deita-se-lhe a manteiga e depois a farinha; estando bem unido, se faz um bolinho para experimentar, e, marcando-o com as costas da faca, se não pegar, a massa está pronta e, se pegar, se lhe deita mais farinha até que não pegue, e se fazem os bolos; dos 120 gramas de manteiga se deixa um bocadinho para pôr nos tabuleiros e na palma das mãos quando se fazem os bolos, o açúcar é refinado.

---

**⊱ BOLOS DE RAIVA DA TERCEIRA**

A alusão à Terceira refere-se à ilha Terceira do arquipélago dos Açores, Portugal. Há uma forte presença açoriana no Brasil, especialmente em Florianópolis, Santa Catarina.

Esse tipo de bolo ou mesmo de biscoito, aqui no Brasil, é também chamado de *sequilho* – bolo seco, farináceo –, como é usual em várias receitas no Nordeste e em Minas Gerais.

É um acompanhamento para café e chá, sendo ainda um tipo de comida compulsiva, pois esses "bolinhos" são tão gostosos, e se derretem na boca, que se comem às dezenas. Assim, não se consegue abandonar o prato, e por isso dá *raiva*, daí o nome desse doce.

**BOLOS DE SINHÁ** – Quinhentos gramas de amendoim torrado e socado, 250 ditas de açúcar, 250 ditas de farinha de trigo, 4 ovos bem batidos; amassa-se tudo e fazem-se bolinhos, que vão ao forno em folhas untadas com manteiga.

**BONS-BOCADOS** – Põem-se em um alguidar 120 gramas de farinha, 120 ditas de manteiga, 80 réis de queijo de minas ralado, que seja bom e bem seco; depois, limpam-se 500 gramas de açúcar grosso e toma-se o ponto da calda de pasta larga, tira-se do fogo a ferver, deita-se sobre todos estes ingredientes e mexem-se; batem-se à parte 5 ovos, 2 com claras e 3 sem elas, ajunta-se tudo e vai ao forno.

**BONS-BOCADOS DE ITU** – Faz-se calda com 500 gramas de açúcar em ponto de ajuntar, e depois de morno deitam-se 6 ovos mal batidos, 250 gramas de manteiga, 3 colheres de queijo ralado, 120 gramas de farinha de trigo e depois de tudo bem batido deita-se nas formas untadas com manteiga, e vai para o forno, que deve ser mais quente que para pão de ló.

**BONS-BOCADOS DE SÃO PAULO** – Um quilograma de açúcar em calda grossa, 6 colheres de manteiga inglesa, 6 colheres de queijo ralado, 12 ovos com claras e 250 gramas de farinha de trigo.

**BONS-BOCADOS DE PORTO FELIZ** – Duzentos e cinquenta gramas de farinha de trigo peneirada, 250 ditas de manteiga bem lavada, 80 réis de queijo ralado, 10 ovos, sendo 4 com claras, um quilograma de açúcar em *ponto de espadana*; põe-se a farinha no alguidar, e vão se quebrando os ovos dentro e batendo; ajuntam-se a manteiga e o queijo; depois de tudo bem batido, vai se deitando a calda e mexendo até ficar bem incorporada; então põe-se nas formas, que se untam com manteiga, e vai ao forno para cozinhar.

**BONS-BOCADOS DE SOROCABA** – Um coco ralado, uma garrafa de leite, 250 gramas de farinha de arroz, tempera-se com 500 gramas de açúcar feito em calda, vão ao fogo e, depois de bem cozidos, deixa-se esfriar, põem-se 10 ovos, 3 com claras, 120 gramas de manteiga, mistura-se tudo, vai para o forno em vasilha untada com manteiga.

**BRASILEIRAS DE COCO** – Em 500 gramas de coco ralado e 750 gramas de açúcar em *ponto de pasta*, deitam-se 6 gemas de ovos, e vão ao fogo para dar-lhes ponto duro. Depois de frio, partem-se hóstias em quadros, deita-se a espécie neles, figurando um pão de açúcar e vai ao forno brando só para tostar um pouco por cima as pontinhas.

**BREVIDADES** – Quinhentos gramas de açúcar, 750 ditas de polvilho, 10 ovos, 5 com claras, ajuntam-se em uma gamela, batem-se com colher de pau até mudar de cor: o forno é brando e vai em forminhas.

**BRINCADEIRAS** – Põem-se em uma vasilha 500 gramas de manteiga, 500 ditas de farinha de trigo, 120 ditas de açúcar; amassa-se bem e depois estende-se na tábua que fique a massa quase da altura de um dedo, e com a boca de um copo de vinho se vão cortando umas rodinhas, que se vão arrumando em bacias, que se esquentam e untam com cera para não pegarem. Depois se batem duas gemas de ovos, e com uma pena de galinha se vão untando todas as rodinhas por cima, pondo em cada uma 4 pitadas de açúcar refinado. Vão ao forno para cozinharem, que fiquem algum tanto torradas para se tomarem com chá.

**BROAS DE OVOS** – Quinhentos gramas de açúcar em *ponto de cabelinho*, 15 ovos, dos quais só 2 com claras muito bem batidas, 250 gramas de amêndoas bem pisadas, mexe-se tudo bem, põe-se a ferver só com a amêndoa, tira-se do fogo e, quando não estiver muito quente, se lhe deitam os ovos mexendo-se bem, e se vai cozinhando com cuidado que não queime e quando esta espécie estiver cozida, de modo que com uma colher se deite um bocado sobre a mesa e não alastre, tira-se do fogo e, depois de fria, se estendem as broas, e vão ao forno a corar em tabuleiros.

**BROAS DE POLVILHO** – Quinhentos gramas de açúcar, 4 ovos com claras bem batidas; depois de estarem os ovos bem batidos, temperam-se com canela e erva-doce; feito isto, deita-se polvilho, até ficar em estado de se poder amassar; depois, fazem-se raminhos, pássaros, etc., feito o que deitam-se em latas que estejam untadas com manteiga. O forno bem quente.

**BROAS DE QUEIJO** – Para um queijo fresco sem sal, 60 gramas de fubá mimoso, 4 xícaras de leite; ajuntem-se ovos e açúcar, amassem-se bem e façam-se as broas.

**BROAS SEMINARISTAS** – Batam-se 6 gemas de ovos e uma garrafa de leite, e ajuntem-se-lhes oito colheres de farinha de trigo, uma colher de manteiga e açúcar quanto baste; com isto forma-se um mingau bem ralo, que, depois de bem batido, é colocado em pequenas formas untadas de manteiga que são levadas ao forno.

**BROINHAS** – Doze gemas e 6 claras de ovos; bata-se como pão de ló, ajuntem-se cravo, canela, erva-doce, farinha de trigo e farinha de raspas, até ficar mais grosso do que pão de ló, devendo ajuntar-se antes de bater 500 gramas de açúcar. Façam-se as broas, e, colocadas em bacias com raspas, levem-se ao forno, que deve ter fogo ao lado.

**BROINHAS DE AMENDOINS À MINEIRA** – Estando o amendoim socado e coado para não embolar, ajunta-se-lhe fubá de canjica ou farinha de trigo, quando se soca depois de coado, cada quilograma de açúcar leva 14 ovos e 750 gramas de farinha de amendoim; ao açúcar depois de limpo tome-se o ponto de cobrir, e os ovos são batidos 7 com claras e 7 sem elas; estando a calda fora do fogo em termos de não cozinhar, deitam-se-lhe os ovos com a farinha de amendoim, e, depois de misturado e frio, bota-se um bocadinho de farinha de trigo, até que se possam fazer as broinhas, enroladas na palma da mão. Do mesmo modo se fazem as de amêndoas.

**BROINHAS DE COCO** – Quinhentos gramas de coco, 500 ditas de açúcar, 4 gemas e 2 claras de ovos; limpe-se o açúcar em *ponto de cabelo*, que pegue nos dedos e faça fio; deitem-se o coco e os ovos estando já frio, torne-se a levar ao fogo para ferver, e guarde-se de um dia para outro. Quando se quiserem fazer as broinhas, ponha-se na bacia um pouco de farinha de trigo para aí as deitar então por meio de uma colher.

**BROINHAS DAS DAMAS** – Quinhentos gramas de açúcar e outro tanto de amêndoas; tome-se o *ponto de espadana*, deitem-se-lhe 8 ou 9 gemas de ovos, misture-se e ponha-se outra vez ao fogo; logo que descobrir o fundo do tacho, estará bom.

**BROINHAS FOFAS** – Uma garrafa de leite, 1 colher de manteiga, um pouco de sal; ponha-se em um tachozinho e vá ao fogo; logo que levantar fervura, deitem-se de uma só vez 500 gramas de farinha de trigo, mexa-se até ficar bem cozido; depois, tire-se o tacho do fogo, e vá se mexendo até ficar morno; então, lance-se em uma gamela, amoleça-se com ovos, algum açúcar e canela; logo que estiver amassado, tire-se, façam-se as broinhas em forma de suspiros, bem grandes, e separadas para crescerem.

**BROINHAS MINEIRAS** – Fervam-se em uma caçarola um copo de água fria, um prato de gordura derretida, sal e açúcar quanto bastem. Quando tudo estiver em ebulição, derrame-se sobre um prato de fubá de milho mineiro, passado por peneira de seda, mexendo-se bem para formar angu, e, deixando-se esfriar, ajuntem-se-lhe 12 ovos batidos, e amasse-se bem; formem-se broinhas e lancem-se em bandejas a forno quente.

**BROINHAS DE OVOS MOLES DELICADAS** – Quinhentos gramas de açúcar em calda grossa, 18 ovos sem claras; vai ao fogo, mexe-se com cuidado, estando grossa como nata de pastéis tira-se fora e se deixa esfriar; depois, mistura-se com pó de farinha de trigo e, com as mãos untadas de farinha, se fazem uns bolinhos, arrumando em bacias com farinha por baixo, e vão ao forno, que será quase frio para não espalhar ou queimar, pois vão só para enxugar; depois, tiram-se.

**CABELOS DE ANJOS** – Dá-se este nome gracioso e poético a um doce muito delicado, que se faz com a casca de limões ou de cidras, que se cortam em tiras excessivamente delgadas, e que se fazem cozinhar em uma quantidade de água suficiente para cobri-las. Faz-se ferver até que a água se tenha evaporado completamente. Ajuntam-se então açúcar em pó e o sumo dos limões. Deixa-se de novo ferver, e mexe-se para o impedir de queimar ou pegar-se ao fundo da caçarola, e, quando não houver mais sumo, o doce está feito. Põe-se depois em potes e deixa-se esfriar, como todos os outros, antes de cobri-lo. Pode-se ainda prepará-lo associando-se com a casca do limão, cenouras bem tenras, bem doces, cortadas igualmente em tirinhas muito miudinhas.

**CABELOS DE ANJOS** – Cortem-se em filamentos algumas cenouras, e, junto com uma quantidade igual de açúcar, ponham-se em uma caçarola, deitando-lhe água até cobrir o conteúdo; para 500 gramas de açúcar deitam-se o sumo de duas laranjas ou de dois limões e baunilha na proporção para dar o necessário perfume. Deixe-se cozer o xarope a fogo lento, até que ele gele facilmente, mas sem deixá-lo atingir o *ponto de caramelo*. Feito isto, põe-se num prato e mexe-se com um garfo com toda a precaução até completar-se o resfriamento, procurando-se sempre levantar os filamentos da cenoura. Deste modo, obtém-se um doce excelente, que rivaliza com as melhores frutas cristalizadas.

**CAJU EM CALDA** – Um quilograma de caju, um dito de açúcar em calda. Descascam-se os cajus com canivete de prata ou faquinhas de taquara, porque o ferro os faz denegrir, vão-se pondo em água, lavam-se e depois picam-se com um palito ou pauzinho; em seguida, espreme-se alguma água, põem-se na calda e dá-se-lhes uma fervura. O ponto deve ser de pasta grossa.

### ∂ CAJUADA PARA SARAU

É um refresco de caju, *Anarcadium occidentale*, que integrava o cardápio do sarau – encontro artístico doméstico para se fazer música instrumental e vocal, e ler poesias. Os saraus, muito comuns no século XIX, eram encontros sociais e também serviam para os rituais de comensalidade.

> **Cajuada para saráo.** — Toma-se 4 litros de sumo de cajú, 4 ditos d'agua pura, 1.500 grammas de assucar refinado e o sumo de 2 limões. O sumo de cajú extrahe-se espremendo o cajú em vasilha de barro ou de vidro para ficar bem claro, tendo todo o cuidado em não furar os cajús com garfo ou qualquer outro instrumento de ferro. Dissolve-se o assucar a frio na agua, e ajunta-se-lhe depois o sumo de cajú e o de limão; mistura-se tudo muito bem e côa-se por um panno. Em seguida deita-se nas *urnas de refrescos*, e serve-se assim sem lhes deitar mais agua.

Nesses encontros era comum serem servidos doces, bolos, biscoitos, tortas e bebidas de frutas, algumas misturadas ao vinho.

**CANJICA (OU DOCE DO BRASIL)** – Tomam-se massarocas de milho ainda em leite, tiram-se todos os bagos do carolo, pisam-se muito bem num gral e passam-se depois numa peneira; pesa-se para este polme igual peso de açúcar, que se põe em *ponto de voar*; deita-se-lhe então o polme, e deixa-se cozinhar tudo a pôr em ponto sólido. Tira-se então do fogo e deixa-se esfriar. Ajuntam-se-lhe 3 gemas de ovos batidas para cada 500 gramas de polme; deita-se em seguida numa tigelinha, polvilhando-se por cima de canela, e leva-se a forno brando para corar.

### ∂ CANJICA OU DOCE DO BRASIL

Essa designação *doce do Brasil* enfatiza o principal ingrediente da receita, o milho. É a valorização do produto nativo, *da terra*, que aqui é visto na sua caracterização mais tenra, chamada na receita de *milho ainda em leite* – milho mais verde e novo. É bom para ser ralado e processado no pilão artesanalmente, pois se crê que essa é a melhor maneira de fazer a canjica.
A canjica é um dos pratos principais do cardápio junino no Nordeste. Em outras regiões do país, é conhecida como *curau*. É também comida do dia a

dia para lanche ou merenda, como acontece com o cuscuz de milho, com o angu feito com fubá de milho, entre muitos outros pratos que têm como base esse cereal americano.

**CANJICA À MINEIRA** – Depois de bem cozida a canjica, põe-se a escorrer em uma peneira, feito o que deita-se em calda com os ovos que se quiser e leva-se ao fogo.

**CAPRICHOS** – Ajuntam-se 6 pires de polvilho, 3 ditos de farinha de trigo, 125 gramas de manteiga, 250 ditas de banha, 500 ditas de açúcar, 6 gemas de ovos, uma colher de sal fino, faça-se uma massa sovada a ponto de bolha, divida-se em argolas que, em bandejas, são levadas a forno brando.

**CASADINHOS** – Ajuntam-se 500 gramas de farinha de trigo, 250 ditas de manteiga, duas ou três colheres de açúcar refinado, ovos quantos bastem, e forma-se uma massa bem fina e bem sovada, com a qual fazem-se broinhas redondas e grossas, que se ligam metendo-se de permeio, uma à outra, a seguinte nata: garrafa e meia de leite, 12 gemas de ovos que, depois de batidas, ajuntam-se a 250 gramas de calda fria em *ponto de espadana*, ao que depois se ajunta lentamente fubá fino de arroz; água de flor, mexendo-se lentamente para tomar ponto de geleia, a fogo lento. Ligadas as broinhas por essa nata, são levadas em bandejas bem untadas, a forno brando, para cozer e corar, polvilhando-as de açúcar cristalizado ao sair do forno.

**CAVACAS** – Tomem-se 125 gramas de farinha de trigo, uma colher de manteiga derretida, uma mão cheia de açúcar, 6 ovos; depois de tudo bem batido, fazem-se as cavacas e levam-se ao forno em tabuleiros untados de manteiga ou gordura. Faz-se uma calda grossa, na qual se passam as cavacas, e, depois de secas, servem-se.

**CAVACAS** – Batem-se muito bem duas dúzias de ovos e, em seguida, ajuntam-se-lhes 750 gramas de farinha de trigo bem espoada, continuando a bater a massa até ficar bem unida. Untam-se com manteiga os tabuleiros, polvilham-se de farinha, e fazem-se as cavacas que vão ao forno a cozinhar. Depois de frias, com um pincel, correm-se as cavacas com calda de açúcar bastante grossa, e vão de novo ao fogo a secar.

**CAVAQUINHAS MINEIRAS** – Ajuntem-se 500 gramas de farinha de trigo, um quilograma de polvilho, 250 gramas de manteiga, duas garrafas de leite, uma xícara de banha de porco. Batam-se 12 ovos, ajunte-se um pouco de leite, e de tudo se faça uma massa meio dura e bem sovada, com a qual se fazem pequenas cavacas, que em bandejas são levadas a forno regular.

**CHIQUINHAS** – Quinhentos gramas de fubá de milho, 120 ditas de polvilho, 500 ditas de açúcar, 125 gramas de manteiga, 4 ou 5 ovos; batam-se os ovos bem com o açúcar e a manteiga, deitem-se o fubá e o polvilho aos poucos; depois de tudo batido, descansa-se um pouco de tempo a massa, fazendo-se então os biscoitos.

**CHUVAS DE AMOR** – Doze gemas de ovos que fiquem bem tiradas as claras, só se deixa uma clara fina; batem-se muito em uma tigela com um garfo, depois se engrossa com farinha de trigo em muito pouca quantidade, de novo bate-se bem, que é para crescer e ficar macio; 500 gramas de calda, que não seja grossa nem fina, na qual vão se pondo os ovos com uma colher de chá, e com esta, na ocasião de pôr na calda, dá-se um jeito para ficar do feitio de uma ameixa ou pera; quando a calda ficar grossa, deita-se-lhe um pouco d'água. Logo que estiverem bem cozidas, tiram-se, e deitam-se em uma peneira para escorrer a calda, que deve levar bastante água de flor e cravo; arranjam-se nos pratos de maneira que fiquem como uma pinha. Quem quer depois deita-lhes alguma calda por cima, para entranhar bem dentro, e outros enfeitam com dentes de cravo.

**CIDRA** – Feita em talhadas e limpas estas, deitem-se em água fria, levem-se ao fogo, e logo que ferverem deite-se uma boneca de cinza até as abrandar. Tornem a deitar-se em água fria e repita-se isto 3 vezes, uma vez por dia; por fim, deixem-se escorrer bem e enxugar; fervam-se depois em calda a *ponto de espadana*; tirem-se desta calda cozidas, e cubram-se com açúcar seco e bem claro, as vezes precisas, para ficarem bem cobertas; o que se pratica sempre que cada camada de açúcar estiver bem seca. Desta mesma maneira se cobrem as *limas, laranjas, limões, melões* e *melancias*, só com algumas pequenas alterações no tempo do cozimento, segundo a contextura mais ou menos sólida dos frutos.

**CIDRA RALADA** – Depois de esbrugada e ralada a cidra, lave-se em um saco limpo; estando bem lavada, de modo que se possa fazer o doce no mesmo dia, tire-se do saco, vá se deitando em um tacho com bastante água; e espremendo-a com as mãos até ficar sem amargo, leve-se ao fogo e, logo que estiver cozida, deixe-se abaixar a fervura, escorra-se em uma peneira e vá se deitando água fria por cima. Assim que esfriar, esprema-se toda a água; depois, pesem-se 500 gramas de cidra para 1 quilograma de açúcar bem claro e, logo que este estiver limpo, deite-se a cidra e vá se cozinhando e mexendo, até que fique enxuta. No dia seguinte, fazem-se os bocados.

**CIDRÃO** – Partam-se as cidras e ponham-se ao fogo até ferver; ajuntem-se então numa boneca de cinza e, quando estiverem brandas, tirem-se, deitem-se em água fria, outro dia em água quente, ponham-se de novo a ferver até ficarem doces, o que se conhece provando-as; faça-se então a calda, e, estando ela fria, meta-se o cidrão dentro, vá se curtindo este na calda, um dia aquentando-se a calda e deitando-se sobre o cidrão, outro dia fervendo o cidrão na calda, até ficar bem curtido. Se for para secar, tome-se o *ponto de espadana* ou de pasta.

**COCADA DE ABÓBORA** – Tomem-se 500 gramas de abóbora e 500 ditas de açúcar refinado e, num tacho, levem-se ao fogo. Quando a abóbora estiver perfeitamente delida, ajuntem-se-lhe a terça parte de um coco ralado e deixe-se ferver até ficar tudo bem ligado e compacto. Com uma colher, sobre uma tábua umedecida, fazem-se as cocadas e levam-se a sol bastante forte para secar.

**COCADA BRANCA –** Depois de descascado o coco, pesem-se 500 gramas deste para um quilograma de açúcar em ponto bem alto, rale-se o coco, misture-se com o açúcar e leve-se ao fogo a ferver, mexendo sempre para não queimar; depois, tire-se do fogo, bata-se até querer coalhar; então, deita-se em uma tábua borrifada com água, e, assim que ficar frio, corta-se em pedacinhos e deita-se ao sol para secar. Se a cocada for para queijadas e broinhas, faz-se com 500 gramas de coco e 750 ditas de açúcar. Podem-se também fazer as cocadas redondas tirando aos bocadinhos com a colher, e ficam muito mais bonitas fazendo-as com açúcar cristalizado. Para as cocadas de cor, põe-se a cor quando ela está para tomar ponto.

**COCADA DE OVOS –** Para 500 gramas de coco ralado, 750 ditas de açúcar e 12 gemas de ovos. Estando a calda em ponto alto, deita-se-lhe o coco; dá-se-lhe outra vez o ponto alto, e misturam-se-lhe as gemas de ovos; tempera-se de cravo inteiro, água de flor de laranjeira e canela em pó por cima.

**COCADA PUXA –** Raspa-se alguma coisa a casca por fora do coco, rala-se, toma-se calda fraca que se põe ao fogo até ficar em ponto forte, ajunta-se-lhe o coco, dá-se-lhe ponto de puxar que pegue bem nos dedos, pode-se ajuntar água de flor de laranjeira, fazem-se bocados nos pratos para enxugar a calda, regulando-se pouco mais ou menos a porção de coco; também se faz com açúcar mascavo, porém a calda deve estar em *ponto de bala*, quando se lhe deitar o coco. Cada 500 gramas de coco levam um quilograma de açúcar, bem como as demais cocadas.

**COMPOTA DE ANANÁS –** Tome-se um ananás bem maduro, descasca-se, tiram-se-lhe os olhos, cortam-se em rodelas da grossura de um centímetro e arrumam-se em uma compoteira; em seguida, deitam-se em uma caçarola 3 decilitros de vinho do Porto fino, 200 gramas de açúcar refinado, uma pitada de canela e duas cabeças de cravo-da-índia; leva-se ao fogo brando e, logo que o açúcar esteja derretido, sem que ferva, coa-se esta calda e deita-se por cima do ananás. Serve-se 2 horas depois.

**COMPOTA DE CAJU** – Ponha-se no fundo de um tacho uma camada de açúcar refinado e sobre esta uma camada de cajus descascados com taquara e bem lavados, depois outra camada de açúcar e, sobre esta, outra de cajus, e assim outras camadas se quiserem, sendo a última de açúcar, que deverá cobrir os cajus; leve-se assim ao fogo sem água alguma e sem que os cajus sejam espremidos, podendo apenas se furar estes com um pauzinho ou palito em diversos pontos para o açúcar penetrar neles. Quando começar a ferver e o açúcar todo derreter, mexa-se com uma colher de pau, deixe-se a calda tomar ponto e tire-se então do fogo; assim que esfriar, ponha-se em compoteiras.

**COMPOTA DE MARMELOS** – Escolhem-se 6 marmelos maduros, descascam-se e extraem-se-lhes os caroços; à medida que se descascam, vão se esfregando com limão e arrumando em um tacho, com a calda de açúcar a 25 graus fria, suficiente para os cobrir, e com o sumo de um limão; estando assim, fazem-se cozinhar a fogo lento e, logo que estejam cozidos, tiram-se e põem-se na compoteira. A calda leva-se ao fogo, faz-se reduzir à metade, e depois deita-se na compoteira sobre os marmelos.

**COMPOTA DE PÊSSEGOS À PORTUGUESA** – Cortem-se ao meio 7 ou 8 pêssegos quase maduros, tirem-se-lhes os caroços, ponham-se em um prato, com açúcar fino por baixo e por cima; levem-se a fogo brando, cobertos com uma tampa, que deverá ter fogo por cima, e deixem-se cozinhar pouco a pouco. Estando cozidos e com boa cor, sirvam-se quentes.

**COMPOTA DE PERAS** – Tomem-se as peras que se quiserem, dê-se-lhes uma fervura e ponham-se em água fria para depois se lhes tirar as peles; cortem-se os talos deixando um pouco para se poder pegar; conservem-se as peras inteiras se forem pequenas, e cortem-se em quartos ou pelo meio se forem grandes. Ponham-se depois em água acidulada com sumo de limão em um vaso que não seja de metal, a fim de conservá-las claras; faz-se à parte uma calda de açúcar claro, na qual se põem as peras para dar-lhes mais uma ligeira fervura, tendo-se cuidado para que fiquem inteiras, ponham-se na compoteira e faça-se reduzir o xarope que se formou e que se lança sobre as peras. Se as peras não são grandes, armam-se em pé na compoteira cortando um pouco da grossa extremidade. Isto faz uma compota branca. Pode-se fazê-la de um belo vermelho cozinhando-a em uma caçarola de cobre estanhado e não empregando limão.

### ८७ CORÁ OU DOCE NACIONAL

É novamente o milho fundamentando receitas e determinando identidades gastronômicas, no caso, assumidamente brasileira; daí o nome de *doce nacional*. O milho-verde, novo, é a base desse prato, juntamente com o açúcar, a laranja e a canela. Aliás, a canela é uma especiaria que complementa os pratos à base de milho.
Provavelmente esse prato nasce a partir do mingau, e com a canela em pó são feitos desenhos que enriquecem visualmente a comida, além de acrescentar sabor e odor.
Provavelmente *corá* se refere a *curau*, o nosso tão conhecido e apreciado curau de milho.

> **Corá ou doce nacional.** — Toma-se uma porção de espigas de milho verde descascadas, cujos grãos estejão ainda molles, e cheios de um leite encorpado; ralão-se em redor e ajunta-se a massa em uma vasilha. Côa-se esta massa; e a cada garrafa deste sumo ajunta-se 120 grammas de assucar refinado, e o caldo de uma laranja doce; deixa-se ferver durante dez minutos, e deita-se em pratos, polvilhando-se com canella.

**COSCORÕES** – Ponham-se em uma vasilha 240 gramas de farinha de trigo, 500 ditas de açúcar em pó, um pouco d'água de flor de laranjeira, um pouco de sal, uma colher de manteiga fina; dilua-se esta massa com claras de ovos, conservando-a muito firme; ponha-se a massa em uma espécie de funil, untem-se ligeiramente com manteiga algumas folhas de papel, e deitem-se em cima os coscorões em forma de botões; molhe-se a ponta da faca em clara de ovo, e corte-se à medida que eles saírem do funil. Façam-se cozinhar em forno brando.

**COSCORÕES** – Deitam-se 500 gramas de farinha de trigo em um alguidar, ajuntam-se-lhe um pouco de sal e um ovo, misturam-se; ajunta-se-lhes outro ovo, continua-se a amassar, e assim até a massa ficar bem ligada e macia; depois de pronta, põe-se na mesa ou tábua e amassa-se com o rolo fazendo tiras estreitas e delgadas, e com a carretilha fazem-se do feitio que se quer, e vão se frigindo em banha a ferver. Quando se está amassando deve haver uma pessoa pegando na outra extremidade da massa, para podê-la estender bem; quando os coscorões estiverem frios, colocam-se em pratos, pulverizam-se de açúcar e canela por cima, ou cobrem-se de calda grossa aromatizada de água de flor de laranjeira.

**COSCORÕES DE PATENTE** – Tomem-se 240 gramas de amêndoas doces e 4 gramas de amêndoas amargas; descasquem-se, soquem-se, ajuntando 4 claras de ovos. Depois de bem pisadas as amêndoas, misturem-se com 240 gramas de açúcar em pó, 1 quilograma de farinha de trigo, um pouco de sal, a casca de 1 limão raspado e uma colher de manteiga; ajuntem-se a esta massa 4 ovos inteiros, amasse-se a fim de que ela fique bem firme. Corte-se em pequenos pedaços do tamanho de cerejas; enrolem-se nas mãos para os arredondar; deitem-se sobre folhas de papel pondo por cima um pouco de clara de ovo, dourem-se em muitos lugares, ponham-se a cozinhar em forno um pouco quente.

**COSCORÕES DE QUARESMA** – Quinhentos gramas de farinha, 125 ditas de banha, 10 ditas de sal, 2 decilitros e mais de água. Passa-se a farinha na peneira. Faz-se monte, abre-se um buraco e deita-se o sal, a banha e a metade d'água. Mistura-se levemente com a ponta dos dedos. Ajunta-se a água, mexendo-a para fazer a massa. Logo que a água, a banha e a farinha estiverem bem misturadas, trabalhe-se fortemente a massa para a tornar unida e deixe-se descansar uma hora. Em seguida, divida-se a massa em porções de 30 gramas. Façam-se bolas, achatem-se e espetem-se 3 dedos em cada bola. Deitem-se os coscorões sobre tampas de caçarolas previamente polvilhadas de farinha. Ferva-se água. Quando estiver fervendo, deitem-se 2 decilitros d'água fria na água a ferver. Segure-se com a mão esquerda o rabo da tampa. Deite-se água quente sobre a tampa a fim de os coscorões se despegarem e caírem na água quente. Coloque-se a caçarola sobre um canto do forno. Agite-se a água com a escumadeira para fazer subir os coscorões: tirem-se com a escumadeira e deitem-se na água fria.

Quando todos os coscorões forem tirados da água, despeguem-se aqueles que estiverem pegos. Deite-se fora a água e ponha-se nova água fria, na qual se deitam novamente os coscorões e deixam-se de molho uma hora. Escorra-se a água. Enxuguem-se com um guardanapo. Façam-se cozinhar sobre chapa durante 25 minutos, e sirvam-se quentes.

**CREME DE ALPERCHE** – Cozinham-se em 500 gramas de açúcar 25 alperches bem sãos e aromáticos. Depois de cozidos, passam-se por peneira de crina e ajuntam-se-lhes 2 cálices de licor de amêndoas. Em arrefecendo, misturam-se-lhes 15 gemas de ovos bem batidas e cora-se tudo em banho-maria. Este mesmo creme pode fazer-se com pêssegos, ameixas-rainhas-cláudias e cerejas.

**CREME DE BAUNILHA** – Deitam-se em uma caçarola 500 gramas de açúcar refinado, 120 ditas de farinha de trigo, 1 litro de leite, 14 gemas de ovos e meia fava de baunilha; bate-se tudo com uma vassoura de arame durante 2 minutos; depois, cozinha-se a fogo brando, mexendo sempre com uma colher de pau para que não pegue no fundo da caçarola, e deixa-se levantar fervura para engrossar bem; tira-se então do fogo, despeja-se em outra vasilha e aplica-se ao que for preciso.

**CREME DE LEITE** – Batam-se 12 gemas e 4 claras de ovos com 360 gramas de açúcar; depois, ajuntem-se uma garrafa de leite, um pouco de sumo de limão; ponha-se na lata, que é untada com açúcar queimado, e cozinhe-se em água fervendo.

**CREME DE LEITE** – Uma garrafa de leite, 250 gramas de farinha de trigo, quanto baste de açúcar, 24 gemas de ovos, casca de limão, pedaços de canela, vá ao fogo até engrossar, mexendo sempre para um lado; depois de cozido, ponha-se em pratos com açúcar por cima, queimado com um ferro quente.

**CREME DE LIMÃO** – Faz-se como o de *baunilha*, substituindo a baunilha pela raspa da casca de um limão, depois de o leite ter fervido; o limão deitado antes fará talhar o leite.

**CREME REAL** – Em 500 gramas de açúcar em *ponto de espadana*, misturem-se 250 gramas de abóbora cozida e passada pela peneira, ajuntem-se-lhes 15 gemas de ovos, um pouco de canela em pó, bata-se muito bem e ponha-se ao fogo para ferver um pouco e engrossar até o ponto que se queira, depois se deite num prato com canela por cima. Este creme é delicioso, tem muita semelhança em gosto e aparência com os chamados ovos moles de Aveiro.

**CREME DE SAGU** – Lava-se o sagu com água bem quente; depois, põe-se a escorrer numa peneira de cabelo. Toma-se uma porção de leite, que se leva ao fogo, e vai-se deitando pouco a pouco o sagu, tendo o cuidado de mexer sempre o leite, e igualmente se vai deitando açúcar cristalizado até ficar agradável ao paladar. Quando o creme estiver bem espesso, tira-se do fogo, e ajuntam-se-lhe algumas gemas de ovos, batidas com um pouco de conhaque velho, deita-se em seguida num prato, polvilha-se de canela e serve-se morno. Há, porém, quem cozinhe primeiramente o sagu em água antes de o ajuntar ao leite, o que nos parece mais conveniente.

**CREME DE TAPIOCA** – Põe-se de molho por 6 a 8 horas meia xícara de tapioca, da mais fina; assim que estiver mole, ajuntam-se meia garrafa de leite, açúcar claro quanto baste para adoçar, um pouco de sal; põe-se em uma caçarola e vai a cozinhar em fogo brando. Tira-se do fogo e ajuntam-se 6 gemas de ovos bem batidas, e aromatiza-se com água de flor ou outro qualquer aroma; torna a ir ao fogo para cozinhar os ovos; deve haver cuidado para não queimar, e que não fique grosso demais, e sim de consistência de creme; vai depois para xícaras de creme, pulveriza-se de canela e vai para a mesa.

**CROQUETES DE ARROZ** – Tomam-se 125 gramas de açúcar, 125 ditas de arroz, 10 ditas de canela e 5 decilitros de leite. Cozinha-se tudo até o arroz se delir; amassa-se até formar pasta; formam-se os pastéis, de 2 a 3 centímetros de diâmetro e 4 a 8 de comprimento, untam-se de gema de ovo ou polvilham-se com açúcar, e vão a forno regular para corar.

**CROQUETES DE ARROZ-DOCE** – Tome-se uma porção de arroz-doce que esteja frio e bem testo, divida-se em bocados iguais do tamanho de um pequeno ovo, e com as mãos ajeitem-se para que tenham pouco mais ou menos aquele feitio; embrulhem-se estes pequenos croquetes em pão ralado, e em seguida mergulhem-se em ovos batidos, levando-os outra vez a pão ralado; em estando bem lisos e bem forrados de pão, frigem-se em banha de porco e servem-se com canela e açúcar por cima.

**CROQUETES DE DOCES** – De pasta folheada se formam canudos de 2 a 3 centímetros de diâmetro e 4 a 8 de comprimento, recheiam-se com doce de ovos, ou cremes, ou conservas, tapam-se ou não nas extremidades, conforme a consistência do recheio; depois de fritos em manteiga, polvilham-se com açúcar, ou se banham em açúcar em *ponto de fio*.

**CUSCUZ** – Uma parte de fubá de canjica, meia parte de fubá de moinho passado por peneira de seda, açúcar, cravo, canela e erva-doce. Umedece-se com um pouco de água e sal, ou leite, põe-se no cuscuzeiro, apertando-se um pouco a massa; e com este cuscuzeiro tapa-se uma panela funda, devendo o cuscuzeiro entrar na panela sem chegar na água que se acha dentro, e com um pouco de angu tapam-se todos os suspiros que ficarem entre o cuscuzeiro e a panela; deixa-se cozinhar e, estando cozido, vira-se o cuscuzeiro de boca para baixo, sobre um prato, e serve-se. Pode-se também cortar o cuscuz em talhadas, e levá-las ao forno para torrar, ou frigi-las em pouca gordura e polvilhá-las depois de açúcar e canela; servem para chá. O cuscuzeiro é uma forma de lata ou barro, mais afunilada para baixo que no bocal, tendo no fundo buraquinhos até o meio da forma.

**CUSCUZ DE SEMINÁRIO** – Umedece-se meio prato de fubá fino com uma xícara de leite, misturam-se 60 gramas de queijo picado, uma colher de açúcar, uma colher de manteiga, duas gemas de ovos, um pouco de noz-moscada raspada. Põe-se esta massa no cuscuzeiro e procede-se como na receita antecedente.

**DAMASCOS EM AGUARDENTE** – Escolhem-se damascos não muito maduros, picam-se com uma agulha até ao caroço, e lançam-se em um tacho, em que se tem feito derreter 1 quilograma de açúcar em meio litro de água para cada 50 damascos. Aquece-se gradualmente até entrar em ebulição; depois de algumas fervuras, deita-se tudo em um vaso de porcelana, onde se deixa macerar durante 20 a 30 horas: decorrido este tempo, escorre-se o sumo, que se ferve até se condensar bastante; metidos já os damascos em frascos, distribui-se por eles o xarope; 4 dias depois, ajunta-se-lhe um litro de aguardente; deve deitar-se o xarope nos frascos bastante quente, e, para evitar que estes pelo aquecimento rápido se quebrem, deve haver o cuidado de aquecê-los previamente em água morna. Os frascos rolham-se muito bem com cortiça e esta reveste-se de pergaminho molhado, que se aperta e adere bem ao bocal. Por modo semelhante se preparam as *peras*, os *pêssegos* e todos os frutos que se quiserem conservar em aguardente.

**DELÍCIAS** – Quatro claras de ovos, 4 xícaras de açúcar, 4 ditas de polvilho bem seco, casca de lima ou limão, amassa-se tudo muito bem, fazem-se as rosquinhas e vão a forno brando em latas polvilhadas.

**DELÍCIAS À PEIXOTO** – Uma garrafa de leite bem batido com 6 gemas de ovos e 750 gramas de açúcar. Põem-se uma colher de farinha de trigo e um pouco de água de flor de laranjeiras; deita-se em formas untadas de manteiga e vai ao forno para corar. Polvilha-se depois com açúcar cristalizado.

**DESMAMADAS** – Quatro garrafas de leite, um prato de farinha de trigo, 500 gramas de açúcar limpo, 9 ovos, um coco ralado e 250 gramas de manteiga; faça-se com o leite e o fubá um angu bem grosso, tire-se do tacho para uma vasilha e ajuntem-se-lhe os ovos, sem claras, o coco, o açúcar e a manteiga; bata-se tudo bem e, quando estiver bem unido, ponha-se em formas, e leve-se ao fogo.

**DESMAMADAS** – Um quilograma de açúcar em calda, ao qual, depois de frio, se ajuntam um coco ralado, 4 garrafas de leite, 560 gramas de pó de arroz muito fino, tendo muito cuidado em desfazê-lo, para que não fique em gudilhões; depois de incorporado tudo isto, vai ao fogo a cozinhar, então tira-se do fogo, deita-se esse angu em uma bacia para esfriar; depois, ajunta-se a quantidade de manteiga que for conveniente, 12 ovos com claras e 12 com gemas, batem-se com uma colher, deitam-se cravo, canela, erva-doce pisada; depois de bem batido, deita-se em forminhas e vai ao forno.

**DESMAMADAS** – Meia garrafa de leite coado com um pouco de sal, 1 coco ralado e pisado que fique em massa, um pouco de calda grossa; misture-se bem tudo, e prove-se para ver se está doce; deite-se então pó de arroz passado por peneira fina e em quantidade suficiente para fazer angu, amasse-se e leve-se ao fogo; depois de cozido e de arrefecer um pouco, mexendo-se fora do fogo, se lhe vá deitando ovos, uns com claras e outros sem elas, mexa-se bem e ajunte-se-lhe manteiga derretida, de modo que fique como papa bem enxuta. Tome-se um prato de folha, untado com bastante manteiga ou farinha, deite-se nele o que estiver feito, e leve-se ao forno a cozinhar como pão de ló, vendo-se por meio de um pauzinho se está cozido; antes de ir para o forno, deite-se-lhe canela por cima.

**DESMAMADAS DE TAPIOCA** – Um prato de farinha de tapioca, fervem-se 8 xícaras de leite, deitam-se fervendo sobre a tapioca e abafa-se até inchar; depois, deitam-se 2 ovos e 6 gemas, uma colher de manteiga e dois pires de açúcar; mexe-se bem, põem-se cravo e canela; depois de bem mexido, deita-se em formas untadas de manteiga e vão ao forno.

**DIABRETES** – Tomam-se 500 gramas de açúcar, põem-se em uma caçarola com uma quantidade suficiente d'água para dissolvê-lo. Cozinha-se até a consistência de xarope, ajuntando-se-lhe pouco a pouco 250 gramas de farinha, mexendo-se continuamente para fazer uma massa. Peneira-se sobre uma tábua uma pequena porção de açúcar em pó, estende-se a massa em cima e amassa-se bem. Quando ela estiver dura, pisa-se em um almofariz com uma clara de ovo, flor de laranjeira e um pouco de âmbar. Incorpora-se bem tudo, fazem-se pequenas bolas que se lançam n'água fervendo; tiram-se com a escumadeira quando elas nadarem na superfície e deixa-se escorrer. Feito isto, colocam-se sobre papel e cozinham-se a forno aberto. É uma pastelaria muito dura.

**DOCE DE ABÓBORA AMARELA** – Depois de descascada a abóbora, cozinha-se bem e amarra-se em uma toalha, e dependura-se para escorrer a água; depois de bem escorrida, passa-se por uma peneira de cabelo; para cada 500 gramas de massa pesam-se 600 ditas de açúcar, no qual, depois de estar em *ponto de pasta* larga, deita-se a abóbora, e vai se mexendo; logo que aparecer o fundo do tacho, está pronto.

### 🍃 DOCE DE AIPIM E COCO

É o tão apreciado aipim – *Euforbácea* –, também conhecido como macaxeira ou mandioca-doce, que é utilizado para fazer massas variadas ou para encorpar pratos. Aparece ainda em recheios de doces ou salgados, ou simplesmente cozido na água e sal, podendo ser servido quente com açúcar ou com manteiga, e é também um excelente acompanhamento para a carne de sol, entre tantas outras opções gastronômicas.

O aipim é uma ótima base para fazer pães, aliás, como indica a receita, ao assinalar o então *ponto de broinhas*.

> **Doce de aipim e côco.** — Um kilogramma de massa de aipim ralado, um e meio ditos de assucar, 750 grammas de côco, 3 colheres de manteiga bem lavada, ajunte-se a massa com o côco, e quando o assucar estiver em ponto de pasta, deite-se-lhe a manteiga e 24 gemas d'ovos com claras finas, torna ao fogo e dá-se-lhe ponto de broinhas.

**DOCE DE ANANÁS RALADO EM CALDA** – Descasque-se bem e rale-se um ananás. Reúna-se a massa num pano e lave-se em água fria, esfregando-se bem para sair a mucilagem e azedume. Tome-se uma quantidade de açúcar em peso igual ao do ananás ralado e faça-se com este açúcar uma calda, a qual, depois de pronta, deve misturar-se com a massa do ananás fazendo-a ferver, e ambas, passadas por peneira, voltam de novo ao fogo para tomar ponto, ajuntando uns pedacinhos de canela e uns cravos-da-índia. Quando morno, enchem-se compoteiras e serve-se.

**DOCE DE ARAÇÁ** – Dois quilogramas de açúcar, 2 ditos de araçás. Cozinham-se os araçás e, quando abrir fervura, despejam-se em uma peneira grossa até escorrer bem a água, tiram-se os caroços, passam-se por peneira fina, e, quando a calda estiver em ponto, deitam-se os araçás e leva-se ao fogo a dar o ponto como o de goiabada.

**DOCE DE AVELÃS** – Quinhentos gramas de avelãs quebradas, um quilograma e meio de açúcar em pó muito fino e a raspadura de um limão. Socam-se as avelãs com claras de ovos, e, quando estão bem socadas, mistura-se-lhes o açúcar com uma espátula, depois se armam sobre folhas de papel, fazem-se os doces do tamanho de uma noz; se a massa estiver muito mole, ajunta-se-lhe açúcar, e cozinha-se em forno brando. Deve-se evitar abrir o forno, ou o menos possível.

**DOCE DE BANANA** – Tomem-se bananas maduras – se for banana-prata melhor será –, descasquem-se e passem-se por peneira grossa. Para um quilograma desta massa, meio quilograma de açúcar. Faça-se a calda e, quando estiver em ponto como para a goiabada, deite-se a banana e mexa-se continuamente. Quando aparecer o fundo do tacho, está pronto. Deita-se em latas. Alguns empregam o mesmo peso de açúcar e banana, e conhecem que o doce está pronto tirando um bocado na ponta da faca e vendo que não pega no dedo.

**DOCE DE BANANA-DE-SÃO-TOMÉ** – Cozinham-se, descascam-se e deixam-se escorrer sobre uma peneira as bananas; depois, machucam-se bem ou passam-se por peneira e deita-se a massa no fogo com açúcar sem água alguma; mexe-se para ficar como goiabada.

**DOCE DO BRASIL** – Pega-se em massarocas de milho ainda em leite, tiram-se os grãos de todo o caroço ou espiga, pisam-se bem em um gral, sendo depois o polme passado em uma peneira; pesa-se este polme com igual peso de açúcar, pondo-se este em *ponto de voar*; deita-se-lhe o polme, deixa-se cozinhar a pôr em ponto subido, tira-se para fora até esfriar para se lhe ajuntarem 3 gemas de ovos batidas para cada 500 gramas de polme; deita-se em uma tigelinha com canela em pó por cima e mete-se em forno brando a tostar.

**DOCE DE CAFÉ COM LEITE** – Faça-se reduzir lentamente meio litro de leite sobre o fogo, mexendo-o para que não se forme pele na superfície. Ajuntem-se-lhe 500 gramas de açúcar pisado e meia xícara de café negro muito forte. É preciso que a mistura ferva em pouco fogo e que suba muito; tenha-se cuidado que não transborde. Pouco a pouco chegará ao grau de cocção denominado *de quebrar*. Lancem-se então algumas gotas sobre um prato, se ficarem bem firmes, sem se tornarem precisamente duras, o doce está cozido. Tire-se a caçarola do fogo, mexa-se vivamente com a espátula; depois, lance-se o líquido sobre um mármore bem oleado. Antes que o doce esteja inteiramente frio, tracem-se em cima, com o dorso de uma faca, quadrados em losangos. É muito fácil dividi-lo quando está frio. Estes doces são divertidos e pouco custosos a fazer. É um doce sadio e que as crianças apreciam muito.

**DOCE DE CAJU** – Descasca-se o caju com faca de taquara e deita-se em água com o sumo de um limão, para não ficar escuro; depois, muda-se para água limpa, leva-se ao fogo um tacho com água; logo que esta estiver fervendo, deita-se-lhe o caju, e querendo murchar tira-se e deixa-se escorrer; tem-se em outro tacho a calda já pronta e fervendo, vão se pondo dentro os cajus, que, depois de ferverem um pouco, tiram-se e guardam-se para o outro dia; torna-se a aquentar até a fruta ficar bem passada, daí a 3 ou 4 dias; conforme estiver a fruta passada, ferve-se e deixa-se escorrer, deita-se em calda nova em *ponto de pasta* alta, quer seja em calda, quer para secar. Aos *jambos*, *jabuticabas*, *grumixamas* e outras frutas doces tiram-se os caroços depois de fervidas, e curtem-se 2 ou 3 dias, depois vão para a calda para curtir mais 2 ou 3 dias, no fim dos quais se dará o ponto acima de pasta, a última calda é sempre nova. Os doces destas frutas e outras semelhantes não param.

**DOCE DE CAJU** – Pesa-se antes de ralar um quilograma de coco, um dito de amêndoas pesadas depois de descascar – tira-se a pele vermelha com água quente –, 2 quilogramas de açúcar em *ponto de pasta*, 20 gemas de ovos; depois de passadas por peneira as amêndoas, ajunta-se tudo e vai ao fogo para cozinhar até ficar bom de enrolar. Então se fazem do feitio de cajus, e vão ao forno em hóstias; põe-se água de flor de laranjeira quando saem do fogo.

**DOCE DE CAMBUCÁ** – Limpa-se de leve o cambucá, dá-se-lhe o golpe no fundo para tirar o caroço – depois de ir ao fogo é que se tira o caroço –, deixa-se ficar um dia na água; no dia seguinte, aquenta-se e deixa-se escorrer, tem-se a calda pronta, fria e rala, deita-se a fruta e guarda-se para no dia seguinte dar-se-lhe a primeira fervura; guarda-se, no outro dia torna-se a ferver, e, quando a fruta estiver bem passada, pode se tomar o ponto.

**DOCE DE CARÁ** – Depois de passado o cará em peneira de taquara e amassado com farinha de arroz, ajuntam-se-lhe canela e erva-doce, mistura-se tudo, deita-se então em uma vasilha com um pouco de sal derretido, vai-se desmanchando tudo com calda de açúcar quente, ajuntam-se as gemas de ovos que quiserem, manteiga suficiente, e leva-se ao fogo para cozinhar.

**DOCE DE CASCAS DE LARANJAS** – Ponham-se as cascas n'água fervendo e, quando começarem a amolecer, lancem-se n'água fria; escorram-se e pisem-se fortemente, depois passem-se através de uma peneira de crina. Tome-se açúcar branco na proporção de ¾ de quilograma de açúcar para ½ quilograma de suco de cascas, e prepare-se um xarope em *ponto de pérola*. Misture-se o suco de cascas e o xarope e faça-se ferver essa mistura mexendo-a constantemente por meio de uma espátula. Logo que estiver suficientemente cozida, lance-se em potes.

**DOCE DE COCO** – Um quilograma de açúcar, 18 gemas de ovos e meio coco-da-baía ralado. O coco põe-se quando a calda está em *ponto de pasta*.

**DOCE DE COCO E OVOS** – Batem-se 24 gemas de ovos até ficarem bem encorpadas; em seguida, clarificam-se 1.500 gramas de açúcar, e se faz chegar ao *ponto de fio*. Estando assim, deixa-se esfriar algum tempo; depois, ajunta-se-lhe as gemas a pouco e pouco, mexendo com uma colher de pau até ficarem perfeitamente ligadas com a calda; feito isto, ajunta-se-lhe um coco ralado e leva-se depois ao fogo muito brando para cozinhar, havendo todo o cuidado em mexer com a colher para que não pegue no fundo da caçarola; deixa-se ferver durante 5 minutos, e passado esse tempo tira-se a caçarola do fogo, deita-se no doce uma pitada de canela, mexe-se bem, deixa-se esfriar um pouco e, depois, deita-se em compoteiras.

**DOCE DE GOIABA INTEIRA RECHEADA** – A goiaba não há de ser verde nem muito madura, descasca-se, faz-se uma roda no fundo com um canivete, tiram-se os caroços todos com um pauzinho, lava-se com o dedo por dentro bem para tirar alguma gosma, deita-se logo na calda e ferve-se; no dia seguinte não se mexe, e no outro dia ferve-se e deita-se a escorrer em uma peneira; prepara-se calda nova e põe-se em meio ponto, deita-se a fruta, e dá-se-lhe ponto de pingar, isto é depois de pasta alta. Note-se que esta fruta não se mexe com a escumadeira, embalança-se com o tacho, guarda-se até encandilar, depois se seca, prepara-se o recheio de ovos moles ou com a mesma goiabada de colher; depois de a fruta enxuta, enche-se pelo lado do fundo, e molha-se o dito fundo com açúcar.

---

### ❧ DOCE DE GOIABA INTEIRA RECHEADA

A goiaba – *Psidium pommiferum* – é fruta da terra. Refere-se à goiaba verme-lha, que é a mais apreciada em sabor, e por isso especial para fazer doce em pasta, em calda ou de compota, ou mesmo para ser consumida *in natura*. Há ainda a *Psidium guayava*, que é a goiaba branca, não tão saborosa e usual como a goiaba vermelha. Provavelmente, o nome goiaba vem do tupi-guarani *acoyaba*, que significa agregado de caroços.

A doçaria contemporânea oferece o doce quente de goiaba para se combinar com queijo, também quente, o que, aliás, efetua uma excelente harmoniza-ção de sabores. Lembro também da tão apreciada combinação de goiabada e queijo branco, geralmente queijo de minas, na tradicional sobremesa romeu e julieta.

O doce de goiaba inteira sugere também recheio de goiaba, mas em outra tex-tura. Esse processo culinário de fazer o doce sugere alguns comportamentos como o de mexer o tacho como um todo, com movimento de balanço, sem usar utensílio de metal, para assim não influir no gosto do doce. Aí, celebra-se a tão estimada colher de pau, própria para o trato em tachos de cobre.

---

**DOCE DE LARANJA** – Ponham-se dentro d'água, por 3 ou 4 dias, mudando a água duas vezes ao dia, algumas cascas de laranjas; depois, com uma faca, tira-se-lhes o branco todo, e cortam-se as cascas em filetes muito delgadinhos. Põe-se um tacho ao fogo com uma porção de água, e, em es-tando a ferver, deita-se-lhe a laranja cortada e deixa-se ferver 3 minutos; depois se tiram os filetes de laranja e deitam-se em água fria. Em seguida, leva-se ao fogo, em um tacho, um pouco de açúcar fino e a água necessá-ria, e deixa-se ferver até ficar em *ponto de espadana*; escorrem-se então da água fria os filetes de laranja e deitam-se dentro da calda, mexendo um pouco; deixa-se ferver e, em estando outra vez o açúcar em *ponto de espadana*, está pronto o doce de laranja. Serve-se frio.

**DOCE DE LARANJA** – Tira-se a casca fina da laranja-da-terra, porém que fique toda igual; dá-se um golpe em cruz na laranja, tira-se-lhe de dentro o miolo com cuidado para não esbandalhar a laranja, dá-se-lhe uma leve fer-vura e deixa-se esfriar, depois do que se põe em água fria durante alguns dias, mudando sempre a água até que as laranjas estejam sem azedume algum; faz-se a calda à parte, põem-se dentro as laranjas tomando ponto aos poucos, como no doce de limão, pois fica o doce muito mais perfeito. Para cada 500 gramas de laranja põem-se 750 ditas de açúcar; pode-se também tomar logo o ponto no caso que haja pressa no doce. Para se fazerem as *laranjas secas,* segue-se o mesmo processo, com a diferença de que a calda deve ser mais grossa, e tiram-se as laranjas da calda para as colocar ao ar em folhas de papel ou prato; passa-se uma segunda ou mais vezes se for preciso em calda quase em ponto de refinar açúcar, a fim de ficarem bem cobertas.

**DOCE DE LEITE** – Quinhentos gramas de açúcar em ponto de refinar a calda; deitam-se 40 réis de leite cru, em falta deste, use queijo ralado, deite na calda o leite e mexa-se; tenham-se 8 gemas de ovos em uma vasilha, ajunte-se uma colher de manteiga, mexa-se, vá se tirando a calda e pondo-se nos ovos e mexendo, não precisa a calda toda, depois, despeja-se a calda que estiver ao fogo, e enche-se até engrossar; finalmente, tira-se, deita-se em copos pequenos ou em compoteiras e come-se, que é muito bom.

**DOCE DE LEITE** – Duas tigelas de açúcar em calda grossa, deitam-se-lhe duas tigelas iguais de leite, 10 gemas de ovos batidas, torna ao fogo e mexe-se para não queimar, até ficar em ponto de não pegar na língua.

**DOCE DE LEITE** – Um quilograma de açúcar limpo e posto em *ponto de espelho*; ajunte-se-lhe uma garrafa de leite fervido, vá ao fogo até engrossar, e ficar em termos de se lhe deitar 10 gemas de ovos batidas, e, se por acaso lhe puserem maior número delas, melhor se tornará; lancem-lhe também algumas passas, e tome-se o ponto que se quiser; depois de cozidos os ovos, lance-se em pires e polvilhe-se com canela.

**DOCE DE LEITE** – Quinhentos gramas de açúcar em *ponto de pasta*, 12 gemas de ovos e duas garrafas de leite aquecido. Quando o leite estiver morno, deitem-se-lhe as gemas de ovos, e, depois de ter sido passado o leite com os ovos por um guardanapo, ajunte-se-lhe a calda, e ponha-se a cozinhar; tire-se depois e polvilhe-se com canela.

**DOCE DE LEITE** – Uma garrafa de leite, 500 gramas de açúcar, 6 ovos sem claras; limpa-se a calda, toma-se ponto de ajuntar, tira-se fora para esfriar, cozinha-se o leite e se deixa também esfriar, depois se deita o leite na calda, batem-se os ovos, mistura-se no tacho em fogo brando até engrossar, deita-se em cálices ou compoteiras com canela por cima.

**DOCE DE LEITE SECO** – Tomam-se 4 garrafas de leite, às quais se ajuntam 2 quilogramas de açúcar limpo, e põem-se a ferver até ficar em ponto de açúcar. Unte-se um tabuleiro com manteiga, no qual se despeja esta massa que, depois de fria, corta-se em quadrados, ou da forma que se quiser.

**DOCE DE LIMA** – Em 250 gramas de açúcar, em calda ainda quente e em pasta rala, deitam-se 500 gramas de limas descascadas, das quais se tiram os gomos e os caroços sem quebrar os gomos; ajuntam-se 8 gemas de ovos batidas, e com fogo brando dá-se ponto no doce, que, depois de frio, põe-se em compoteiras e polvilha-se com canela. Não se deve mexer, porém sacudir de vez em quando a panela ou tacho em que for feito este doce, somente para não queimar, pois é doce muito delicado.

**DOCE DE LIMÃO EM CALDA** – Escolhidos os limões inchados, dá-se-lhes um corte em cima do feitio de uma cruz, espreme-se um pouco o caldo e dá-se uma fervura; cobrem-se para não apanhar vento a fim de não ficarem duros; depois de completamente frios, muda-se essa água, e aí se conservam por alguns dias, mudando sempre a água e pondo ao sereno. Logo que estejam sem azedume algum, e que a água saia clara, faz-se a calda e metem-se nela os limões, havendo cuidado que a calda esteja fria quando se puserem os limões; dá-se uma fervura, deixa-se descansar outro dia; na última fervura toma-se ponto. Este doce é muito delicado e por isso são necessários todos esses cuidados.

**DOCE DE LIMÃO EM MASSA** – Esfregam-se os limões em areia para tirar-lhes o sumo, partem-se e põem-se em um tacho para cozinhar; tira-se depois o miolo e torna-se a ferver, limpa-se outra vez, mudando-se a água duas vezes por dia até ficar sem amargo; dá-se outra fervura e, depois, põe-se em uma peneira para escorrer toda a água, pesa-se e também pesa-se igual porção de açúcar, limpa-se o açúcar e passa-se o limão em peneira grossa, então ajunta-se com a calda e torna-se a passar, porém em peneira fina, depois vai para o tacho, tomando-se o ponto como o da goiabada.

**DOCE DE MAMÃO INTEIRO COM RECHEIO** – Pica-se toda a fruta e deixa-se correr bem o leite, deita-se de molho em água e depois descasca-se e vai a cozinhar, porém de modo que a fruta não fique muito cozida; logo que entrar a unha, está boa, tira-se e deita-se em água morna. No dia seguinte, limpa-se o açúcar, aquenta-se o mamão, escorre-se a água e deita-se então na calda, dá-se uma pequena fervura e guarda-se. No terceiro dia, dá-se o *ponto de pasta* alta e, depois de estar encandilado, deita-se a secar. Prepara-se o recheio de ovos moles, que são 500 gramas de açúcar e 12 gemas de ovos. Esta espécie não deve ser dura, é temperada com água de flor e cravo; depois, enchem-se os ditos mamões fazendo no lado um furo, e, depois de cheios, tempera-se com o mesmo, e se esfrega um pouco de açúcar nas juntas, e, não estando bem açucarado, polvilha-se com açúcar fino. O mamão de espelho é partido em rodelas, tira-se d'água, deita-se na calda, à qual se ajunta canela inteira ou cravo, e vai-se cozinhando até dar-se o *ponto de pasta* rala; depois, toma-se o *ponto de pasta* no dia seguinte.

**DOCE DE MANTEIGA** – Em 500 gramas de açúcar em *ponto de espadana* deitem-se 3 colheres de manteiga sem sal e 18 gemas de ovos; mexa-se tudo, leve-se ao fogo e dê-se-lhe ponto forte ou brando como se quiser.

**DOCE DE MILHO** – Para cada 500 gramas de milho, 12 gemas de ovos e um quilograma de açúcar. Depois de cozido, o fubá de milho passa-se em peneira e pesa-se; faz-se calda de açúcar; depois de fria, se põe dentro o fubá, mexendo sempre para ligar; vai depois ao fogo para cozinhar ou dar uma fervura; deitam-se então as gemas dos ovos e torna a ir ao fogo para cozinhar os ovos, devendo-se sempre mexer a fim de não pegar; põe-se em compoteiras com canela por cima.

**DOCE DE OVOS** – Limpam-se 500 gramas de açúcar e engrossa-se pouco; batem-se à parte 12 gemas de ovos e se ajuntam à calda fria, põe-se água de flor de laranjeira, engrossa-se o doce que fique na grossura de um creme, põe-se em compoteiras e polvilha-se com canela.

**DOCE DE OVOS MEXIDOS** – Para uma compoteira regular, 750 gramas de açúcar, 8 ovos, sendo 6 com claras, batem-se como pão de ló, a calda deve estar grossa, deitam-se os ovos dentro; deixa-se ferver sem mexer e, quando estiver cozido, vai se partindo com a colher e virando-se para outro lado, a fim de ficar o ovo bem ensopado na calda; quando está com ponto forte tira-se do fogo, põe-se em compoteira, com canela por cima, e se manda à mesa.

**DOCE DE OVOS À PORTUGUESA** – Batei 20 gemas de ovos, até ficarem quase brancas e muito crescidas; derretei em seguida um quilograma de açúcar clarificado ao lume e deixai-o ficar quase em *ponto de bala*, tirai-o então do fogo e esperai que ele fique um pouco mais de morno. Estando assim, ligai pouco a pouco as gemas com este açúcar, mexendo muito bem com uma colher de pau. Quando estiver bem ligado, levai-o a fogo muito brando, mexendo-o sem cessar com a colher de pau; deixai-o fer- ver por algum tempo, mexendo-o sempre. Logo que o ovo estiver cozido e o doce consistente, tire-se do fogo, deixe-se esfriar e se enchem copos ou compoteiras com ele.

*N. B.* O doce de ovos feito assim pode durar 2 ou 3 meses sem se alterar.

**DOCE DE PÃO** – Parte-se um pão em fatias, molha-se no leite, estende-se sobre uma toalha; estando a calda no fogo, batam-se as gemas dos ovos, molhem-se nelas as fatias e se deitem na calda; viram-se de cima para baixo, arrumam-se no prato e se polvilham com canela.

**DOCE DE PÃO** – Miolo de pão de molho em leite, passe-se por peneira, limpe-se o açúcar, deitem-se-lhe ovos, água de flor de laranjeira e cravo; leve-se ao fogo, quando estiver pronto, polvilhe-se com canela.

**DOCE DE PÃO À MINEIRA** – Põe-se pão de molho, e uma hora depois se espreme, passa-se na peneira, e se põe em calda com ovos batidos, que se vão deitando aos poucos e mexendo bem, para não cozinhar logo, nem ficar encaroçado.

**DOCE DE QUEIJO** – Tomem-se 5 ovos, dos quais se tiram as gemas, ponham-se estas em uma xícara de creme fresco e um quarto de queijo raspado, batam-se as claras bem, e misture-se tudo; unte-se bem uma forma com manteiga fresca, ponha-se aí uma folha de papel, e então lance-se a mistura. É preciso um fogo muito brando durante meia hora. Cubra-se a forma com um forno de campanha bem quente.

**DOCE DE QUEIJO** – Uma fatia de queijo de minas ralado; derretem-se duas colheres de manteiga do reino em uma frigideira, 6 ovos batidos com claras, misturam-se na manteiga quente e vai se mexendo até ficar cozido, então ajunta-se o queijo, depois de tudo ligado tira-se do fogo, polvilha-se com açúcar e canela e vai à mesa. Fica tal qual uma fritada.

**DOCES SECOS PARA O CHÁ** – Faça-se uma massa com 125 gramas de manteiga derretida, 125 ditas de açúcar, 3 ou 4 colheres de leite, uma colher de água de flor, um ovo e farinha em quantidade necessária para que a massa fique consistente. A massa se estende um tanto fina, dando-se depois o feitio que se quiser, por meio de ferros de recortar. Colocam-se em seguida esses doces sobre uma chapa e cozinham-se em um forno de fogão; tiram-se apenas quando ficarem amarelados.

**DOCE DE SIRICAIA** – Uma garrafa de leite, 12 gemas de ovos, um pires de farinha de arroz passado por peneira de seda; depois de bem misturados os ovos, a farinha e o leite, deitam-se uma colher de manteiga, um pouco de sal moído, um pouco de cravo, um bocadinho de erva-doce; o açúcar vai se deitando até ficar doce; depois de bem misturado, põe-se em um pano, amarra-se, e, tendo-se já uma panela nova com água no fogo a ferver, deita-se o pano dentro desta e vai a cozinhar; depois que se tirar, põe-se em forminhas untadas com manteiga, lança-se canela por cima, e mete-se no forno até tomar cor de pão de ló.

**DOCE PARA SOBREMESA** – Põe-se a ferver numa caçarola um litro de bom leite, um pau de canela e baunilha. Batem-se 8 claras de ovos até ficarem bem altas, e com uma colher vão se deitando no leite; logo que estiverem cozidas, tiram-se com uma escumadeira para um prato. Em estando todas as claras cozidas, coa-se o leite onde ferveram. Batem-se as 8 gemas dos ovos com açúcar cristalizado, conforme o paladar, e quando estiverem bem batidas despejam-se no leite, indo de novo ao fogo para ligar, mas de maneira que não ferva. Despeja-se então este creme sobre as claras cozidas e come-se frio.

**DOCE DE TANGERINA** – As limas e as tangerinas maduras levam a curtir o mesmo tempo que os limões, que são 5 a 6 dias. Antes de curtirem devem ser bem furadas com um pauzinho de ponta para serem bem passadas na calda, e não terem amargo algum.

*N. B.* Todas as frutas ácidas são postas na calda rala; pela continuação das fervuras que se lhes dá é que vai engrossando, e, à proporção que a fruta chupa a calda, vai se deitando mais.

**DOCE DE TOMATES** – Pele-se em água fervendo para tirar a pele a porção de tomates que quiser, e, depois, pesem-se que não levem pevide alguma nem pele; pesa-se igual quantidade de açúcar; estando a calda pronta se deitam os tomates e depois canela e cravo-da-índia, tudo inteiro, enfiado em uma linha; quem gostar pode deitar algum *cidrão* cortado em pedacinhos; deixa-se ferver toda esta mistura até que, raspando com uma colher no meio do tacho, se lhe veja o fundo, então está pronto; deve-se mexer sempre para não pegar.

**DOCE DE URUMBEBA** – Chamuscam-se sobre brasas, para tirar os espinhos finos que cobrem as urumbebas, ou se extraem com cuidado; depois, descascam-se e tira-se a semente de dentro, dá-se-lhes uma fervura e deitam-se em água fria, ajuntando-lhes sumo de limão para lhes tirar a gosma; um dia sim outro não se ferve, mudando a água; leva 3 fervuras, andando ao sol e ao sereno; depois, deita-se na calda como o *cidrão*.

O mesmo se faz com o *maracujá*, *maxixe*, *caju*, *pimentão* e as mais frutas.

O *ananás* se descasca e ferve-se bem até ficar mole, põe-se em água fria limpando bem os olhos e curte-se por 8 dias como os outros, e na mesma calda como os mais doces.

*Advertência* – Quando o *cidrão* vai à última calda, dá-se-lhe o ponto acima de pasta, tira-se da calda com a colher e a escumadeira para a panela, e a calda torna ao fogo a engrossar um pouco, e daí se põe em cima do *cidrão* que cubra, e assim estará 3 dias; ao depois se tira para secar ao sol. As outras frutas são curtidas da mesma forma, dá-se-lhes o ponto daí a dias, indo a calda ao fogo, para apertar um pouco, segunda e terceira vezes em que se toma o ponto, que há de ficar forte para aturar; se ficar muito seco, é necessário ajuntar mais calda. Seis dias são o bastante para se fazer o doce, mudando-se sempre a água, dia sim dia não, indo os limões a aquentar, e, logo que não tenham mais amargo, vão para a calda, passando-os primeiro por uma telha nova para tirar o sumo.

**DUQUESAS** – Mexem-se num alguidar, com uma colher de pau, 460 gramas de açúcar refinado e 12 gemas de ovos; ajuntam-se-lhes depois 200 gramas de amêndoas socadas com 4 cálices de marasquino de Zara, 120 gramas de *cidrão* picado e 50 ditas de manteiga derretida; mistura-se tudo muito bem e, depois, ajuntam-se-lhe 400 gramas de farinha de trigo peneirada. Batem-se 6 claras de ovos até ficarem bem encorpadas e misturam-se com a massa; deita-se em uma forma própria bem untada com manteiga, e leva-se a cozinhar em forno regular. Quando estiver cozido, glaça-se com marmelada bem desfeita, e salpica-se com amêndoas picadas; depois se põe num prato guarnecido de papel rendado.

**EMPOLADAS DE AMÊNDOAS** – Duzentos e cinquenta gramas de amêndoas bem pisadas, amassem-se com duas claras de ovos e quanto baste de açúcar para enxugar a massa; bata-se na tábua, experimente-se no forno, logo que empole ou cresça ou fique fofa está boa, corte-se como massa e ponha-se em cima de hóstias para levar ao forno a cozinhar.

**ESCUMAS DE PRATA** – Uma garrafa de leite para cada 4 ovos. Batem-se bem as claras dos ovos até que levantando-se no garfo não caiam. Põe-se a ferver o leite com um pouco de açúcar e sal; logo que o leite começa a ferver, lançam-se dentro as claras, para que também fervam um pouco virando-as com a escumadeira, tendo cuidado de as não quebrar; em seguida, retiram-se as claras para pratos fundos em que têm que ficar. Quando não houver mais escuma, batem-se então as gemas em separado, adoça-se com mais açúcar o leite que ficou e despejam-se-lhe as gemas, mexe-se até que esta mistura tenha engrossado bem, então derrama-se por cima das claras e o doce está pronto.

**ESPECIAL** – Batem-se 12 gemas e 6 claras de ovos com 500 gramas de açúcar e o sumo de um limão grande até os ovos estarem escumosos; mistura-se neste estado com 500 gramas de farinha de trigo peneirada, um pouco de sal, uma colher de manteiga e água fervendo, quanto for necessária para formar uma boa massa, que se deita em uma forma untada, e coze-se em forno temperado.

**ESPÉCIE DE AMÊNDOAS** – Quinhentos gramas de amêndoas bem pisadas, 500 ditas de açúcar em *ponto de fio*, 6 gemas de ovos; leve-se ao fogo a tomar ponto de aparecer o fundo do tacho, tire-se e guarde-se para o dia seguinte, em que se porá sobre hóstias para corar no forno; depois de corar, deite-se sobre ela uma clara para ir corar de novo.

**ESPÉCIE DE AMÊNDOAS DE FATIAS** – Mil e quinhentos gramas de açúcar, 750 ditas de amêndoas, duas colheres de manteiga bem lavada, duas dúzias e 4 ovos, dos quais os 4 com claras, e 4 colheres de farinha de trigo.

**ESPÉCIE PARA BOLOS BRANCOS** – Um quilograma e 500 gramas de açúcar em *ponto de pasta* alta, 500 gramas de amêndoas, 250 ditas de biscoitinhos socados e passados por peneira fina, uma dúzia de gemas de ovos batidas; leve-se ao fogo a dar uma pequena fervura e, depois, tire-se, deitem-se-lhe fios de uma dúzia de ovos, misture-se tudo com um pouco de cravo e canela, leve-se outra vez ao fogo até fazer bocado, e ponha-se em pratos até esfriar.

**ESPÉCIE PARA BOLOS PODRES** – Um quilograma e 500 gramas de açúcar limpo em calda, deita-se um quilograma de coco bem ralado e, estando em ponto, deitem-se-lhe 20 gemas de ovos, 120 gramas de *cidrão*, 120 ditas de rosca socada, 120 ditas de manteiga bem lavada, cravo, canela, e vai ao fogo tomar ponto; aparecendo o fundo do tacho, está pronto; deita-se uma porção dentro de uma pasta de ovos, e formam-se os bolos que vão ao forno a corar, então está pronto.

**ESPÉCIE DE CIDRADA** – Duas tigelas de 360 gramas cheias de cidrada, uma dúzia de gemas e duas claras de ovos, 120 gramas de amêndoas, leve-se tudo ao fogo; a cidrada se porá primeiro a aquecer, para então se lhe deitarem os ovos e as amêndoas, e tudo junto se levará ao fogo até fazer bocado.

**ESPÉCIE PARA FARTES** – Um quilograma de açúcar em *ponto de espadana*, duas colheres de cidrada, amêndoas socadas, 18 gemas de ovos, cravo, canela, mexe-se tudo e, depois, ajunta-se a farinha.

**ESPÉCIE PARA FARTES** – Faz-se o açúcar que se quer em ponto acima de pasta, tira-se do fogo e ajuntam-se-lhe a farinha, um bocado de manteiga, de pimenta-do-reino, cravo, casca de laranja e gengibre, fazem-se rolos, cobrem-se com um pouco de massa para isso já estendida, e fazem-se os fartes nas figuras que cada um quer, levam-se ao forno, e, estando cozidos, para durar mais torram-se.

**ESPÉCIE DE OVOS FINOS** – Mil e quinhentos gramas de açúcar, 500 ditas de amêndoas, 36 ovos, dos quais 6 sem claras, canela, cravo e duas colheres de manteiga.

**ESPÉCIE PARA PASTÉIS DE FORMA** – A um pouco de leite fervido e 500 gramas de açúcar em calda grossa ajuntem-se fubá de arroz e 6 gemas de ovos; leve-se ao fogo a tomar o ponto conveniente, a fim de ser posto nas formas que já devem estar com o folhado.

**ESPÉCIE PARA PASTÉIS DE SANTA CLARA** – Dois quilogramas de açúcar limpo em ponto de refinar, deitam-se-lhe 500 gramas de amêndoas bem pisadas como massa, 24 gemas de ovos meio batidas, ajunte-se a massa e vá ao fogo; batem-se bem à parte 12 claras, ajuntam-se à dita massa, despeja-se, e mexe-se com violência para não talhar, e estando em consistência de um mingau grosso está pronto. A massa para estes é como a das viúvas; a massa estando na toalha untada de manteiga corta-se em tiras da largura de meio palmo, deita-se a espécie dentro ao comprido, embrulha-se em 3 dobras, dobram-se as pontas e vão ao forno; estão prontas.

**ESPÉCIE PARA PÔR EM HÓSTIAS** – Quinhentos gramas de açúcar em *ponto de pasta*, 500 ditas de amêndoas peladas e pisadas; leve-se a cozinhar até que apareça o fundo do tacho, então tira-se e guarda-se para o outro dia se ir deitando em bocadinhos sobre hóstias secas; manda-se ao forno para cozinhar, e depois deitam-se por cima algumas claras e torna ao forno.

**ESPÉCIE PARA QUEIJADA** – Um quilograma de açúcar em *ponto de espadana*, coco ralado, 24 gemas de ovos, canela e água de flor. Não se aperta muito o ponto.

**ESPÉCIE DE SUMO DE LIMÃO** – Um quilograma e 250 gramas de açúcar, 24 ovos com claras e gemas, 500 gramas de amêndoas, 2 limões ralados, 2 colheres de manteiga bem lavada e 8 colheres de farinha de trigo.

**ESPECIONES** – Batam-se como para pão de ló 500 gramas de açúcar, 12 gemas e 6 claras de ovos; quando estiverem bem batidas, ajuntem-se-lhes 500 gramas de farinha de trigo e sumo de limão e torne-se a bater; estando já quente o forno fazem-se pequenas bolas, que com uma colher se vão pondo na bacia, do tamanho que se quer, com farinha por baixo; depois de cozidas deitam-se em tábuas, e, estando frias, se vão limpando e arrumando nas bacias, e vão a forno muito brando para torrar.

**ESTUFÕES** – Quinhentos gramas de farinha de trigo, 18 ovos, sendo 9 com claras e 9 sem elas, um pão cru, um pouco d'água de sal, amassa-se bem e cobre-se para fermentar, depois frige-se em banha de porco e põe-se calda por cima.

**ESQUISITICE** – Tomam-se 6 gemas de ovos, que se batem com 500 gramas de açúcar limpo, até estar a pingar; ajunta-se um pouco de cravo e canela moída. Neste estado, toma-se uma porção desta massa, que se põe em um papel no tamanho de uma pastilha, e leva-se a um forno bem brando, deixando-se cozinhar por um quarto de hora; estando de boa cor, tira-se do forno e, por meio de uma esponja molhada, extrai-se-lhe o papel, levando-se de novo ao forno por alguns minutos a secar.

**FANDEQUEQUES** – Batem-se bem 2 ovos, ajunta-se-lhes a farinha de trigo necessária para engrossar; deita-se banha na frigideira, e, quando principia a ferver, despeja-se um pouco desta mistura a fim de formar uma torta, frige-se desse lado, frige-se do outro, e põe-se no prato polvilhando com açúcar e canela. Dois ovos dão três fandequeques.

**FARINHA DE ARROZ** – Indicamos aqui o modo por que qualquer pessoa poderá prepará-la. Lava-se o arroz em duas ou três águas, escolhe-se com cuidado, e põe-se a enxugar ao sol, sobre uma peneira; quando estiver seco, deita-se num gral de mármore ou pilão de madeira, e soca-se até ficar reduzido a farinha, a qual se passa por peneira fina, e depois se põe ao sol para secar.

**FARINHA DE MANDIOCA PUBA** – Como esta farinha não se encontra à venda no mercado, julgamos conveniente explicarmos como se poderá preparar em qualquer casa particular. Toma-se uma porção de *mandioca puba*, que é a raiz de mandioca fermentada, que se vende na praça do Mercado, tira-se-lhe a casca, lança-se o miolo dentro de uma bacia grande com água, e desfaz-se muito bem até largar as fibras; em seguida, coa-se por uma peneira de taquara e deita-se depois o líquido dentro de um saco de algodão trançado, amarra-se-lhe a boca e pendura-se para escorrer a água; depois, mete-se o saco (amarrado como está) dentro de uma bacia com bastante água, sacode-se muito bem para lavar a massa e, depois, torna-se a pendurar o saco até que escorra bem a água. Repete-se esta operação mais quatro vezes, durante dois dias, ou quantas forem necessárias para a massa largar o mau cheiro de azedo; e por fim espreme-se o saco e põe-se a massa ao sol para secar, tendo, porém, o cuidado de a mexer de quando em quando para não azedar; logo que esteja bem seca, soca-se em gral de mármore ou pilão de pau e passa-se por uma peneira fina de cabelo; continua-se depois a expô-la ao sol para branquear e secar.

### FARINHA DE MANDIOCA PUBA

A chamada *puba* é o resultado da mandioca amolecida na água, seguindo vários processos. São muitas águas até conseguir a consistência desejada, para então secar e se obter uma farinha muito branca.

Também chamada de *carimã*, a puba é base para um tipo de pamonha deliciosa embalada com folhas de bananeira, e para um cuscuz enriquecido com raspas de coco, que é o chamado cuscuz de massa de carimã.

São muitos os produtos que chegam da *mandioca*, essa importante base do comer brasileiro. Por exemplo, a farinha e as suas variedades chamadas de secas, para fazer pirão, acompanhar açaí, e muitos outros usos.

Da mandioca utiliza-se o tucupi, caldo, nos temperos de pratos da Amazônia. As folhas, maniva, para a maniçoba, tão baiana e tão paraense. É, ainda, massa para fazer pães e doces, e, com outro de seus produtos, a goma, faz-se o tropical *tacacá*.

**FARTES** – Quinhentos gramas de açúcar em *ponto de fio*, 250 ditas de amêndoas pisadas, 250 ditas de roscas raladas, 20 réis de canela, 20 réis de cravo-da-índia; estando o açúcar em ponto, se lhe deita a amêndoa, e ficando desfeita se tira do fogo, e se lhe lançam a rosca ralada, o cravo e a canela. Faz-se a massa com farinha de trigo e manteiga, de modo que não fique muito dura; estendem-se as folhas, e sobre elas se formam os fartes, que vão ao forno.

**FARTES DE ESPÉCIE** – Tomam-se 4 quilogramas de açúcar em ponto abaixo de fio, deitam-se 2 quilogramas de amêndoas bem pisadas, 500 gramas de *cidrão* em bocadinhos pequenos e delgados, cravo, canela, pouca erva-doce. Ferva-se. Tira-se o tacho do fogo, deitam-se 120 gramas de pão ralado por medida. Conhece-se que está pronta esta espécie quando se deitam alguns pós de pão ralado por cima e, aplicando-lhes o dedo, eles ficam enxutos; põe-se então em um prato para esfriar; toma-se a massa feita com manteiga e açúcar, fazem-se os fartes e vão ao forno.

**FARTES DE PÃO** – A oitocentos e sessenta gramas de açúcar em *ponto de espadana* ajuntem-se 360 gramas de pão ralado bem fino, 30 gramas de amêndoas picadas, uma dúzia de gemas de ovos, um pouco de *cidrão* picado, erva-doce, cocada, cravo, canela, noz-moscada; depois de misturado tudo, vai ao fogo; assim que cozinhar, se tire e se estende o folhado, fazem-se os fartes e se cozinham em forno brando.

**FARTES DE SANT'ANNA** – Em quatro quilogramas de açúcar em calda rala, deitam-se 2 quilogramas de amêndoas mal pisadas, de sorte que alguma só vá partida pelo meio; vão a engrossar no fogo; depois de um pouco grosso se ajuntam 500 gramas de *cidrão* pisado, e vai se mexendo; deitam-se 120 gramas de canela e um pouco de cravo-da-índia em pó, 4 colheres pequenas de manteiga bem lavada, mais 500 gramas de *cidrão* picado em pedaços pequenos; tira-se do fogo e se engrossa com pó de biscoitos até ficar incorporado, e vai ao fogo para cozinhar um pouco, despeja-se em uma panela para no dia seguinte se fazerem os fartes; quando é para viagem não se deita manteiga, mas somente o *cidrão* em pedacinhos bem pequenos. A espécie há de ficar parda, ter o gosto de canela; não ficar nem dura nem mole, e perceber-se o gosto de manteiga; para as capas dos fartes há de ser grossa, e para os fartes há de levar ovos a ficar em manteiga, e se há de lavrar com uma carretilha por cima. As capas devem ser da largura e comprimento de 3 dedos, o forno não deve estar muito quente, e os fartes se devem colocar afastados uns dos outros, para ficarem bem cozidos.

**FATIAS DE AIPIM** – Rala-se o aipim e se tempera com açúcar, sal, canela, duas gemas de ovos, água de flor e leite de coco ou de vaca, fazendo de tudo isso uma massa mais rala que grossa. Barram-se de manteiga latas compridas, ou forma grande de pão de ló, despeja-se dentro esta massa, e vai para o forno para cozinhar; depois de pronta, corta-se em fatias, frigem-se em manteiga e vão para a mesa polvilhadas de açúcar fino com canela moída; são muito boas para o almoço.

**FATIAS DE AMÊNDOAS** – Em 620 gramas de açúcar em *ponto de pasta* se deitam 120 ditas de amêndoas bem pisadas, mexendo bastante, depois se ajuntam 15 gemas e 3 claras de ovos bem batidas, e um pouco de canela, se quiserem; depois de tudo batido em um tacho, vai ao fogo a engrossar. Então se despeja em uma vasilha rasa até esfriar, e se parte em fatias, que vão a corar ao forno em bacias de folhas de flandres untadas de manteiga.

**FATIAS DOS ANJOS** – Tomem-se fatias de pão de ló torradas, que se passam em vinho moscatel, e se tiram para enxugar na peneira; depois se passam em leite, se volvem em gemas de ovos batidas, e se deitam em açúcar em *ponto de cabelo*. Estando cozidas, tiram-se e se polvilham com canela.

**FATIAS AREADAS** – São *fatias do céu*, que, depois de escorridas da calda, se envolvem em açúcar cristalizado, vão a secar ao sol, e se arrumam também em pratos formando pirâmides, guarnecendo-se cada uma com um papel recortado.

**FATIAS DE BATATA-INGLESA** – Depois de cozidas e descascadas 6 batatas-inglesas das maiores, passam-se por peneira fina, ajuntando 2 xícaras de farinha de trigo, 6 gemas e 3 claras de ovos, uma colher de manteiga, sal e erva-doce; amassa-se tudo com leite até ficar mole, então vão se tirando porções com uma colher e deitando a frigir na gordura, onde, à medida que se estendem, parecem fatias de pão; quando estiverem cozidas, se tiram e se polvilham com canela.

**FATIAS DO CÉU** – A 12 gemas de ovos, que se batem bem, sempre para um lado, com varinhas de marmelo ou vassoura de arame, como para pão de ló, se ajuntam 12 amêndoas bem socadas; feito o que, unta-se uma folha de papel almaço com manteiga lavada e se forra com ele ou com folha de bananeira um tabuleiro pequeno, de forno, e em seguida se deita dentro dele a massa e se cozinha em forno regular; logo que esteja cozida, o que se conhece metendo-se um pauzinho, como também se faz ao pão de ló, e ele sair enxuto, vira-se o tabuleiro sobre uma mesa limpa, tira-se o papel que está pego à massa, vira-se esta e se deixa esfriar; então se aparam os lados com uma faca bem amolada, e se corta depois em fatias de 6 centímetros de comprimento e 3 de largura. Prepara-se a calda, e, quando esta estiver fervendo e em ponto grosso, se deitam nela as fatias, que se tiram com uma escumadeira, depois de cozidas, e se arrumam em uma peneira para escorrer a calda. Logo que estiverem frias, se passam em açúcar e canela por ambos os lados. Também se pode aromatizar a calda com água de flor, e tirá-la do fogo quando estiver fervendo para a lançar pouco a pouco sobre as fatias, que devem estar arrumadas em pratos travessos, dispostas numa só camada; assim se deixam ficar cobertas de calda por espaço de uma hora; no fim deste tempo, tiram-se as fatias uma por uma, e se colocam direitinhas sobre uma peneira de taquara, para escorrer, depois se arrumam num ou mais pratos, em forma de pirâmide, e se guarnece cada uma com um papel recortado. Pode-se, querendo, pôr as fatias ao sol para secar.

**FATIAS DA CHINA** – Depois de batidas 24 gemas de ovos até ficarem esbranquiçadas, deitam-se em uma forma de pudim bem untada de manteiga, não devendo a forma ficar cheia, mas com 2 ou 3 dedos de vazio; mete-se esta forma dentro de uma caçarola com água que dê só até o meio da forma, e deixa-se ferver até que fique cozido, havendo o cuidado de lhe não deixar entrar água dentro. A água pode ser coberta com palha cortada para proibir que os vapores da água entrem na forma, ou colocar esta sobre uma rodilha com um peso em cima para estar segura. Cobre-se a caçarola com um cobertor a fim de não entrar o ar ou sair o calor. Depois de cozido, o que se conhece metendo-lhe até ao fundo um palito que deverá sair seco e limpo, tira-se do fogo, deixa-se esfriar a massa, e parte-se em talhadas finas, que se põem em compoteiras, cobrindo-as com calda em ponto não muito forte, na qual se pode ferver um pouco de canela, baunilha ou laranja para dar-lhe gosto. Também se pode, querendo, polvilhá-las com canela.

**FATIAS DOURADAS** – Partam-se fatias de pão, ensopem-se em leite com açúcar, e depois em ovos e água de flor de laranjeira, ponha-se uma camada de ovos moles no fundo do prato e outra de fatias de pão por cima, cubram-se de nata, quando houver, e levem-se ao forno para tostar.

**FATIAS DOURADAS OU DE PARIDAS** – Parte-se um pão em fatias da grossura de um dedo e embebem-se bem em leite quente. Batam-se as gemas de ovos que quiserem, e passem-se também por elas as fatias, que depois se frigem em manteiga ou banha de porco, virando as fatias de um e outro lado. Passam-se depois em calda de açúcar e polvilham-se com canela.

**FATIAS DE MASSA FOLHADA COM MARMELADA** – Para aproveitar os restos da massa, ajuntam-se estes, amassa-se um pouco e estende-se até ficar da grossura de meio centímetro; cortam-se depois duas tiras iguais de todo o comprimento da massa e de 6 centímetros de largura, coloca-se uma das tiras no tabuleiro de forno, estende-se-lhe por cima uma porção de marmelada bem desfeita, cobre-se com a outra tira, apertam-se os lados para ficarem bem unidos e se pintam com gema de ovo; depois marcam-se as fatias com a ponta de uma faca, de maneira que fiquem com a largura de 3 centímetros, leva-se a cozinhar em forno quente. Quando estiverem cozidas, acabam-se de cortar as fatias e polvilham-se com açúcar em pó.

**FATIAS DE MILHO** – Desmancha-se em leite fubá de milho suficiente para fazer uma massa mais fraca do que grossa, tempera-se de açúcar, sal, erva-doce e uma gema de ovo, derrete-se manteiga ou banha, e quando está a ferver vão se pondo colheres desta massa que se frige, voltando-se de um e outro lado; polvilha-se de açúcar e canela. É muito bom para o almoço.

**FATIAS DE MOÇAS** – Toma-se um coco ralado, deita-se em uma caçarola com 500 gramas de açúcar, um pouco de canela, noz-moscada e duas xícaras de leite; deixa-se ferver até o açúcar estar desfeito, tira-se do fogo, deixa-se esfriar, e se lhe ajuntam 12 gemas de ovos batidas. Leva-se tudo de novo ao fogo, e se ferve, mexendo até ter tomado consistência; neste estado se despeja sobre um tabuleiro untado com manteiga, corta-se em fatias, que se polvilham com açúcar, e se cozinham em forno temperado.

**FATIAS DE PÃO** – Cortam-se fatias de pão de dois centímetros de espessura e da largura da mão, dá-se-lhes uma forma regular. Aquece-se o leite até ficar morno, tempera-se com açúcar e perfuma-se com flores de laranjeiras ou casca de limão. Dispõem-se as fatias num prato fundo, despeja-se o leite por cima; deixa-se de molho durante uma hora. Batem-se os ovos como para uma fritada, deita-se um bocadinho de manteiga na frigideira; e, logo que está quente, tomam-se as fatias de pão, e se mergulha cada uma delas nos ovos batidos, dispondo-as na frigideira umas ao lado das outras; deixa-se tomar cor de ambos os lados, e assim se opera sucessivamente para todas. Servem-se bem quentes, depois de polvilhada cada fatia com açúcar e canela.

**FEITO ÀS PRESSAS** – Desfaçam-se 6 ovos em farinha, ajuntem-se 6 copos de leite, açúcar, um pouco de sal, água de flor ou de baunilha, e desfaça-se tudo até a consistência de papas; deite-se tudo em uma torteira que se terá untado com manteiga, e cozinhe-se a fogo vivo por baixo e por cima, durante 20 minutos. Sirva-se quente ou frio.

**FIGOS DE AMOR** – Vinte e uma gemas de ovos, 500 gramas de açúcar, e quanto baste de água para formar a massa. Depois de ter a calda chegado ao *ponto de voar*, ajuntam-se as gemas, e se vai mexendo tudo continuamente com uma colher, para não aderir ao fundo do tacho, até que tenha adquirido bastante consistência, para poder enrolar-se com a mão com açúcar clarificado; então se retira do fogo e se formam os figos.

*N. B.* Pode-se à vontade ajuntar ou não 60, 90 ou mais gramas de amêndoas pisadas, conforme a porção que se tiver de fazer.

**FILHOSES DE BATATA** – Os filhoses de batatas constituem uma das mais delicadas comidas. Eis a maneira de prepará-los: tomam-se batatas que se lavaram e limparam com cuidado. Cortam-se depois, e se deitam em aguardente, com casca de limão, e aí se deixam mergulhadas durante uma boa meia hora. Feito isto, molham-se em uma boa massa de filhoses, e se fazem frigir. Logo que tiverem tomado uma bela cor, se retiram, polvilham-se de açúcar e se levam à mesa. Como todas as fritadas, eles devem ser comidos quentes.

**FILHOSES DE MARMELOS** – Descascam-se alguns marmelos maduros, cortam-se em rodas, tirando-se-lhes a estrela do centro ou miolo com um canivete. Deitam-se estas rodas em calda de açúcar, e deixam-se ferver um pouco, tiram-se em seguida, e deixam-se secar. Por outro lado, batem-se 4 gemas e 2 claras de ovos com uma colher de açúcar, uma colher de farinha de trigo, o sumo de uma laranja e um cálice d'água de rosas; mergulham-se as rodas dos marmelos neste mingau; fervem-se em gordura quente, e põem-se num prato, polvilhando-se com canela e açúcar.

**FILHOSES ORDINÁRIOS** – Trezentos e setenta e cinco gramas de farinha, 125 ditas de manteiga clarificada, 4 ovos, 185 gramas de açúcar em pó, 15 ditas de água de flor de laranjeira. Diluem-se a farinha e o açúcar com suficiente quantidade de água, quebram-se aí os ovos, bate-se bem a mistura e ajunta-se-lhe a manteiga que se deve ter derretido; antes se tem feito aquecer o ferro que se engordura ligeiramente, e se põem dentro 2 ou 3 colheradas de massa, se o fecha, e se o põe de novo no fogo, tendo cuidado de voltá-lo de tempos em tempos; quando o filhós tiver adquirido uma bela cor amarela, tira-se do ferro, enrola-se sobre um bastão, e se o conserva quente até que se o sirva: quando se servem os filhoses, polvilham-se com açúcar fino.

**FLORES DE LARANJEIRAS TORRADAS** – A flor de laranjeira deve antes ser limpa dos cálices, dos estames e dos pistilos, porque só se torram as pétalas; à proporção que esta operação se faz, depositam-se as flores n'água, e, quando se tem acabado, retiram-se da água, se apertam entre as mãos, e depois se fazem escorrer sobre uma peneira. Para operar, tomam-se 300 gramas de bom xarope e 120 ditas de flores de laranjeira, e mexe-se tudo fortemente; quando as flores tiverem tomado boa cor, lancem por cima delas o sumo de um limão grande, e tostem-se.

**FLOR DE POLVILHO** – Um prato de açúcar, 7 gemas de ovos, põe-se polvilho até endurecer, depois de bem sovado façam-se as bolachas cortadas em xadrez com uma faca e põe-se sumo de limão ou lima, e vai a forno quente como para biscoitos.

**FOFO REAL** – Desfaçam-se em um quarto de litro de creme, 2 colheres de sopa de farinha de trigo, 4 gemas de ovos, 2 colheres de açúcar em pó, um punhado de amêndoas pisadas e 2 colheres de água de flor de laranjeira. Bata-se tudo com força, ajuntando 6 claras de ovos batidas, e se misture bem. Unte-se uma forma com manteiga, se deita nela a massa, e se põe debaixo de um forno de campanha. Sirva-se quando tiver fofado.

**FOGAÇA DE MINAS** – Batem-se 12 gemas de ovos com 500 gramas de açúcar em pó, até formar-se uma massa escumosa e branca; ajuntam-se-lhe 500 gramas de fubá mimoso, uma colher de polvilho e um pouco de sal, erva-doce, e finalmente as 12 claras, batidas com um cálice de água de flor de laranjeira e uma colher de sumo de laranja, até formarem uma neve; continua-se a bater durante meia hora, e põe-se em formas untadas de manteiga; cozinha-se em forno quente, depois se vira o bolo sobre um prato, e se vidra com calda de açúcar.

**FORMIGAS** – Um quilograma e 500 gramas de açúcar e 120 réis de pão duro, de que se tira a côdea; estando a calda em ponto, vai-se picando o pão, e mexendo com uma colher até ficar bem delido; logo que a calda ficar grossa, em ponto de pegar no dedo, deitam-se 60 gramas de manteiga do reino, 20 réis de canela; vai-se mexendo tudo com a espécie que está no tacho; estando em ponto, tira-se para fora, e se deita dentro de 24 gemas de ovos que já devem estar batidas, e, depois de se mexer, despeja-se dentro do tacho, sempre mexendo para não talhar, torna a ir ao fogo a cozinhar, de modo que fique sobre o duro e não mole, então se põe em um prato, polvilhado com canela e pouco açúcar.

**FRANGIPANO** – Ponham-se em uma caçarola 5 colheres de farinha diluída com 5 ovos, gemas e claras; ajuntai-lhe meio litro de leite, 1 colher bem cheia de manteiga e 10 centigramas de sal, mexendo sempre com uma colher de pau sobre fogo brando. Tende cuidado que a mistura não faça tostado; quando estiver cozida, ponde-a a esfriar em uma vasilha de porcelana. Depois esmagareis à parte e bem fino um punhado de amêndoas limpas, 3 massapães, um pouco de flor de laranjeira torrada e açúcar bastante para que o frangipano fique bem adoçado; ajunte-se tudo à primeira mistura mexendo. Se ficar muito dura, põem-se mais um ou dois ovos.

**FRITADA DOCE** – Quebrem-se 6 ovos, separem-se as claras das gemas, misturem-se 3 grandes colheres de açúcar em pó com as gemas, 4 massapães pisados, uma colher de fécula de batata, um pouco de sal e de água de flor de laranjeira; misture-se bem tudo, unte-se com manteiga a forma, e no momento de comer batam-se as claras bem, misturem-se às gemas e lancem-se na forma, a qual não deve ficar cheia inteiramente. Faça-se cozinhar em forno brando. Se for necessário, pode se empregar o forno de campanha, cobrindo a fritada com uma tampa com brasas. Depois de cozida, se vira no prado, e se polvilha com açúcar claro. Ela deve ficar trêmula e de uma bonita cor.

**FRUTA DE SERINGA** – Ponha-se leite a ferver e, quando abrir fervura, deite-se farinha de trigo para fazer angu; tire-se para a gamela, onde se amassa bem com uma colher e depois com a mão; logo que ficar fria, ajuntem-se ovos até ficar em consistência de passar no ferro para se fritar.

**FRUTA DE SERINGA** – Põem-se ao fogo a ferver, com um pouco de sal, cinco grandes copos de água, na qual se vão deitando e mexendo um quilograma e 500 gramas de farinha de trigo; logo que ficar cozido e duro, passa-se para um alguidar quente, e se vai amassando, e, quando for ficando mais frio, ajuntam-se-lhe gemas de ovos; depois de amassado se fazem as galanterias que cada um quer, com as formas de seringa, e se fritam em frigideiras com banha de porco, deitam-se nos pratos e se polvilham com açúcar e canela.

**FRUTA NOVA** – Quinhentos gramas de açúcar em ponto de correr, depois de frio deitam-se-lhe 12 gemas de ovos, mexe-se bem, vai ao fogo a dar o ponto bem alto, então tira-se, e se vai amassando bem, batendo-se com a mão molhada constantemente na tábua, batendo-se e molhando a mão até essa espécie ficar branca; depois se fazem as frutas ou o que quiser à mão ou em formas, e se enxuga ao ar.

**GALANTEIOS** – Quinhentos gramas de polvilho, 500 ditas de açúcar refinado, 8 ovos, sendo 3 com claras; põem-se em uma vasilha, e batem-se com uma colher de pau; endurecendo a massa, deita-se-lhe canela em pó e erva-doce, estende-se, corta-se em diversos feitios e deita-se em bandejas polvilhadas de fubá. O forno é como para pão de ló.

**GELEIA DE ALPERCHES** – Partidos estes em bocadinhos e tirados os caroços, põem-se a ferver em água que mal os cubra, mexendo-se de vez em quando até que estejam quase a se desfazer, e que a água se tenha tornado bastante consistente. Tira-se então do fogo, e se passa por peneira ou pano tapado; medindo depois o caldo passado se ajunta com igual medida de açúcar em *ponto de quebrar*, e volta ao fogo a ferver, até que, tomando com a colher uma pouca de calda e deixando-a cair, forme-se uma fita consistente. Tira-se então do fogo e se passa para os vasos, em que há de ficar. Da mesma maneira se fazem também as geleias de *damascos*, *maçãs*, *marmelos*, *pêssegos* e *peras*.

**GELEIA DE AMEIXAS** – Toma-se uma porção de ameixas quase maduras, corta-se-lhes os pés, bem rente às frutas, lavam-se, deitam-se em um tacho, cobrem-se de água e cozinham-se até ficarem desfeitas; estando assim, coa-se tudo por um saco de flanela e, depois, segue-se o processo indicado na *geleia de marmelos*.

**GELEIA DE ANANÁS** – Descascam-se e ralam-se os ananases, pesando depois tanto açúcar quanta é a massa; põe-se tudo em um tacho e vai ao fogo para ferver, mexendo sempre para não queimar e para ficar bem ligada; logo que estiver grossa e em ponto de geleia, tira-se para fora, põe-se em boiões, e se deixa esfriar, depois do que se cobrem com papel molhado em aguardente. Os boiões devem ser muito bem cobertos, de modo que o ar não possa penetrar neles.

**GELEIA DE ARAÇÁ** – Toma-se uma porção de araçás, que se partem e fervem com água até estarem desfeitos, passando-se o caldo por um coador, e espremendo bem a massa restante. Leva-se este caldo ao fogo, reduzindo-se ao ponto de geleia, e se ajunta então, para cada 500 gramas do líquido, 360 ditas de açúcar refinado, alguns cravos-da-índia e canela. Dá-se-lhes mais uma fervura, e se deixa esfriar depois de posta em formas.

**GELEIA DE ARAÇÁ, GOIABA E OUTRAS FRUTAS** – Depois de se descascar, a fruta vai a cozinhar; estando cozida, deita-se em um pano que não seja muito tapado para poder espremer; depois, limpa-se o açúcar conforme a quantidade da fruta, advertindo que o açúcar se limpa na mesma água em que se cozinha a fruta. Estando limpa, deita-se dentro a substância, porém que não leve muito açúcar; vai para o fogo a dar o *ponto de pasta* larga, tira-se e deita-se dentro de uma vasilha de barro para ser mais bonito. Os araçás não se descascam, só se tiram as pontinhas, não faz mal a casca, porque tudo fica no pano em que se espremem. Depois da calda limpa, mede-se numa tigela, sendo duas de calda e duas de água coada das frutas, vai ao fogo com bastante fogo, e mexe-se sem parar até engrossar, tira-se um bocadinho para experimentar, logo que coalhar está pronto. Também se fazem com três tigelas de calda e seis d'água.

**GELEIA BRANCA DE MARMELOS** – Os marmelos não devem ser nem verdes, nem maduros; descascam-se e põem-se em quartos a cozinhar; depois de bem cozidos, se espremem em uma toalha de pano de linho dobrado em dois, tirando-se algum que fique mais trigueiro fora para não encardir; depois de espremido que leve ao pano só o bagaço, mede-se uma garrafa deste caldo, 2 quilogramas e 500 gramas de açúcar em *ponto de ajuntar*, deita-se a geleia dentro, mexe-se, vai a ferver; estando a levantar olhos tira-se que está bôa, deitando-se nas vasilhas; afasta-se a escuma para não ficar toldada e nem criar vidro, depois põe-se em tabuleiros cobertos com toalhas, e vai ao sol para criar côdea por 3 ou 4 dias.

**GELEIA DE LARANJAS** – O sumo de laranjas misturado com o dobro, em peso, de xarope comum, e com a quarta parte de cola de peixe, vai ao fogo até tomar a devida consistência, e então se tira do fogo, e se coa por pano, e se recolhe. A quantidade de sumo pode ser de diferentes frutos, mas em proporções iguais. Desta maneira se faz a geleia de *limões*, e de toda a fruta que espremida dê sumo.

**GELEIA DE MÃO DE VACA** – Depois de bem limpas e peladas 3 mãos de vaca, partem-se em pedaços, e põem-se a cozinhar em água até se despegarem os ossos. Estando assim, retiram-se a pele e os ossos, e deixa-se esfriar o líquido; depois de frio, tira-se-lhe cuidadosamente a gordura, servindo-se para isto de uma colher de sopa, e para acabar de limpar toma-se papel passento branco e estenda-se sobre o líquido, ficando assim o resto da gordura embebida no papel. Coa-se depois por pano, deposita-se em um tacho, e se tiver 4 litros de caldo de mão de vaca ajunta-se-lhe o seguinte: 1.500 gramas de açúcar refinado, 100 ditas de gelatina cortada em pedaços, o sumo de 2 limões, 4 claras de ovos bem batidas, e meia garrafa de vinho branco. Depois de tudo bem misturado, leva-se ao fogo e bate-se com uma vassoura de arame até levantar fervura, então retira-se o tacho, cobre-se o fogo com cinza e torna-se a colocar o tacho sobre o fogo assim coberto de cinza; deixa-se ferver lentamente uns dez minutos; no fim deste tempo, tira-se, coa-se a geleia por um saco de flanela e repete-se esta operação se à primeira ou segunda vez ela não ficar bem transparente. Depois, leva-se pela última vez ao fogo e deixa-se ferver até chegar ao *ponto de geleia*. Enchem-se os copos e tapam-se depois de frios, tal qual como a *geleia de marmelos*. Do mesmo modo se faz a *geleia de mão de vitela*.

**GELEIA DE PITANGAS** – Toma-se a porção de pitangas que se quiser, lavam-se, deitam-se em um tacho, cobrem-se de água e levam-se ao fogo; logo que estejam desfeitas, coam-se por um saco de flanela. Obtido assim o sumo bem transparente, faz-se a geleia, seguindo em tudo a fórmula da *geleia de marmelos*.

**GEMADA BRANCA** – Ferve-se uma garrafa de leite com pouco sal, 4 colheres de açúcar, alguns pedaços de canela e cravos-da-índia; fazendo-se reduzir à metade, ajuntam-se 120 gramas de miolo de pão, ferve-se até desfazer o pão, coa-se por peneira, ajunta-se uma colher de polvilho batido com 6 claras de ovos, misturando-se pouco a pouco a clara no leite; torna-se a ferver por duas a três vezes, e, posto em uma tigela, deixa-se esfriar. Vira-se esta massa sobre um prato, para que saia inteira; cobre-se um pouco com açúcar e canela em pó, e serve-se.

**GEMADA DE POLVILHO** – Desfazem-se 4 colheres de polvilho ou araruta em uma garrafa de leite, e misturam-se 6 gemas de ovos batidas com 3 colheres de açúcar; põe-se tudo ao fogo, e ferve-se, mexendo sempre até engrossar; estando frio, põe-se no prato, cobrindo com açúcar e canela em pó, e manda-se à mesa.

**GEMAS** – Batam-se bem 12 gemas de ovos, ajuntem-se-lhes 300 gramas de açúcar branco peneirado, água de flor, raspa de um limão e cravo-da--índia ou um pouco de canela em pó. Bate-se tudo, e vai a fogo lento a engrossar. Tira-se então do fogo, deixa-se arrefecer, e se formam bolinhas do tamanho ou forma de gemas de ovos inteiras, passando depois em açúcar peneirado ou clarificado em *ponto de caramelo*.

**GEMAS DE LEITE** – Batem-se bem 12 gemas de ovos, que se misturam com 2 litros de leite, depois com 2 quilogramas de açúcar em *ponto de fio*, e passa-se tudo por peneira. Ajunta-se então um quilograma de amêndoas pisadas vai ao fogo mexendo sempre, até que tome o *ponto de caramelo*. Tirado do fogo, mexe-se com força até estar flexível; e, tornando ao fogo a retomar o ponto, tira-se e vasa-se sobre pedra. Logo que esfriar, corta-se em bocados, e se polvilha com açúcar, ou se passa em calda em *ponto de caramelo*.

**GLACÊ** – Deitam-se em uma tigela 125 gramas de açúcar refinado e peneirado e duas claras de ovos, bate-se com uma espátula de pau; e, depois de bem batido, deitam-se-lhe alguns pingos de sumo de limão e continua-se a bater até que a massa fique bem clara e firme. Este glacê é para enfeitar pastéis, etc.

**GOIABADA** – Doze quilogramas de açúcar, 16 ditos de goiabas bem maduras partidas ao meio, limpas dos caroços, pesadas, depois lavadas e postas a escorrer em peneira, enquanto se limpa o açúcar. Estando a calda em *ponto de bala* mole, se lhe deita a goiaba, que, depois de bem cozida, se tira, passa-se por uma peneira grossa e se deita na calda, que não deve sair do fogo; vá se mexendo sempre com muito cuidado, e, quando estiver como frigindo e despegando à roda do tacho, tira-se um bocadinho em uma faca, esfria-se um pouco, e se toca no beiço. Se não pegar está em ponto; tira-se do fogo, despeja-se em caixões ou tabuleiros para partir tijolos, e se quiser ela em pedacinhos não se tire para passar por peneira, vá se mexendo logo que estiver bem cozida, e se tome o ponto.

**GOIABADA DE MORAIS** – Quatro quilogramas de açúcar, 6 ditos de goiabas; limpa-se o açúcar a que se toma *ponto de pasta*. Divide-se a calda em duas porções, em uma se cozinham as goiabas, que depois de bem cozidas se passam primeiro em uma peneira grossa, e depois em outra mais fina, e na outra porção de calda se ferve o doce até tomar ponto de fazer balas na boca, que se não desmanchem, deite-se então um pouco de cravo em pó e está pronta.

**GOIABADA DE TIJOLOS** – Depois de limpas as goiabas, que não devem estar muito maduras, tire-se-lhes o miolo, e se cozinhem bem, pondo depois sobre uma peneira para escorrerem bem, então se passam por uma peneira fina, e se deita a massa em um tacho a secar até não ter mais água; lance-se depois em uma vasilha a esfriar, pesem-se para cada 500 gramas de massa 375 ditas de açúcar bem limpo e em *ponto de caramelo*, ponha-se no chão, bata-se até levantar, então junte a massa, e se torne a bater até esfriar; depois vai ao fogo, e se mexe constantemente até que, pondo-se em um prato, ele se despegue; forre-se um tabuleiro com folhas de bananeiras passadas no fogo, despeje-se a goiabada no tabuleiro, e se estenda da grossura que se quiser; deve ser posta quente para ficar lisa, e não se partir sem que seque primeiro.

**HESPANHOLETAS** – Tomem-se 500 gramas de farinha, 500 ditas de açúcar, um pouco de essência de limão. Faça-se uma massa bastante dura para se poder estender com o rolo. Para fazê-la a propósito, só se emprega água, porque o ovo daria muito corpo à massa e a impediria de trabalhar suficientemente ao fogo. Façam-se lâminas de massa de um milímetro de espessura sobre 54 milímetros de comprimento e 41 de largura. Ponham-se as hespanholetas sobre folhas bem untadas de manteiga e distantes 14 milímetros umas das outras. Dourem-se com ovo, e cubram-se de amêndoas em losangos. Cozinhem-se em forno quente. Quando se tirarem do forno, tenha-se cuidado bastante em não arrancá-las das folhas antes de estarem frias, sob pena de não saírem inteiras. Coloquem-se depois em lugar seco, para que não amoleçam, ou ao menos para que não estejam ao ar.

**HÓSTIAS** – Seis ovos, 1 quilograma de açúcar, 250 gramas de manteiga, meia xícara de canela em pó, uma colher de sopa de cravo, erva-doce e água de flor; mexe-se tudo com a mão até ficar bem desfeito, ajuntam-se então 2 quilogramas de farinha de trigo, amassa-se bem e se fazem as hóstias, que se vão logo deitando nas bacias polvilhadas.

### ❧ HÓSTIAS PROFANAS

O formato de hóstia é circular, seguindo o imaginário de que é muito branca e fina. Tem seu emprego no fabrico de biscoitos e em outros doces chamados de folhados, em camadas, como ocorre na doçaria medieval dos conventos portugueses. Aí as correlações são evidenciadas na estética e nas receitas cuja base é a farinha de trigo.

> **Hostias profanas.** — Ajuntem-se 2 kilogrammas de farinha de trigo, um dito de assucar, um pires de gordura ou manteiga e herva doce quanta tempere, e gemas de ovos quanto baste para ligar, e depois de bem sovada esta massa estenda-se com o rôlo em camada finissima e córtem-se com carretilha grandes rodellas e, em bandejas polvilhadas, levem-se a forno.

A hóstia tradicional, de uso ritual religioso pela Igreja, é uma massa de pão ázimo, sem fermento, que é então sacralizada.

**ILHA FLUTUANTE** – Seis garrafas de leite, as gemas de 3 ovos, 4 colheres de açúcar, 3 de maisena de Duryea, um pouco de sal e água de flor. Batam-se as gemas dos ovos com o açúcar, e se misture a maisena com um pouco de leite frio; ponha-se o resto do leite no fogo; quando ferver, adicionem-se os ovos e a maisena mexendo bastante até engrossar, ponha-se em uma vasilha de barro; depois se batem as claras dos ovos até ficarem bem duras, e se deitam em cima da massa que se leva ao forno por 6 e 10 minutos para corar.

**IMBUS EM CALDA** – Tomam-se imbus que, depois de lavados em água fria, são levados ao fogo; logo que principiam a ferver, tiram-se e se deixam esfriar na mesma água. Depois se lançam em água fria, onde ficam por 24 horas. Então faz-se uma calda rala, em que se põem a ferver os imbus, depois do que se tiram com uma escumadeira para outra vasilha. Fervida a calda até o *ponto de espelho*, e depois de se terem ajuntado os cheiros competentes, se despeja sobre os imbus, que se guardam em vasilhas vidradas e bem tapadas.

**IPIRANGUENSES** – Um quilograma de requeijão bem desfeito leva 250 gramas de farinha, 250 ditas de açúcar, 8 ovos com claras, canela, tudo bem mexido; deixa-se descansar um pouco e com uma colher se deita na mão com farinha, e se vai mexendo com a mão até ficarem redondas, põem-se nos tabuleiros com bastante farinha e vão ao forno que é mais quente do que quando sai o pão.

**JACA EM CALDA** – Tiram-se os favos de que se compõe uma jaca, e a pelinha aderente à parte interior destes favos, que são levados ao fogo em água fria para ferver. Tiram-se depois de fervidos, e se lavam em nova água fria. Prepara-se uma calda rala de açúcar bem claro, põem-se os favos a ferver nesta calda até que ela fique reduzida ao *ponto de espelho*; então se ajuntam os cheiros que se desejam, se tiram do fogo, e se põem em uma compoteira.

**JAMBOS EM CALDA** – Tomam-se os jambos que forem precisos e que se descascam sutilmente com um canivete, fazendo-lhes uma racha para se poderem tirar os caroços, e se põem em água fria para não ficarem pretos. Toma-se o açúcar suficiente para a quantidade dos jambos, e se faz com ele uma calda rala, que se despeja sobre as frutas, depois de se lhes ter escorrido a água; levam-se ao fogo onde se deixam ferver até a calda chegar ao *ponto de espelho*, então se lhes ajunta uns cravos-da-índia e uns pedacinhos de canela. Este doce deve ser guardado em vasilhas vidradas e bem tapadas.

**LACINHOS DE AMOR** – Quatro pratos de polvilho, um dito de farinha de milho passada em peneira de seda, 12 ovos, um prato de gordura; põe-se um pouco de leite de coco a ferver em uma caçarola e ajuntam-se a farinha de milho e a gordura para se fazer um angu bem cozido; depois, despeja-se em uma gamela e vai se botando os ovos e o polvilho aos poucos e amassando bem até a massa estender; então fazem-se os biscoitos como laços e de vários feitios; depois se leva a forno bem quente, podendo deixar secar aí os biscoitos; põe-se açúcar quanto se queira. O polvilho deve ser pesado.

**LARANJAS COBERTAS** – Depois de se ter limpado cada quarto de laranja, enfiem-se separadamente à extremidade de uma pequena vara de vime, passando esta varinha entre a pele e as células do fruto, de modo que não as arrebente. Faça-se derreter o açúcar, tire-se do fogo para o colocar somente sobre brasas; deixe-se repousar um pouco, e metam-se aí os quartos de laranja. À proporção que se tirarem, deixem-se escorrer um pouco, e coloquem-se sobre uma lata ligeiramente untada com manteiga fresca. Quando estiverem inteiramente frias, tirem-se as varinhas, e ponham-se as laranjas sobre pequenos papéis cortados. Preparam-se as castanhas do mesmo modo depois de as ter feito torrar, em uma frigideira, sobre fogo brando.

**LARANJAS COBERTAS** – Tomem-se duas claras de ovos, batam-se em neve; depois, misturem-se-lhes 500 gramas de açúcar bem raspado e passado em peneira. Bata-se esta mistura com um garfo durante um quarto de hora. Limpem-se as laranjas deixando-as inteiras, e tire-se-lhes a película branca que se acha debaixo da casca o mais que se puder, mas não se esfole a polpa do fruto. Passe-se uma linha pelo centro de cada laranja, molhe-se esta no açúcar misturado às claras de ovos; depois, atam-se as pontas da linha a um pequeno pau. Coloque-se este pau diante de um forno de um calor moderado e deixem-se as laranjas até que elas estejam secas; é preciso quase uma hora. Elas terão então a aparência de uma bola de gelo. É preciso ter cuidado que o forno não esteja muito quente, do contrário as laranjas tostariam e não produziriam o efeito que se deseja. As laranjas cobertas fazem um muito bonito prato de jantar ou de ceia.

**LARANJAS COM MIOLO** – Descascam-se laranjas doces, que devem estar inchadas, e depois se tiram os caroços com um pauzinho com o feitio de pá, de forma que se não machuquem as laranjas; vão depois ao fogo com água fervendo para cozinhar; estando cozidas, espetam-se com um alfinete; logo que entrar bem, tiram-se com uma escumadeira para uma panela vidrada; quando esfriarem, deitam-se em água fria e depois em uma peneira a escorrer, limpa-se a calda, vai para o fogo, e dá-se-lhe *ponto de pasta*; se for para secar se ferve e no dia seguinte se dá o ponto em calda nova para secar.

**LEITE ASSADO** – Batam-se bem 12 ovos com claras, ajuntem-se 500 gramas de açúcar refinado e 4 garrafas de leite; tudo bem incorporado, deitem-se casca de limão, canela em pó e uma pedra de sal. Ponha-se tudo em uma tigela, e leve-se a cozinhar em banho-maria, isto é, em um tacho com água a ferver, cobrindo-se por cima com uma folha com brasas, de maneira que queime por cima e fique bem cozido por baixo e por dentro.

**LEITE CREME** – Tome-se uma garrafa de leite, misture-se com 90 gramas de farinha "flor de milho" ou maisena, um ou 2 ovos bem batidos; ajuntem-se-lhes um bocadinho de manteiga e 4 colheradas de açúcar; ferva-se por 7 até 10 minutos; depois, deite-se num prato um tanto fundo e toste-se no forno, até que fique de cor castanho-clara.

**LEITE CREME** – Deitem-se em uma vasilha 6 gemas de ovos e 6 colheres de açúcar refinado, batam-se como pão de ló, e, quando estiverem batidos, deitem-se 3 xícaras de leite fervido e se cozinhem ajuntando sumo de limão e um pouco de sal; depois de cozido se lança em um prato untado de manteiga e vai ao forno para tostar. O leite que se misturar deve ser frio.

**LEITE CREME** – Uma garrafa de leite, sal, algum açúcar, casca de limão e erva-doce. Ponha-se tudo a ferver, ajuntem-se 6 gemas de ovos, uma xícara de leite e 6 colheres de farinha de trigo; leve-se tudo junto ao fogo; logo que ficar bem cozido, tire-se, deite-se nas vasilhas e polvilhe-se com canela.

**LEITE CRESPO** – Ponham-se ao fogo 2 garrafas de leite temperado com açúcar e uma colher de manteiga; cozinhe-se até ficar grosso; ponha-se em pratos guarnecidos ao redor com gemas de ovos, e leve-se ao fogo a corar, tendo-se cuidado que não fique duro nem queimado, e polvilhe-se com canela e açúcar.

**LEITE DOCE** – Quatro garrafas de leite, 500 gramas de açúcar, 10 ovos e 4 colheres de farinha; ponha-se a metade do leite no fogo e na outra metade o açúcar, a farinha e os ovos, e quando quiserem se lhe deitará o polme e com este se cozinhem muito bem, deitando em tigelinhas que vão ao forno.

**LEITE DOCE** – Duas garrafas de leite, 12 ovos sem claras, um quilograma de açúcar refinado, 40 réis de canela moída, 80 réis de água de flor de laranjeira. Mistura-se o açúcar com o leite e põe-se a fogo brando; depois de estar quente, deitam-se os ovos, a canela e água de flor, tomando-se o ponto conforme se quiser.

**LEITE DE FORNO** – Três garrafas de leite, 250 gramas de farinha, 250 ditas de açúcar refinado, 9 ovos; deitem-se em um tacho a farinha de trigo, as gemas de ovos, e, depois de tudo bem ligado, ajuntem-se o leite, o açúcar e canela em pedaços; leve-se ao fogo e, logo que estiver cozido, ponha-se em pratos, depois batam-se as claras, rale-se um limão verde, misture-se e deite-se sobre os pratos de creme para ir ao forno corar.

**LEITE FRITO** – Um frasco de leite, 620 gramas de pó de arroz bem limpo e frio, um quilograma e 120 gramas de açúcar bom, 24 gemas de ovos batidas, cravo e canela, bastante sal e casca de um limão azedo, que se tira logo que ferver; vai ao fogo para cozinhar bem, então lance-se em pratos e, depois de bem frio, parta-se em talhadas; batam-se bem alguns ovos, engrossem-se com farinha de trigo, ajunte-se-lhes um pouco de vinho branco ou água, mexa-se bem e mergulhe-se neles as talhadas, que vão a fritar em banha de porco; depois, tirem-se, escorram-se em peneira e embrulhem-se em açúcar, canela e cravos. Melhor será, quando sair do fogo, despejar-se em tábua forrada com folhas de bananeiras da altura que se quiser, para depois de frio cortar-se então.

**LEITE DE GALINHA** – Ponham-se juntos duas gemas de ovos, 30 gramas de açúcar em pó e água de flor de laranjeira até que os ovos fiquem brancos; tome-se um copo de água quente misturando depressa e beba-se quente.

### ❧ LEVANTA VELHO

É um tipo de bolo feito de massa de cará, milho, ovos, leite, açúcar, entre outros ingredientes.

**Levanta velho.** — Dous pires de cará, 3 ditos de farinha de milho, duas colheres de manteiga, herva doce, assucar o quanto possa adoçar, 6 ovos e ajunta-se um pouco de leite que se possa pôr em fôrmas.

A comida é rica em nutrientes. É um reforço alimentar para ampliar as energias, daí o seu nome popular, *levanta velho*, uma receita revigorante.

Outros pratos da gastronomia popular têm esse princípio, como é o caso do pirão de farinha de mandioca, ovos, alho e pimenta-do-reino, que, segundo o costume, também tem a mesma propriedade de levantar o velho. Deve ser servido bem quente. No Nordeste, é também conhecido como mingau de cachorro.

**LÍNGUA DE MOÇA** – Para um prato, 3 dúzias de gemas de ovos que se batem em uma panela como pão de ló; depois de bem batidas, unta-se uma panela vidrada com bastante banha de porco, despejam-se os ovos dentro e se deita a panela dentro de um tacho que deve estar ao fogo com água quente e na boca da panela se põe uma bacia com brasas; para se ver quando está cozido, espeta-se um palito, quando sair enxuto está bom. Depois se cortam as fatias e vão para a calda tomar ponto.

**LÍNGUA DE MOÇA** – Pelem-se 120 gramas de amêndoas que se socam bem, e que se misturam com 24 gemas de ovos batidas antecipadamente, pondo-se essa mistura em caixinhas de papel, que se levam ao forno em tabuleirinhos, tendo-se o cuidado de não deixar corar. Depois dessa massa cozida, parte-se em fatias que se passam em calda grossa, depois do que se põem em um prato, polvilhando-se com canela.

**LÍNGUA DE MULATA** – Cozinhem-se 500 gramas de abóbora enxuta e, quando estiver bem cozida, passe-se por peneira e ajuntem-se-lhe 500 gramas de açúcar feito em calda em *ponto de bala*; feita esta junção, com uma colher fazem-se, em uma tábua úmida, as cocadas, que devem secar ao sol. É preciso ter o cuidado de tirar da abóbora toda a água, na ocasião de juntá-la à calda.

**LUSTRINS** – Tomem-se os ovos que se quiserem e que se põem na concha de uma balança, e na outra deita-se açúcar refinado até as equilibrar. Tira-se a metade dos ovos, e se pesa a outra metade com farinha muito fina e bem seca peneirada no mesmo ato, para não levar grânulos. Separam-se as claras das gemas e se batem estas com o açúcar em um alguidar de barro. De cada dúzia de claras se separam quatro, que não entram no doce, e o resto se bate muito até formar escuma bem alta, que se ajunta com as gemas e o açúcar, e se bate tudo com a colher, deitando-lhe a farinha pouco a pouco. Então se lhe ajuntam pedacinhos da casca de um limão e, depois de lhes dar 4 ou 5 batedelas em toda a massa, se polvilham de farinha uns tabuleiros de lata, onde se deitam os lustrins com uma colher mediana que forme um bolinho de coisa de duas polegadas de largura, e se metem logo no forno, que deve ter um calor suave. Em pouco tempo se cozinham e, depois de cozidos, tira-se-lhes a farinha que lhes ficar aderente com uma escova áspera. São muito bons quando frescos.

**MACARRÃO DE AMÊNDOAS DOCES** – Escaldam-se 250 gramas de amêndoas doces, pelam-se e fazem-se secar ao sol ou na estufa; depois de bem secas, pesam-se 500 gramas de açúcar grosso de Pernambuco, deitam-se as amêndoas num gral de mármore com metade deste açúcar, e socam-se; logo que estejam reduzidas a farinha, passa-se por uma peneira de arame; o que ficar na peneira leva-se de novo ao gral com a metade do açúcar que ficou e soca-se de novo; depois passa-se pela peneira, e os resíduos que ficarem torna-se a socar e a passar pela peneira. Depois de tudo peneirado, amassa-se com as claras de ovos precisas para fazer uma massa de consistência regular. Depois, leva-se ao gral, ajunta-se-lhe a raspa da casca de um limão e soca-se tudo, tanto quanto for possível. Isto feito, tiram-se, com os dedos molhados em água, pedacinhos de massa do tamanho de uma avelã, aos quais se dá o feitio redondo fazendo-se rolar nas palmas das mãos, e depois se arrumam distanciados em tabuleiros de forno, previamente forrados interiormente com obreias de confeitaria, e cozinham-se em forno quase frio até que fiquem bem secos e balofos. Com esta massa se fazem diversos feitios de macarrões, a saber:

Feitas as bolas de massa com as palmas das mãos, dá-se-lhes um feitio oval, rolam-se depois em açúcar cristalizado e arrumam-se nos tabuleiros como acima se disse. Podem também ser roladas em açúcar cor-de-rosa. Outras há que depois de arrumadas nos tabuleiros de forno, se lhes faz uma estrela com amêndoas abertas ao meio, introduzindo-as na massa de forma que fiquem seguras. E outras, a que se lhes dá o feitio de meia-lua, e que se rolam sobre amêndoas picadas.

**MACARRÃO RECHEADO** – Faz-se com massa igual à do *macarrão de amêndoas doces* e arruma-se da mesma maneira; depois, faz-se em cada macarrão uma cova que se enche com qualquer marmelada, segundo o gosto do fabricante, e cozinha-se da mesma maneira que o *macarrão de amêndoas*.

**MAÇÃS** – Todas as maçãs, seja qual for a qualidade, sejam inteiras ou em quartos, se conservam todas da mesma maneira. Depois de se descascarem, põem-se em latas as maçãs inteiras, e em frascos os quartos das maçãs, deita-se calda de açúcar por cima, fecham-se bem e vão a banho-maria para ferver por espaço de meia hora.

**MAÇÃS COM MANTEIGA** – Tomam-se maçãs perfeitamente sãs, e tiram-se-lhes os miolos e os caroços; pelem-se deixando-as inteiras; unte-se um prato redondo de ferro estanhado de uma camada de manteiga de 3 milímetros, polvilhe-se com uma pitada de canela em pó, e encha-se o buraco de cada maçã com açúcar em pó e manteiga bem fresca; derretam-se 40 gramas de manteiga, untem-se as maçãs com ela, e polvilhem-se de açúcar; cozinhe-se em forno de campanha, com fogo brando por cima e por baixo, para que as maçãs não se queimem. No fim de 20 minutos, examine-se se estão cozidas e sirvam-se.

**MAÇÃS DE MASSAPÃO** – Pelem-se maçãs de boa qualidade e que cozinhem facilmente. Tirem-se os caroços, e ponham-se as maçãs ao fogo com um pouco d'água, com canela e açúcar. Cubram-se e deixem cozinhar até ficarem em marmelada; ajunte-se um pouco de manteiga. Façam-se frigir em manteiga fatias de pão e guarneça-se com elas o fundo de um prato que possa suportar a ação do fogo. Arranje-se sobre este pão a marmelada. Batam-se 3 claras de ovos em neve; ajuntem-se-lhes 2 colheres de açúcar raspado. Cubram-se as maçãs com esta neve e polvilhem-se de açúcar. Ponha-se então o prato ao forno ou sobre brasas com o forno de campanha guarnecido de brasas por cima. Quando as claras de ovos subirem e tomarem cor, sirva-se.

**MAÇÃS EM PIRÂMIDE** – Arme-se em pirâmide marmelada de maçãs sobre um prato; batam-se bem duas claras de ovos, às quais se ajuntam duas colheres de açúcar em pó e um pouco de casca de limão picado; cubra-se com ela a pirâmide; ponha-se açúcar sobre toda a superfície, faça-se tomar uma bela cor em forno extremamente brando. Sirva-se quente.

**MADALENAS** – Açúcar 500 gramas, farinha 1 quilograma, manteiga 250 gramas, aguardente de anis 1 centilitro, essência de lima 18 gotas, 12 gemas e 6 claras de ovos. Amasse-se tudo de sorte que a massa fique macia, unida e muito dura. Enchem-se as caixas, que devem estar nos moldes untados com manteiga, tapam-se, e vão a forno brando; tiram-se meia hora depois.

**MADALENAS** – Batem-se numa vasilha 12 ovos e 460 gramas de açúcar refinado, com uma vassoura de arame, até fazer uma massa quase branca; feito isto, tira-se a vassoura, sacode-se para largar a massa que estiver pega, e misturam-se cuidadosamente com uma colher de pau 530 gramas de farinha de trigo peneirada; depois, ajuntam-se-lhe 80 gramas de manteiga derretida e mistura-se. Untam-se as formas com manteiga, passam-se em farinha e enchem-se, quase, com esta massa; quando todas estiverem cheias, espalham-se-lhes por cima amêndoas picadas, arrumam-se em tabuleiros de forno e levam-se a cozinhar em forno regular.

**MAL ASSADA** – Batam-se 2 ovos com uma colher de sopa de flor de maisena, ajunte-se uma chávena cheia de leite com um pouco de pimenta e sal. Frija-se em uma frigideira untada de manteiga, vire-se por algumas vezes, enrole-se, conserve-se sempre em movimento até estar levemente corada.

**MAMÃO EM CALDA** – Toma-se a quantidade de mamões que se quiser, contanto que ainda não estejam bem maduros, sejam bem escolhidos, e que não tenham partes duras; descascam-se sutilmente com um canivete, racham-se em dois, tiram-se as sementes, e deitam-se em água fria para sair o leite. Fervem-se depois estas frutas com água e um pouco de cinza amarrada em um pano; deixam-se ficar até que nelas possa penetrar a unha, despejam-se numa vasilha, e deixam-se esfriar na mesma água, depois do que se passam para nova água fria, onde devem ficar por espaço de um quarto de hora, mudando outra vez a água. Por outra parte, faz-se uma calda rala de açúcar, onde se lançam as frutas depois de escorridas, deixando-se ferver por um pouco. Tiram-se as frutas com uma escumadeira, e põem-se numa vasilha deitando-se logo a calda sobre as frutas. Deixam-se aí ficar por 24 horas; passado este tempo, levam-se de novo ao fogo, deixando-se ferver até a calda chegar ao *ponto de espelho*. Ajuntam-se-lhes então uns cravos-da-índia, uns pedacinhos de canela, e guardam-se em vasilhas vidradas e bem tapadas.

**MANAMELIA (MARMELADA)** – Ponham-se em uma caçarola 250 gramas de manteiga e 375 ditas de açúcar; levem-se ao fogo, que deve ser brando e, logo que a manteiga estiver derretida e combinada (mexendo-se), ajuntem-se-lhes 15 gemas de ovos batidas e doce de laranja ralado, forre-se a forma com a massa, encha-se, cubra-se e cozinhe-se a fogo brando.

**MANAUÊS** – Dez ovos, dos quais metade com claras, 750 gramas de açúcar, 250 ditas de manteiga, de que se deixa alguma para pôr nas formas, fubá de arroz quanto engrosse até custar a cair da colher, água de flor, erva-doce; querendo, pode botar-se metade de um coco-da-baía ralado.

**MANAUÊS** – Quinhentos gramas de farinha de arroz peneirada, 12 gemas e 4 claras de ovos, 500 gramas de açúcar, 125 gramas de manteiga, e desta mesma se untam as formas e metade de um coco ralado. Quando se acender o forno é que se deve principiar a bater os ovos com o açúcar; depois de batidos por algum tempo, e estando desfeito o açúcar, deita-se-lhes a farinha de arroz, e continua a bater-se até que o forno esteja pronto, então ajuntem-se à massa a manteiga e o coco, e encham-se as formas muito depressa, para entrarem logo no forno. É preciso ver quando a massa principia a crescer, para se destampar, a fim de que os manauês rebentem no meio; depois, fecha-se o forno para acabar de os cozinhar.

**MANAUÊS DE AIPIM** – Depois de descascado o aipim, cozinhe-se em água; logo que esteja bem macio, passe-se por peneira de palha fina, e ajuntem-se a esta massa quantas gemas de ovos quiserem, assim como, proporcionalmente, manteiga lavada, açúcar fino, água de flor de laranjeira e erva-doce; misture-se bem e encham-se pequenas formas, untadas de manteiga e cozinhem-se os doces no forno a calor moderado.

**MANAUÊS DE ARARUTA** – Setecentos e cinquenta gramas de araruta, 500 ditas de açúcar, 250 ditas de manteiga, 8 gemas e 4 claras de ovos e um pouco de erva-doce. Ajunta-se a manteiga ao açúcar, bate-se bem, depois vai-se ajuntando a araruta e batendo sempre e depois os ovos; quando tudo estiver bem batido, deita-se erva-doce, põe-se nas formas untadas de manteiga, e vão ao forno, que deve estar quente como para pão de ló.

### ❧ MANAUÊS DE BACIA

O manauê é uma comida de rua como a tapioca e a cocada do tabuleiro da baiana. Essa receita enfatiza temperos especiais que são recorrentes em muitas outras receitas deste *Dicionário*, como é o caso da água de flor de laranjeira ou de rosas.

A receita tem como base o fubá de arroz; contudo, o mais comum e popular é o manauê feito à base de massa de mandioca, ocorrendo também o manauê de massa de cará e de massa de milho, todos com coco.

> **Manauês de bacia.** — Um kilogramma de assucar em calda, um côco ralado, ovos quantos se quizer, um pouco de manteiga e de banha de porco, fubá de arroz quanto baste para fazer polme grosso, cravo, canella, agua de flôr e herva doce; depois de tudo bem misturado, vai ao forno em cassarola; estando cozido, corta-se como pão de ló.

O manauê de massa de mandioca é embalado na folha de bananeira e é assado (moqueado), um evidente exemplo da cozinha nativa.
Nesse caso, a bacia é utensílio comum no *Dicionário*, e dá a algumas receitas um maior sentido de criação brasileira.
Contudo, o manauê de bacia é um tipo de bolo que busca se aproximar em forma e textura do tradicional pão de ló português.

**MANAUÊS DA BAHIA** – Batem-se 8 ovos como para pão de ló, um quilograma e meio de açúcar em *ponto de pasta* larga, um quilograma de farinha de mandioca puba, leite extraído de 3 cocos, porém sem água alguma, e 250 gramas de manteiga. Bate-se tudo bem e deita-se em formas.

**MANAUÊS DE CARÁ** – Passem-se em peneira de cabelo um prato de bons carás mimosos cozidos, metade de um queijo de minas ralado, um pouco de açúcar refinado. Incorpore-se bem esta mistura e ajuntem-se-lhe 120 gramas de manteiga, 12 ovos, dos quais a metade com claras, meio coco ralado, sumo de limão, cravo e noz-moscada em pó, água de flor de laranjeira e um pouco de fubá de arroz; bata-se tudo, deite-se em formas untadas de manteiga e mande-se ao forno.

**MANAUÊS DE FARINHA DE TRIGO** – Pesam-se 10 ovos na balança com 500 gramas de manteiga; depois de pesada, põe-se a manteiga em uma vasilha e os ovos ficam na balança; pesam-se 500 gramas de açúcar refinado, põe-se em outra vasilha 500 gramas de farinha de trigo, tiram-se os ovos, põe-se o açúcar em uma panela, quebrando os ovos dentro do açúcar, e as claras são batidas em uma tigela até ficarem como gelo.

**MANAUÊS DE FUBÁ DE ARROZ** – Um prato de fubá de arroz, 250 gramas de manteiga, 12 ovos, 6 com claras e 6 sem elas, 500 gramas de açúcar, 20 réis de abóbora enxuta, canela, cravo e erva-doce. Depois de se ter lavado a manteiga, ajuntam-se os ovos, bate-se, vai-se botando uma colher de açúcar e outra de fubá até acabar a porção marcada; cozinha-se a abóbora e, depois de bem enxuta, passa-se em uma peneira; bate-se bem até se pôr nas formas que se levam imediatamente para o forno. Em vez de abóbora podem-se ajuntar 120 gramas de amendoim torrado e socado.

**MANAUÊS DE LAPINHA** – Quinhentos gramas de mandioca puba ou de carimã posta na água para amolecer e passada por peneira, 2 dúzias de gemas de ovos e 12 claras finas, um quilograma e 250 gramas de manteiga, um quilograma e 250 gramas de açúcar, erva-doce, água de flor de laranjeira; tudo isso deve ser bem batido, e ajuntar-se depois um coco ralado.

**MANAUÊS DE MANDIOCA PUBA** – Quinhentos gramas de mandioca puba, 500 gramas de açúcar refinado, 18 gemas de ovos, 1 coco ralado, 250 gramas de manteiga, 20 réis d'água de flor, 20 réis de erva-doce pisada; deitam-se dentro de uma panela todos estes ingredientes, batem-se bem com colher, quando vai levantando bolhas está pronto, enchem-se as formas e levam-se ao forno.

**MANAUÊS DE MILHO** – Quinhentos gramas de fubá de milho, 500 ditas de açúcar, 250 ditas de manteiga, 6 ovos e erva-doce quanto baste. Batem-se bem os ovos com o açúcar como para pão de ló, depois se ajuntam a farinha, a manteiga e a erva-doce; mexe-se até ficar bem combinado. Untam-se as formas com manteiga e vão ao forno, que deve estar um pouco quente.

**MANAUÊS DE MILHO** – Um coco, 250 gramas de fubá de milho, sal, açúcar, uma colher de manteiga derretida e canela em pó; rala-se o coco e tira-se todo o leite grosso que se reúne ao fubá; lava-se o bagaço e ajunta-se ao fubá com os demais temperos, bate-se tudo muito bem e põe-se em forminhas untadas de manteiga. Se ficar muito ralo, põe-se mais fubá; se ficar duro, lava-se mais o coco e põe-se a água.

**MANAUÊS DE MINAS** – Toma-se um quilograma de fubá de raspas de mandioca, e amassa-se com 500 gramas de açúcar, 500 ditas de manteiga, 12 gemas de ovos, uma pitada de sal e erva-doce; bate-se bem, e estende-se a massa sobre folhas numa camada delgada da grossura de meio dedo, e cozinha-se em forno temperado.

**MANAUÊS DE PERNAMBUCO** – Cozinham-se algumas batatas-doces, que se descascam, pisam-se e passam-se por uma peneira. Toma-se um quilograma desta massa, que se mistura com 250 gramas de açúcar, outro tanto de manteiga, 12 gemas de ovos batidas, 250 gramas de fubá de raspas de mandioca, e a metade de um coco ralado; bate-se a massa bem, deita-se em formas untadas que se levam a um forno quente.

---

### ঌ MANAUÊS DE PERNAMBUCO

A receita é especial no que se refere à massa de batata-doce, que é acrescida de fubá de raspas de mandioca, e no emprego de formas untadas de manteiga, e levadas ao forno. Aliás, as receitas mais tradicionais de manauê em Pernambuco são feitas de mandioca.

A técnica tradicional de moquear o manauê embalado em folha de bananeira é, sem dúvida, a mais comum, e é facilmente encontrada no Nordeste em lugares do comer popular, nas feiras, nos mercados e nas ruas.

**MANAUÊS DE PORTO FELIZ** – Batem-se 12 gemas de ovos com 500 gramas de açúcar, até formarem uma escuma branca; ajuntam-se a neve de 6 claras, meio coco ralado, 500 gramas de mandioca puba, um pouco de sal, erva-doce e canela; bate-se bem até deitar-se a massa na forma, que deve ir imediatamente ao forno quente.

**MANDIOCA RALADA** – Descascam-se as mandiocas, ralam-se, e lavam-se em quantas águas forem necessárias para sair todo o polvilho. Vai a massa a ferver em uma calda de açúcar até chegar ao *ponto de espelho*. Ajuntam-se-lhe cravos e canela e despeja-se em compoteiras.

**MANDIOCA SECA** – Toma-se um prato de mandioca ralada que se lava, se espreme até sair todo o polvilho. Por outra parte, tomam-se 2 quilogramas de açúcar com que se faz calda em *ponto de espelho* e em que se deita a massa de mandioca; levando-se depois ao fogo, deixa-se ferver até chegar ao ponto de açúcar; neste estado, despeja-se em tabuleiros untados de manteiga, deixa-se esfriar, e corta-se à vontade.

**MANGAS EM CALDA** – Tomam-se mangas bem maduras que se descascam com todo o esmero; cortam-se talhadas grandes quanto for possível, que se deitam em uma compoteira. Por outra parte, faz-se uma calda rala de açúcar, que se leva até ao *ponto de espelho*, e despeja-se bem quente sobre as talhadas de mangas, não se devendo ajuntar cheiro algum. Se o doce for para guardar será conveniente dar uma fervura da fruta na calda, quando esta estiver quase no *ponto de espelho*.

**MANJAR BRANCO** – Quatro colheres de sopa cheias de maisena para duas garrafas de leite; bate-se a maisena juntamente com 2 ovos e adiciona-se a ela o leite quando estiver quase a ferver, com um pouco de sal e uma casca de limão, pedaço de canela ou cravo, que depois se tiram; ferva-se alguns minutos mexendo-se bastante; ponha-se na forma, adoce-se quando estiver no fogo ou deite-se sobre o manjar uma mistura de açúcar e nata. Deve ser comido frio.

**MANJAR BRANCO DE AMÊNDOAS** – Limpem-se 400 gramas de amêndoas doces e 15 ditas de amêndoas amargas; pisem-se perfeitamente e molhem-se com um litro de leite; passem-se através de um guardanapo para extrair bem o leite, depois ajuntem-se 500 gramas de gelatina, 500 ditas de açúcar e 5 decilitros de água; derreta-se mexendo sobre o fogo; estando a mistura derretida, passe-se por peneira de seda; ajunte-se o leite de amêndoas, quando a mistura estiver fria; ponha-se uma colherinha de água de flor de laranjeira e misture-se perfeitamente. Coloque-se a forma no gelo; encha-se com o manjar branco; bata-se por 1 hora; tire-se da forma e sirva-se.

**MANJAR BRANCO BATIDO** – Tome-se meio quilograma de amêndoas bem limpas; pisem-se, tendo cuidado de molhá-las com água bem clara (3 ou 4 copos), obtendo-se, assim, um leite branco de neve; passa-se então em um pano claro, ajuntam-se 250 gramas de açúcar em pó e 250 ditas de gelatina dissolvida em água morna; depois de bem misturado tudo, ponha-se a panela sobre fogo brando, de maneira a facilitar a mistura evitando a ebulição, passa-se o aparelho em uma peneira e deixa-se esfriar, lança-se depois em uma forma de geleia, tendo cuidado de untar as suas paredes com óleo de amêndoas doces bem fresco; deita-se no gelo e só se tira da forma no momento de servir. Se ao tirar-se da forma oferecer algumas dificuldades, será preciso molhar a forma na água morna.

### MANJAR CABOCLO

A receita segue as indicações clássicas do manjar, como um dos pratos mais antigos e tradicionais de Portugal, conforme se pode constatar nos *Cadernos de receitas da infanta d. Maria* (1680), em que se acrescenta até carne de ave.

O manjar caboclo é uma receita que busca a nacionalização do prato, e passa a ser nominado e conhecido por características estéticas – *acabocladas*, da cor do caboclo –, referência ao imaginário nativo e de tipologia brasileira. Assim, é indicado o ponto, a qualidade e a consistência do doce que deverá *ficar bem caboclo*.

> **Manjar caboclo.** — Um kilogramma de pó de arroz, 16 garrafas de leite, desfaça-se o pó de arroz em 8 garrafas, vá ao fogo; depois de ter fervido bastante, ajunte-se um pouco de assucar, agua de flôr de laranjeira e sal desfeito em leite, e assim se vá temperando até ficar bom, deitando-se o resto do leite aos poucos, quasi sempre leva 2 kilogrammas e meio de assucar limpo, o fogo deve ser muito brando para não queimar e ficar bem caboclo, deixe-se ficar o ponto bem alto, e quando principiar a despegar do prato, tire-se do fogo, deite-se em calices e chicaras sem mexer, deixe-se esfriar; depois de frio nestas vasilhas, despeje-se em folhas ou pratos, e vá para o forno, o qual não deve ser muito quente.

**MANJAR À CHIQUINHA CHAVES** – Desfiado um peito de galinha e desfeito ajuntem-se-lhe os ingredientes do manjar branco comum, ponha-se tudo a cozinhar, deitando-se aos poucos 2 quartilhos de leite, deitam-se-lhe ovos moles na quantidade de uma dúzia de gemas, e, depois de cozido, ajunte-se água de flor de laranjeira, tire-se do fogo e ponha-se nos pratos.

**MANJAR DOURADO** – Cozinham-se 500 gramas de fubá de arroz em 2 garrafas de leite, 8 gemas de ovos, 500 gramas de açúcar e cravo-da-índia; estando tudo cozido e grosso, arranja-se sobre o prato, cobre-se com as claras batidas e com 250 gramas de açúcar, de modo que forme uma neve; enfia-se no forno e, tendo corado, serve-se.

**MANJAR DE PÃO** – Tomam-se 2 peitos de galinha cozidos e socam-se com 120 gramas de amêndoas descascadas, 1 quilograma e 250 gramas de açúcar e uma porção de pão ralado; deitam-se numa caçarola com uma garrafa de leite, deixam-se ferver duas vezes e, tendo esfriado um pouco, ajuntam-se 4 gemas de ovos batidas; torna-se a ferver, deita-se sobre o prato, cobre-se de açúcar e canela moída, e serve-se.

**MANJAR REAL** – Dois quilogramas e meio de açúcar, 360 gramas de amêndoas bem pisadas, 60 réis de pão duro que se deve ralar em um ralo fino; depois de tudo ralado, passe-se por uma peneira um peito de galinha bem cozido, metade desfiada como cabelo e outra metade bem pisada; quando se puser no tacho em que está o desfiado, bote-se em água, deite-se no gral, pise-se um pouco, e ponha-se no tacho com o mais que já deve estar desmanchado, vá ao fogo a engrossar; depois, tire-se do fogo, ponha-se em pratos ou tigelinhas, e deite-se-lhe por cima pão de ouro ou prata.

**MANUELITAS** – Tomem-se um quilograma de polvilho, 500 gramas de fubá de milho, 6 ovos, meia xícara de gordura, 500 gramas de açúcar, uma colher de manteiga e três xícaras e meia de leite; amasse-se tudo até ficar em *ponto de bala*; fazem-se montículos que se levam a forno brando para cozinhar e corar.

**MANUS CHRISTI** – Limpe-se a porção de açúcar que se quiser em *ponto de bala*, ajunte-se-lhe um pouco de sumo de limão, mexa-se até engrossar, deite-se em pratos rasos untados com manteiga para secar; depois de seco, parta-se em quadros e quebre-se com a mão.

**MANUS CHRISTI** – Dois quilogramas de açúcar em *ponto de bala* mole, chocolate quanto baste – sendo bom, bastarão menos de 2 paus –, um pouco de âmbar moído, canela pisada e peneirada; põe-se depois no tacho, onde está a calda, o chocolate raspado, deixa-se cozinhar um pouco, tira-se o tacho do fogo, bate-se como cocada e, assim que for engrossando, deita-se em uma tábua molhada, e fazem-se talhadinhas. Deve-se provar, quando se deitar o âmbar e a canela, se tem gosto, e, quando forem esfriando, as talhadinhas vão-se embrulhando em papéis, que para isto já deverão estar cortados.

**MARACUJÁS** – Descascam-se os maracujás ainda verdes com uma faca bem amolada, principiando esta operação pelo lugar da flor; a casca deve sair em forma de fita estreita e da grossura de uma folha de laranjeira; os maracujás devem ficar com um pedaço de pé do comprimento de um centímetro, o qual se raspa levemente para lhe tirar uma espécie de película esbranquiçada que tem. Logo que estejam todos descascados e limpos, faz-se em cada um, no lugar da flor, duas incisões bem fundas e em forma de cruz, com a ponta de um canivete, e, em seguida, picam-se em diversos lugares com um furador da grossura do dente de um garfo comum, e levam-se a cozinhar em fogo forte num tacho com bastante água. Esta fruta, logo que principia a ferver, toma uma cor amarelada, porém, à medida que vai fervendo, vai tomando a sua cor primitiva, isto é, a cor com que os maracujás ficaram depois de descascados. Isto já é uma prova de que devem estar cozidos, porém, para se obter maior certeza, tira-se um, mete-se em água fria, apalpa-se e mete-se a unha, se esta entrar com facilidade, é porque está cozido. Tiram-se então do fogo e depositam-se em água fria, porém com muito cuidado para que a escumadeira não os escangalhe, e muda-se a água de 6 em 6 horas, até que complete 24 horas de banho; no fim deste tempo põem-se a escorrer sobre uma peneira de taquara e, depois, arrumam-se num tacho em duas camadas, e com os pés para cima; quando estiverem todos no tacho, cobrem-se com calda de açúcar de Pernambuco. No segundo dia, levam-se ao fogo com calda para lhes dar uma fervura. No terceiro dia, põem-se os maracujás a escorrer, para dar à calda o último ponto, devendo-se examinar se eles têm sementes, e neste caso tiram-se-lhes, devendo esta operação ser feita com uma palheta de taquara pelo lado das incisões e de maneira que se não escangalhem. Arrumam-se depois de limpos, no tacho, e espalham-se por cima alguns cravos-da-índia; leva-se a calda ao ponto competente, e deita-se assim quente em vaso de barro vidrado, devendo ficar bem coberto de calda, tapa-se depois de frio e guarda-se para servir em qualquer ocasião.

**MARIQUINHAS** – Deitam-se 12 ovos com claras e gemas e 650 gramas de açúcar refinado em vasilha própria, e batem-se com a vassoura de arame, até ficarem numa massa bem encorpada; depois, ajuntam-se 650 gramas de farinha de trigo peneirada, misturando-se com muito cuidado. Antes de se preparar esta massa, limpam-se 8 ou 10 tabuleiros de forno, untam-se ligeiramente com manteiga e polvilham-se com farinha, devendo-se sacudir os tabuleiros para largarem as sobras da farinha. Recomendamos todo o cuidado em sacudir bem os tabuleiros para lhes tirar todo o excesso da farinha, pois se assim não se fizer a massa não pegará neles. Depois, toma-se o *saco de tirar massas líquidas*, coloca-se-lhe o tubo de folha e arrolha-se; tira-se da vasilha uma parte da massa com a escumadeira e deita-se dentro do saco, de sorte que não fique mais de meio; então, fecha-se a boca do saco com a mão direita e sustenta-se com o bico para o ar; tomam-se os tabuleiros e estendem-se as mariquinhas, encostando o bico do tubo ao tabuleiro e retirando-o imediatamente; assim, ficará no tabuleiro um pingo de massa do tamanho que se deseja. Devem-se fazer em carreiras direitas e distanciados uns dos outros; depois peneira-se por cima açúcar em pó e forneiam-se logo. Estando cozidos, deixam-se esfriar, para melhor se poderem despegar dos tabuleiros. Demoram no forno até tomarem a cor castanha.

**MARMELADA DE AMEIXAS** – Descasquem-se ameixas bem maduras e tirem-se-lhes os caroços e as peles do interior; pese-se tanto de ameixas como de açúcar que se ajunta e ferva até ter consistência de marmelada, então deite-se em boiões.

**MARMELADA BRANCA** – Limpem-se bem os marmelos, ponham-se a cozinhar inteiros a fogo vivo; depois, tirem-se para escorrer em uma peneira grossa, passem-se por outra mais fina, pese-se um quilograma de açúcar para 500 gramas de massa; limpe-se a calda, tome-se o *ponto de bala* ou *de quebrar*, ponha-se o tacho no chão e vá se batendo; quando engrossar, lance-se a massa de marmelo, e vá se mexendo até esfriar e desmanchar bem; torne ao fogo batendo sempre até ficar em ponto, que é quando aparece o fundo do tacho, ou quando se pinga em prato e não espalha. Tira-se do fogo, bate-se ainda, põe-se em caixetas, pratos e formas e outras vasilhas, e vai ao sol por alguns dias para ficar bem seca. A *marmelada de maçãs* se faz da mesma forma, com a diferença apenas de levar 620 gramas de açúcar para 500 de massa, e de gastar mais tempo para tomar ponto.

**MARMELADA CRUA DE PÊSSEGOS** – É um doce muito apreciável e conserva-se em perfeito estado com todo o gosto da fruta. Faz-se do seguinte modo: tomam-se os pêssegos antes de estarem bem maduros, descascam-se, e cortam-se em pedaços que se põem em água fria até se acabar de descascar a porção necessária para uma talhada. Pesam-se as frutas e, para cada 500 gramas delas, tomam-se 350 gramas de açúcar, com que se faz uma calda rala. Lançam-se as frutas cruas a ferver nesta calda, até que ela tenha alcançado o *ponto de espelho*, e despejam-se em vasilhas vidradas e bem tapadas, que é onde melhor se conservam. Este doce adquire um sabor muito mais agradável se se unirem aos pêssegos as pevides dos caroços que se quebram para este fim. Por este mesmo processo se fazem as marmeladas de *marmelos, maçãs, goiabas, araçás, ameixas-pretas e brancas, damascos, grumixamas, laranjas, uvas* e *groselhas*.

**MARMELADA DE DAMASCOS** – Os damascos devem estar bem maduros. Separam-se em dois, tira-se-lhes o caroço e pesa-se o fruto. É preciso um peso igual de açúcar. Ponham-se o fruto e o açúcar pisado no tacho sobre o fogo e deixe-se ferver por três quartos de hora. Mexa-se todo o tempo e tire-se a escuma. Ponha-se em potes. Quando o doce estiver frio, ponham-se em cima as amêndoas que se tiverem tirado dos caroços dos damascos. Cubra-se de papel. Uma boa maneira de preparar o papel destinado a cobrir os potes de doce e a torná-lo impenetrável ao ar é passar dos dois lados um pincel molhado em clara de ovo batida.

**MARMELADA DE LISBOA** – Escolhem-se bons marmelos, que não tenham toque de podres, limpa-se-lhes o pelo com um pano e põem-se a cozinhar, inteiros, em um tacho com bastante água; levantando a primeira fervura, os mais maduros começam a abrir; então apalpam-se os abertos; se estiverem moles por igual, tiram-se com uma escumadeira e depositam-se sobre uma peneira de taquara para escorrerem e esfriarem; outros não abrem, mas amolecem. Estando assim, tiram-se também. Logo que todos estejam cozidos e quase frios, limpam-se com a ponta de uma faca a flor seca e os pontos pretos que a casca tiver; depois se esmagam os marmelos com as mãos; limpam-se dos caroços e passam-se por uma peneira de arame que não seja muito rala; obtida a massa, pesa-se; se tiver 2 quilogramas de massa, pesam-se 4 de açúcar cristalizado, limpa-se e clarifica-se. Depois de coado, leva-se a cozinhar a fogo forte e, chegando ao *ponto de quebrar*, tira-se do fogo, deita-se-lhe dentro a massa, e faz-se dissolver bem na calda, mexendo-a muito bem com uma colher de pau; quando a massa estiver bem desfeita e sem caroços, põe-se o tacho sobre o fogo (um pouco mais brando de calor), e vai-se mexendo continuamente e carregando na colher para que a marmelada não pegue no fundo do tacho; principiando a ferver, retira-se logo do fogo, mexe-se ainda um pouco e depois se despeja em formas ou pratos-travessas; deixa-se esfriar até o dia seguinte, e daí por diante expõe-se ao sol por espaço de 4 dias para secar e criar por cima uma cascazinha. Os marmelos podem ser descascados, como muitos fazem, depois de cozidos; porém é um trabalho inútil, pois que, passando a massa através da peneira, as cascas ficam em cima.

**MARMELADA DE MAÇÃS** – Descascam-se as maçãs, tiram-se os talos e cortam-se em talhadas, põem-se em água fria misturada com sumo de limão. Um quarto de hora depois, tirem-se, escorram-se, e deitem-se numa caçarola com água para cozinharem, mexendo sempre para não pegarem. Depois de cozidas, passem-se por peneira de cabelo ou de arame, pese-se tanto de açúcar como de fruta, ajunte-se tudo, e leve-se ao fogo, mexendo sempre; não se põe água, porque a que as maçãs têm é bastante; toma-se ponto, depois se despeja nas latas, deixa-se ao ar para secar bem e cobre-se com papéis molhados em aguardente. Fazem-se do mesmo modo as *marmeladas de peras* e *pêssegos*, não se pondo estes em água com sumo de limão.

**MARMELADA DE SUMO** – Deite-se 1 quilograma de marmelos em quartos em 1 e meio dito de açúcar em ponto delgado, para que nele se cozinhem; enquanto se vão cozinhando, desfaçam-se com a colher; quando estiverem bem cozidos e enxutos, deitem-lhe cheiro, se se quiser, e leve-se a corar ao sol dentro dos covilhetes.

**MASSA DE AMÊNDOAS** – Pelem-se as amêndoas, pisem-se em gral de pedra, deitando-lhes de quando em quando uma clara de ovo batida e meia colherinha de água de flor de laranjeira. Logo que tudo esteja bem reduzido a massa, desseque-se ao fogo com açúcar em pó fino, mexendo-se sempre com a colher, até se despegar da caçarola; deita-se depois sobre a mesa, com açúcar em pó, para ser aplicada às tortas, fundos de crocantes, flores e outras coisas.

**MASSA DE BISCOITO** – Quebrem-se 12 ovos, e separem-se com cuidado as gemas das claras. Deitem-se as gemas em uma terrina e ajuntem-se 500 gramas de açúcar em pó, um pouco de baunilha, raspas da casca da metade de um limão, água de flor de laranjeira ou outro qualquer aroma. Bate-se tudo com uma colher de pau até que se obtenha uma massa perfeitamente ligada e quase branca. Batam-se as claras com um garfo até ficar em nuvens. Misturem-se com as gemas e incorporem-se ao aparelho 350 gramas de flor de fermento ou de féculas de batatas.

**MASSA DE BISCOITOS ORDINÁRIOS** – Dezesseis ovos, 500 gramas de açúcar em pó, 1 pitada de sal, 300 gramas de farinha. Separem-se as claras das gemas. Deite-se o açúcar nas gemas. Trabalhe-se com a espátula. Batam-se bem as claras e misturem-se com as gemas. Ajunte-se a farinha, e misture-se fracamente para não absorver a massa. Deite-se nas formas e leve-se ao forno.

**MASSA DE BOLO FINANCEIRO** – Quinhentos gramas de açúcar cristalizado, 14 claras de ovos, 200 gramas de amêndoas, 125 ditas de manteiga e 375 ditas de farinha. Descasquem-se as amêndoas e pisem-se 75 gramas com 75 ditas de açúcar em bocados. Passem-se por peneira de arame. Deitem-se em uma terrina 14 claras de ovos, batam-se. Misturem-se o açúcar, as amêndoas, a farinha e a manteiga. Pique-se bem miudinho o que restar de amêndoas para polvilhar a forma.

**MASSA BRANCA** – Peneiram-se sobre a mesa 250 gramas de farinha de trigo, e amassa-se com água, alguma manteiga, 2 ovos e um pouco de sal; depois de bem amassada, polvilha-se a mesa com farinha e estende-se a massa com o rolo até ficar da grossura de uma moeda de vintém. É preciso que esta massa fique um pouco mole, para se poder estender bem. Esta massa serve *para forrar formas*, o que se pratica do modo seguinte: Depois da massa estendida, polvilha-se por cima com farinha; toma-se uma régua ou o mesmo rolo, coloca-se sobre uma das extremidades da massa e enrola-se esta no rolo como quem enrola uma folha de papel; isto feito, espana-se a mesa, e no lugar em que esteve a massa estendida colocam-se as formas, untadas com manteiga; toma-se depois a massa e desenrola-se sobre as formas; logo que ela estiver estendida, espalha-se alguma farinha por cima. Toma-se um pouco de massa, faz-se uma pequena bola, e com ela se obriga a pasta a ir ao fundo de cada uma das formas; quando todas estiverem bem forradas, passa-se sobre elas o rolo para cortar a massa de encontro às bordas das formas e, em seguida, tira-se com uma faca a massa que ficar pegada em redor das formas.

**MASSA DE CHOUX (OU MASSA REAL)** – Deita-se numa caçarola um litro de leite muito fresco com 150 gramas de manteiga boa, leva-se ao fogo e, quando levantar fervura, vai-se-lhe ajuntando pouco a pouco farinha de trigo peneirada, mexendo-a ligeiramente com uma colher de pau, até se ligar e ficar uma massa consistente e que se despegue do fundo da caçarola; estando assim, trabalha-se um pouco mais até cozinhar a farinha e, depois, tira-se do fogo e deita-se em um alguidar para esfriar, desfaz-se a massa com ovos, que se deitam um a um, até ficar bem lisa, sem gudilhões e de consistência mole, porém que não se alastre. Com esta massa se fazem sonhos, folhados e diversas qualidades de pastéis.

**MASSA DOCE** – Ajuntem-se em um monte sobre a mesa 500 gramas de farinha de trigo peneirada, faz-se no centro uma cova onde se deitam 250 gramas de açúcar refinado, 125 gramas de manteiga e 4 ovos; desmancham-se estes 3 ingredientes com os dedos e, depois, amassam-se com a farinha; se a massa ficar dura e quebradiça, ajunte-se-lhe mais 1 ou 2 ovos; estende-se em seguida com o rolo até ficar uma pasta da grossura de meio centímetro. Esta massa serve para *forrar formas de pastéis*, o que se faz do seguinte modo: quando a massa estiver estendida, corta-se em rodelas com cortador de 8 centímetros de diâmetro; depois, untam-se as formas com manteiga, toma-se uma rodela, coloca-se na forma e com um bocado da mesma massa carrega-se no centro para a levar ao fundo; depois, com os dedos polegares, faz-se a massa unir-se às paredes da forma e, em seguida, aparam-se com uma faca as sobras da massa bem rente às bordas da forma.

**MASSA PARA FILHOSES** – Batam-se bem tantos ovos inteiros quantas colheres de sopa de farinha de trigo se julgar dever empregar, ponham-lhes um pouco de sal, e desta massa se pode servir para qualquer qualidade de filhoses que se quiser fazer.

**MASSA FOLHADA** – Deitem-se sobre uma tábua 400 gramas de farinha de trigo, amasse-se com água e um pouco de sal, de maneira que depois de ligada não fique branda nem dura, cozinhe-se e deixe-se descansar meia hora, estenda-se depois com um pau de massa até ficar na grossura de um dedo; assim, deitem-lhe por cima outro tanto de manteiga como de massa; enrola-se muito, de sorte que a manteiga fique encerrada dentro; estende-se com o pau, continua-se a passar 3 ou 4 vezes, reduz-se finalmente à grossura que for necessária; serve para torta de carne, de doce, pastelinhos, timbales, etc.

**MASSA FOLHADA PARA BOLOS DE REIS** – Um quilograma de manteiga, 1 dito e 500 gramas de farinha de trigo, 750 gramas de água e 30 ditas de sal. Ponha-se a farinha sobre a mesa. Forme-se o monte. Deite-se o sal.

Ajunte-se a água em muitas vezes à proporção que a massa se formar. Para bem diluir a massa folhada, não é preciso amolecer a massa no meio do monte; convém que toda a farinha se misture, proporcionalmente, com água. Trabalhe-se a massa comprimindo-a e estendendo-a com as mãos, sobre a mesa. Amontoe-se a massa, estenda-a ainda; logo que ficar bem lisa, forme-se uma roda da espessura de 10 centímetros. Deixe-se a massa descansar 5 minutos. Se se estiver no inverno, maneje-se a manteiga para a tornar mole. Deite-se a manteiga sobre a massa. Achate-se e dobre-se a massa em quatro, pegando-se nas duas extremidades do pano de massa, dobrando-se até o centro, e fazendo-se outro tanto às outras duas extremidades de maneira a formar um quadrado que deve conter a manteiga. Abaixe-se a massa, estendendo-a com o rolo a ficar de um comprimento de 1 metro e 50 centímetros. Dobrem-se 50 centímetros de comprimento sobre 50 de largura. Passe-se o rolo sobre a massa e, depois, dobrem-se os últimos 50 centímetros sobre as duas partes já dobradas. Volte-se a massa, de maneira que a orla esteja sempre, tanto a de cima como a de baixo, sobre o lado estreito. Estenda-se até 150 centímetros e enrole-se. Esta massa se emprega o mais comumente com cinco *voltas* (chama-se uma *volta* o estender-se a massa e dobrá-la em três partes, *meia volta*, dobrá-la em duas). É preciso deixar descansar a massa de duas em duas *voltas*.

**MASSA DE MARMELOS** – Pode-se prepará-la com o resíduo dos marmelos que serviram para fazer geleia. Mistura-se a este resíduo pelo menos um peso igual de açúcar em pó; amassa-se junto e faz-se uma massa. Aplana-se esta massa com um rolo e corta-se com corta-massa, em forma de rodinhas ou meias-luas, polvilha-se com açúcar e faz-se secar na estufa ou no forno a fogo muito brando, sobre folhas de papel, ou folhas de forno durante 15 ou 20 horas. Conserva-se em seguida esta massa fechando-se em caixas entre duas folhas de papel e ao abrigo da umidade. Esta massa ficará muito melhor se se preparar com marmelos inteiros.

**MASSA ORDINÁRIA** – Deita-se numa gamela 1 quilograma de farinha de bom trigo peneirada, faz-se um buraco no meio, no qual se põem 15 gramas de sal fino, 250 ditas de manteiga e meia garrafa de água. Amasse-se bem.

**MASSA DE OVOS** – Derretem-se em uma caçarola, a fogo forte, 460 gramas de açúcar em pedra ou cristalizado, e faz-se chegar ao *ponto de fio*. Tira-se então a caçarola do fogo e deitam-se na calda 24 gemas de ovos bem limpas de claras e ligam-se bem ao açúcar, mexendo com uma colher de pau; em seguida, cobre-se o fogo com cinza, para o moderar um pouco, e coloca-se a caçarola em cima; depois se vai mexendo sempre com a colher até ficar uma massa bem enxuta; estando assim, põe-se em um prato e deixa-se esfriar.

**MASSA DE PÃO** – Peneira-se dentro de uma gamela 1 quilograma de farinha de trigo, no meio da qual se forma um buraco, onde se põem 30 gramas de sal dissolvido em meia garrafa de água; amassa-se bem e forma-se um bolo. Passadas duas horas, faz-se um buraco neste bolo, onde se deitam 250 gramas de manteiga, e torna-se a amassar bem dando-lhe por fim a forma necessária.

**MASSA DE PRECIOSAS DE LIMÃO** – Prepara-se a massa para guarnecer as formas das *preciosas* com: 200 gramas de farinha, 100 ditas de açúcar cristalizado, 100 ditas de amêndoas pisadas, 25 ditas de manteiga, 1 ovo, 2 gemas de ovos, raspas de limão fresco. Amassam-se farinha, açúcar, manteiga, amêndoas e ovos. Deixa-se descansar a massa. Abaixe-se de 2 milímetros de espessura. Cortem-se rodelas de 7 centímetros de diâmetro, com corta-massa próprio a ficarem guarnecidas de bolinhas. Tomem-se formas de 5 centímetros de largo, barreiem-se levemente de manteiga e deite-se a massa nas formas fazendo-a exceder de 3 milímetros à cavidade da forma. O *aparelho para as preciosas* faz-se com 100 gramas de féculas, 200 ditas de açúcar cristalizado, 30 ditas de amêndoas picadas bem miudinho, 1 pitada de sal, raspas de limão, 1 ovo inteiro, 4 gemas de ovos e 2 claras batidas a garfo. Deitem-se em uma terrina a farinha, o açúcar, as gemas de ovos; trabalhe-se tudo com a espátula. Ajuntem-se as amêndoas, o sal, as raspas do limão e um ovo inteiro. Trabalhe-se 5 minutos. Batam-se as claras bem firmes. Misture-se ao aparelho e deite-se em cada forma, que deve estar guarnecida de massa à grossura de 1 ovo do aparelho. Polvilhe-se com açúcar cristalizado em pó. Faça-se cozinhar a forno com bastante calor. Logo que as *preciosas* estiverem cozidas, tirem-se das formas, deitem-se sobre peneira e guardem-se em lugar seco.

**MASSA PARA TORTA** – Um quilograma de farinha de trigo, 500 gramas de manteiga, 12 ovos, 120 gramas de banha fresca; amassem-se bem e, depois, estenda-se a metade dentro do prato em que deve ir para o forno; ponha-se o recheio dentro, e cubra-se com o resto da massa; feito isto, vá para o forno, que não deve estar muito quente; depois de sair do forno, bata-se uma gema de ovos, e deite-se por cima com uma pena de galinha.

**MASSAPÃO** – Para se preparar uma certa quantidade, tomam-se, por exemplo, 500 gramas de amêndoas doces, às quais se ajuntará uma dúzia de amêndoas amargas. Depois de se tirarem as peles destas amêndoas e lavá-las, sequem-nas no forno, estufa, ou ao sol. Depois de secas e frias, comece-se a pisá-las, metade com a quarta parte de uma clara de ovo, ajuntando-se pouco a pouco um bocado de clara, à medida que for avançando o trabalho. Quando estiverem bem pisadas tire-se do gral, para se deitar a outra metade, que se deve pisar da mesma maneira. Ajunta-se depois tudo no gral para se misturar muito bem com 500 gramas de açúcar em pó, 2 claras de ovos e raspas de cascas de limão, querendo-se. Mexa-se depois tudo com uma espátula durante 8 minutos e, quando formar uma massa branda e mole, deite-se sobre folhas de papel dividindo-se por bocados da grossura e tamanho de uma noz. Umedeça ligeiramente com os dedos molhados na água a superfície das nozes de massapão, que se devem levar logo ao forno, deixando-se cozinhar três quartos de hora. O forno deve ficar bem fechado.

MASSAPÃO – Pisem-se 125 gramas de amêndoas doces, misturando-se-lhes 3 ou 4 amêndoas amargas e 250 gramas de açúcar infundido aos poucos. Logo que as amêndoas e o açúcar formarem uma massa bem fina, batam-se 8 claras de ovos em neve bastante sólida, até que possam suportar o peso de um ovo; misture-se esta neve com a massa de amêndoas, disponha-se então este preparado em rodelas, em folhas de papel e leve-se ao forno para cozinhar. Se o massapão, depois de cozido, pegar no papel, umedeça este pelas costas para desprender-se.

MASSAPÃO – Um coco grande ralado sem casca, um quilograma de açúcar branco bom; limpa-se a calda em *ponto de pasta*, deixa-se esfriar em uma panela; depois, deita-se o coco sempre mexendo, ajuntam-se 120 gramas de manteiga lavada, sempre batendo, 6 ovos, 3 com claras e 3 sem elas, continuando-se a bater, depois deitam-se 120 gramas de farinha de trigo, untam-se as formas com manteiga e vão para o forno, que deve estar quente como para pão de ló.

MASSAPÃO – 500 gramas de amêndoas bem pisadas, 500 ditas de açúcar peneirado em peneira de seda e há de ser bem seco, 12 gemas de ovos com as claras finas; amassa-se em um tacho bem areado com uma colher e, logo que estiver bem desmanchado, vai ao fogo a cozinhar, quando mostrar o fundo do tacho, tira-se, para esfriar no mesmo tacho; fica a espécie mole; untam-se as mãos com farinha de trigo, e se vão fazendo os bolos, como broinhas de amêndoas, pondo em bacias afastados uns dos outros, porque crescem no forno, e polvilhando de canela por cima; vão ao forno, que não deve estar muito quente, ficam todos gretados, e logo se vê quando estão cozidos.

MASSAPÃO – 500 gramas de açúcar branco, feito com calda grossa, 60 gramas de manteiga, 60 ditas de farinha de trigo, 3 gemas de ovos batidas e um coco-da-baía pequeno ralado. Amasse-se primeiro a manteiga com o coco, deitem-se depois os ovos, a farinha e enfim a calda, que deve ser fria; mexa-se tudo bem, unte-se bastante manteiga nas formas, e leve-se ao forno, que deve ser bem quente.

**MASSAPÃO** – Para fazer massapães, batem-se bem claras de ovos, como para os biscoitos ordinários, e, quando estiverem bem batidas, ajunta-se uma boa colher de açúcar fino por clara de ovo; quando a mistura estiver feita, armam-se do tamanho de um ovo sobre o papel, cobrem-se de açúcar como os biscoitos e cozinham-se sobre uma tábua em fogo muito brando; quando estiverem de uma bela cor, tiram-se e levantam-se de cima do papel, tira-se de dentro o que não estiver bem cozido, por meio de uma colher de chá, levam-se de novo a secar no forno; depois, deitam-se confeitos no meio; põem-se 2 juntos e aromatiza-se segundo o gosto.

**MASSAPÃO** – Descasquem-se em água quente 240 gramas de amêndoas, ponham-se em um almofariz e soquem-se, molhando-as de vez em quando com um pouco de clara de ovo para que não virem em óleo. Empregar-se-ão cerca de 2 claras ao todo, compreendido o que for preciso para dar à massa a consistência necessária. Ajunte-se casca de limão raspada ou baunilha pulverizada socando-se com o açúcar, do qual é necessário misturar 240 gramas em pó com as amêndoas. Dê-se a forma que se quiser a bolinhas desta composição; ponham-se sobre folhas de papel, ornem-se como os *pães de Milão* e façam cozinhar da mesma maneira.

**MASSAPÃO REAL** – Deitam-se em água a ferver 500 gramas de amêndoas descascadas e deixam-se de molho até largarem a pele; depois, limpam-se da pele, deitam-se em água fria, lavam-se, escorrem-se sobre uma peneira e sovam-se em gral de mármore, refrescando-as de quando em quando com alguma água de flor de laranjeira, até que fiquem reduzidas a uma massa muito fina; deita-se então esta massa em uma caçarola com 250 gramas de açúcar refinado, mistura-se bem e faz-se secar em fogo muito brando, mexendo-a sempre com uma colher de pau, até que a massa se despegue do fundo da caçarola, e que, encostando-se-lhe as costas da mão, ela não pegue também. Polvilha-se a mesa com açúcar fino, deita-se sobre ela a massa, deixando-a assim descansar até esfriar; estando fria, corta-se em pequenos pedaços que se rolam nas mãos até ficarem da grossura de um dedo, e com eles se fazem pequenas roscas que se glaçam (vide *Glacê*) e polvilham-se com açúcar em pó; depois se arrumam em tabuleiros de forno, forrados com papel branco, e cozinham-se em forno quase frio. Quando estiverem cozidos e frios despegam-se do papel e guardam-se.

**MELANCIA EM CALDA** – Parte-se a melancia, e descasca-se sutilmente com um canivete; depois de se ter tirado todo o miolo ou carne vermelha, então corta-se em tiras muito delgadas, que se lavam em água fria, e se levam ao fogo com água simples, na qual se deixam cozinhar até ficarem moles, e despejam-se numa peneira grossa de taquara para escorrer a água. Por outra parte, faz-se uma calda rala, em que se põem as talhadas que se cozinharam, deixando-se ferver até chegar ao *ponto de espelho*. Ajuntam-se-lhes cravos-da-índia, uns pedacinhos de canela, e guardam-se em vasilhas vidradas.

**MELÍCIAS** – Deitam-se em um tacho 500 gramas de açúcar em ponto, 250 ditas de amêndoas pisadas, um pequeno pão ralado, um pouco de mel branco, almíscar, canela, cravo-da-índia, 250 gramas de manteiga de vaca. Quando esta massa estiver dura, deitam-se as melícias em tripas de porco lavadas, e passadas por água bem quente, e põem-se a enxugar em varas finas. Quando se quiserem comer, assem-se em uma frigideira.

**MELINDRES** – 500 gramas de açúcar, 2 gemas de ovos; limpa-se o açúcar e depois de coado põe-se no fogo; quando estiver meio grosso, deixa-se esfriar um pouco, deitam-se os ovos e leva-se ao fogo para engrossar, batendo-se, e quando ferver o açúcar despeja-se em um prato e vão se fazendo os bolinhos em uma bacia com raspa de mandioca para assar. O ponto do forno é o das broinhas; leva cravo, canela e água de flor.

**MELINDRES** – 10 gemas de ovos postas em uma vasilha com 250 gramas de açúcar em pó e passado por peneira de seda; quando o polme estiver grosso e bem batido como pão de ló, fazem-se os melindres do tamanho de pastilhas, deitando-se com uma colher de prata sobre papéis e cozinham-se em forno brando, de modo que fiquem corados.

**MELINDRES DE LIMA** – Dois cocos ralados, 25 limas maduras e 2 quilogramas de açúcar; cozinham-se os gomos das limas depois de bem limpos da pele, e põem-se a escorrer sobre uma peneira de palha, espremendo-os bem; limpa-se o açúcar, engrossa-se um pouco e deita-se a lima e o coco; depois de bem incorporado, ajuntam-se uma dúzia de gemas de ovos mexidas e água de flor; depois que está em ponto de cocadinha, tira-se, deita-se em compoteiras e copos e cobrem-se com canela em pó.

**MELINDRES DE MOÇA NAMORADA** – Tomam-se 500 gramas de açúcar em calda com ponto algum tanto grosso, desmanchem-se 12 gemas de ovos passadas por peneira fina, isto quando a calda estiver fria; leve-se a engrossar em fogo brando, mexendo-se até ficar grosso como massa, e se não aderir aos dedos, quando se tocar no doce, pode-se tirar do fogo, pôr-se em pratos e fazer bolinhos para irem ao forno em bacias forradas de raspas ou farinha de trigo. Desta mesma massa se fazem frutas diversas para enfeitar pratos, e neste caso não vai ao forno. Quando se fizerem os bolos, estando a massa dura, molhem-se os dedos em água de flor de laranjeira.

**MIMOS DE AMOR** – 500 gramas de polvilho passado na peneira de seda, 500 ditas de açúcar, 4 ovos com claras; depois de bem batidos, misturam-se canela, cravo, põem-se como tarecos em latas e vão a forno brando.

**MIMOS DE CARÁ** – Ajuntem-se 25 ovos, 375 gramas de açúcar, 500 ditas de farinha de trigo; quebrem-se os ovos e separem-se as gemas, que serão bem batidas; depois de se ajuntarem o açúcar e o sumo de um limão, misture-se a farinha; batam-se as claras, e, quando tornar-se caramelo, misturem-se com as gemas o mais leve possível para não se dissolverem, servindo-se para isto, quando se misturar, de uma espátula. Façam-se os biscoitos e levem-se a forno brando.

**MIMOS DE DEDÉ** – Ajuntam-se dois pratos de polvilho, um de fubá mimoso, um de queijo ralado, 12 ovos, meia xícara de banha, uma colher de manteiga, leite quanto baste; sove-se bem esta massa, depois, com o rolo, corte-se a capricho, unte-se com clara de ovo e leve-se a forno regular.

**MINGAU DE ARARUTA** – Para uma garrafa de leite, duas colheres de sopa cheias de araruta; antes de ajuntar, ferve-se o leite, deixa-se esfriar um pouco, misturam-se em separado as duas colheres de araruta com um pouco de leite, para se poder desfazer bem a araruta, uma gema de ovo, açúcar refinado quanto adoce e um pouco de sal; depois de isto misturado, deita-se o leite todo, mexe-se e prova-se para ver se está bem temperado, coa-se em uma toalha que não seja muito tapada e vai a cozinhar, mexendo-se sempre para não encaroçar, com qualquer fervura está pronto, se deixar cozinhar demais fica viscoso.

**MISTÉRIOS** – Quinhentos gramas de farinha de trigo, 500 ditas de araruta, 250 ditas de manteiga, 250 ditas de açúcar, 4 gramas de sal amoníaco; põe-se o sal em água quente para desmanchar, mistura-se a farinha e amassa-se com água de sal, estende-se na mesa, corta-se com as formas, e vai ao forno em bandejas limpas.

**MORANGADA** – Lavam-se os morangos muito bem e em bastante água; depois de bem lavados, tiram-se-lhes os pés e põem-se numa peneira a escorrer; depois, por cada quilograma de morangos se lhe ajunta um dito de açúcar fino, esmagando os morangos no mesmo com uma colher de pau; leva-se em seguida ao fogo, mexendo sempre até ficar massa com a consistência de marmelada.

**MORANGOS CONSERVADOS INTEIROS** – Para um quilograma de morangos, é preciso um quilograma e 500 gramas de açúcar e um litro de sumo de groselhas. Escolham-se belos e grandes morangos, não muito maduros e de uma bela cor. Tirem-se-lhes as caudas, ponham-se sobre um prato e polvilhem-se de açúcar em pó. Sacuda-se devagar o prato, de modo que o açúcar envolva bem cada morango, e deixe-se assim até o dia seguinte. Ter-se-á preparado o sumo de groselhas e por-se-á no tacho sobre o fogo com o resto do açúcar. Ponham-se aí os morangos e cozinhem-se devagar por um quarto de hora. Mexem-se com grande precaução com receio de os estragar. Conservam-se em potes de barro. Este doce é excelente e faz muito bom efeito em uma sobremesa.

**MORCELAS DE DOCE** – Tomam-se 500 gramas de açúcar em calda e, quando estiver em *ponto de espelho*, deitam-se 250 gramas de amendoins socados, 120 ditas de pão ralado, um pouco de canela e cravos-da-índia em pó, e duas colheres de manteiga batida com uma gema de ovo; deixa-se tudo ferver mais um pouco, mexendo-se, e enchem-se com esta massa umas tripas de porco ou vitela, tendo-se o cuidado de lavá-las muito bem.

**MORCELAS DE DOCE** – Tomam-se 500 gramas de roscas socadas, amassam-se com 500 gramas de manteiga, 12 gemas e duas claras de ovos, um pouco de cravos-da-índia, canela moída e um coco ralado. Faz-se calda de 1 quilograma de açúcar; estando esta em *ponto de espelho* e fria, deita-se-lhe a massa e leva-se tudo de novo ao fogo; deixa-se ferver um pouco, mexendo-se sem descanso, tira-se do fogo e enchem-se com esta massa umas tripas de porco.

**NATA DE AMÊNDOAS** – Machuquem 6 amêndoas doces e duas amargas, diluam-se em uma garrafa de leite, ajuntando-lhes uma colher de água de flor de laranjeira, 60 gramas de açúcar e gemas de ovos. Cozinhem tudo isso, mexendo sem parar. Passem na peneira, e deixem arrefecer no prato, em que há de servir-se.

**NATA PARA PASTÉIS** – Uma garrafa de leite e 1 quilograma e meio de açúcar; estando a calda em ponto de ovos moles, deitam-se então nata, 24 ovos, canela e pó de 2 biscoitos de trigo, passados por peneira de seda; depois vai ao fogo até ficar em *ponto de bala* bem apertado.

**NATA PARA PASTÉIS** – Desfaçam-se em açúcar fino 7 colheres de nata e 6 gemas de ovos, engrossem-se ao fogo e, depois, deite-se em formas ou folhados.

**NINHOS DE PÁSSAROS** – Tomam-se 2 claras de ovos que se batem quase em neve, e a que se ajuntam 300 ou 360 gramas de bom açúcar em pó passado por peneira de seda, 500 gramas de amêndoas doces peladas, cortadas e bem secas, 15 gramas de doce de limão ou de laranja, picado; logo que a mistura estiver feita, armem-se redondos sobre o papel, faça-se um buraco no meio e, quando cozidos, ponha-se um pouco de *glacê*, alguns confeitos de cor e erva-doce. O forno deve ser um pouco quente.

**OMELETE** – Batam-se 3 ovos e duas colheres de sopa de maisena; ajuntem-se-lhes uma xícara de leite, um pouco de sal e açúcar. Frite-se em uma frigideira bem coberta de manteiga; vire-se diferentes vezes, enrole-se e continue sempre movendo a frigideira, até adquirir uma cor escura.

**OMELETE DE ALEGRIA** – Seis ovos bem batidos com 3 colheres de açúcar, 100 gramas de manteiga bem lavada; deita-se a manteiga em uma frigideira para aquentar; depois de bem quente, põem-se para fritarem os ovos, desmancha-se meia lata de goiabada com vinho; depois da omelete frita, tira-se e se põe em uma tábua para esfriar um pouco, depois se enche com a goiabada que se fez, dobra-se e vai à frigideira com outra manteiga para corar; estando corado de um lado, vira-se para corar do outro; depois de corado, se tira, põe-se em uma travessa para se polvilhar com açúcar e canela, deitando um pouco de álcool ou aguardente do reino; vai ao fogo na hora de ir para a mesa.

**OMELETE DE AÇÚCAR** – Batam-se primeiro separadamente as claras de 6 ovos, misturem-se às gemas um pouco de açúcar em pó e casca de limão; reúnam-se as gemas às claras e bata-se tudo bem, ajuntando-lhe 3 colheres de nata de leite ou creme e muito pouco sal; leva-se então a omelete ao fogo em uma frigideira com um pouco de manteiga; quando estiver cozida, polvilhe-se de açúcar, antes de a tirar da frigideira. Quando estiver no prato, dobre-se em torta, polvilhe-se outra vez com açúcar, passe-se por cima a pá em brasa e sirva-se quente.

**OMELETE DE CONFEITOS** – Tomem-se 6 ovos, cujas claras se batem separadamente; mistura-se às gemas um pouco de casca de limão, ajuntem-se depois as gemas às claras, e bata-se tudo bem, misturando-lhe um pouco de creme; cozinhe-se como é costume; quando estiver cozida, se deitam em cima os confeitos que quiserem, dobre-a em torta, armando-a sobre o prato e polvilhe-se de açúcar.

**OMELETE DE DOCES** – Quebrem-se 5 ou 6 ovos e misturem-se-lhes 5 centigramas de sal e um pouco de açúcar em pó. Faça-se aquecer uma porção de manteiga na frigideira e batam-se os ovos em uma terrina até o momento em que a manteiga está quente. Lançam-se os ovos na frigideira. Mexam-se por sacudidelas ou com o garfo, ponham-se os doces ou confeitos no meio, antes de dobrar a omelete sobre si mesma em forma de torta. Ponha-se sobre o prato quente e polvilhe-se com açúcar em pó. Faça-se enrubescer a pá no fogo e se passe por cima para fazer dar cor ao açúcar e servir quente. A *omelete de açúcar* faz-se da mesma maneira, pondo um pouco mais de açúcar nos ovos e omitindo os confeitos. Para fazer a *omelete de rum* procede-se como para a omelete de açúcar. Quando ela está feita e preparada, se lança rum sobre o prato e sobre a própria omelete; põe-se-lhe fogo e serve-se dela chamejando.

**OMELETE DE FRADE** – Descascam-se 12 maçãs grandes, que se cozinham em pouca água até ficarem desfeitas, ajuntam-se-lhes 60 gramas de manteiga, 60 ditas de açúcar, mistura-se tudo isto muito bem e, quando estiver meio frio, se lhe deitem 4 ovos, unte-se muito bem com manteiga o fundo e a roda de uma folha, deite-se o miolo de um pão ralado com metade ou mais da massa, que se cobre com o resto do miolo do pão e vai ao forno; depois de cozido, deita-se em um prato, e se polvilha muito bem com açúcar refinado e canela.

**OMELETE DE LEITE** – Quebram-se 4 ovos e misturem-lhes duas colheres de farinha, batida com um pouco de leite e açúcar em pó. Faça-se cozinhar e sirva-se coberta de açúcar em pó.

**OMELETE DE MAÇÃS** – Aos ovos, à farinha e ao leite da omelete de leite ajuntem-se talhadas de maçãs fritas em manteiga na frigideira e quase cozidas. Batam-se de novo os ovos, faça-se a omelete ao modo vulgar, e sirva-se polvilhada de açúcar.

**OMELETE DE PÃO E LEITE** – Tomem-se 120 gramas de miolo de pão esmigalhado e deite-se em leite a ferver. Quando estiver embebido, ponha-se em uma terrina, e deitem-se-lhe uma xícara de açúcar clarificado, uma pitada de sal pisado e uma colher de sopa de água de flor de laranjeira. Mexa-se tudo bem, quebrem-se em cima 6 ovos e bata-se como se faz a todas as omeletes. Deite-se na frigideira colher e meia de manteiga e, logo que se derreter, frija-se a omelete, ponha-se no prato e, polvilhando com açúcar em pó, façam em cima uns riscos encruzados com a ponta do espeto em brasa.

**OMELETE DE VENTO** – Batem-se 6 a 8 gemas de ovos com 4 colheres de açúcar e um pouco de canela moída. Por outra parte, batem-se as claras com um pouco de sal fino até ficarem duras; ajuntam-se as gemas, deita-se tudo num prato que se coloca sobre o fogo, cobrindo-o com uma tampa cheia de brasas; o fogo deve ser meio vivo para os ovos crescerem; estando cozida, cobre-se com açúcar e canela, e serve-se quente.

**OVOS EM ÁGUA** – Tome-se uma caçarola, ponham-se dentro 500 gramas de água, um pouco de açúcar e casca de limão; faça-se ferver um quarto de hora a fogo brando, ponha-se depois a esfriar, e quebrem-se em uma terrina à parte 7 ovos, cujas gemas e uma clara se diluem com o que se tem posto a esfriar, e uma colher de água de flor de laranjeira, se não se tiver posto limão; passe-se então por peneira e ponha-se em banho-maria no prato em que se tiver de servir, cobrindo com fogo em cima e embaixo.

**OVOS DE ALGIBEIRA DOBRADOS** – Deitem-se em uma peneira de cabelo as gemas de ovos que quiserem, machuquem-se com uma colher e, depois, bata-se com força o coado, que se deita em calda em *ponto de xarope* e em pequenas porções, tendo o cuidado de que a calda esteja fria; logo que o vão do tacho estiver cheio destas gemas que nadaram nele, ponha-se em fogo lento, e deixe-se dar 5 ou 6 fervuras, virando-as de vez em quando com a escumadeira; assim cozidas, tirem-se do fogo, deixem-se embeber bem na calda; depois, deitem-se em peneira de taquara, dobrem-se ajuntando-lhes uma ponta à outra, de maneira que fiquem bonitas, dourem-se, e levem-se a corar; querendo, pode-se introduzir alguma outra espécie dentro como recheio, *v. g.*: uma mistura de amêndoas pisadas, açúcar e cravos, etc.

**OVOS DE ARANHA** – Façam-se fios de ovos e com eles bolinhas cobertas com açúcar em *ponto de quebrar* em pequenas porções, para esfriar logo. Depois disto, arranjem-se em pratos, e teçam-se por cima para imitar a teia de aranha.

**OVOS BRANCOS** – Quinhentos gramas de açúcar e 15 gemas de ovos passadas por peneira; limpa-se o açúcar, dá-se o *ponto de pasta*, tiram-se as claras e deitam-se em um alguidar; vai-se batendo com um feixinho de cana do reino rachada ao meio em rachas finas; depois de bem batido como gemada, estando brancas, tira-se a calda para fora do fogo, deita-se um bocadinho de água de flor nas ditas gemas e, depois, vai-se deitando na calda, mexendo-se; põe-se depois no fogareiro com muito pouco fogo que não queime nem ferva, vai-se sempre mexendo com o mesmo feixinho de cana no fundo do tacho para não pegar; depois da escuma toda consumida e estando grossinho, deita-se em xícaras ou copinhos, serve-se depois do chá em lugar do chocolate. Também das claras dos ovos se faz o mesmo.

**OVOS EM CALDA** – Batem-se bem 24 ovos, deitam-se em uma caçarola com um pouco de manteiga, e frigem-se até os ovos ficarem duros; tira-se a caçarola do fogo, cortam-se os ovos em fatias e, tendo feito uma calda de um quilograma de açúcar em *ponto de espelho*, deitam-se as fatias na calda; fervem-se mais um pouco, põem-se no prato, polvilham-se de canela e açúcar, e servem-se.

**OVOS DOURADOS FRITOS** – Põem-se umas fatias de pão de molho em leite; tiram-se e deixam-se escorrer; passam-se depois 4 ovos batidos, misturados com uma colher de farinha de trigo; frigem-se numa caçarola em manteiga ou banha; estando fritos de um lado, cobrem-se com açúcar e canela e servem-se.

**OVOS COM LEITE** – Faça-se ferver uma garrafa de leite com casca de limão ou baunilha e 90 gramas de açúcar; escume-se; quando ferver, vai-se deitando, aos poucos, o leite em um prato fundo, onde se terá batido bem 6 ovos inteiros; mexa-se tudo continuamente; depois, ponha-se ao fogo, no mesmo prato; cubra-se com uma tampa de cobre ou ferro com fogo em cima. Quando os ovos se tornarem como um creme, tiram-se e polvilham-se com açúcar e servem-se frios, depois de tostarem-se com a pá quente. Os *ovos com leite* e os em *água* são cremes econômicos, porque se empregam todas as claras de ovos. Pode-se empregar café ou chocolate como nos *cremes*.

**OVOS MOLES** – Tomem-se um quilograma de açúcar em *ponto de pasta*, 30 gemas de ovos passadas por peneira e bem batidas; ponham-se os ovos depois de estar a calda morna, levem-se a fogo brando, mexendo-se sempre, para não pegar, até cozinhar, e, quando se despegar do tacho e tomar boa consistência, tire-se do fogo, deixe-se esfriar, ponha-se em compoteiras, e polvilhe-se com canela. Este doce conserva-se por muito tempo em potes de porcelana ou barrilinhos hermeticamente fechados. Também se pode fazer com amêndoa bem pisada, ou com coco ralado, ajuntando aos ovos 250 gramas de amêndoas ou de coco.

**OVOS MOLES** – Toma-se o leite de um coco, ajunta-se-lhe um quilograma e 500 gramas de açúcar refinado. Estando a calda em *ponto de espadana*, deixa-se esfriar; batem-se depois 15 gemas de ovos, mistura-se, mexe-se e leva-se ao fogo para cozinhar, tendo cuidado que não queime.

**OVOS MOLES** – Quinhentos gramas de açúcar quase em ponto de refinar levam 15 gemas de ovos passadas por uma peneira, leite de um coco pequeno, e de meio se for grande; quando a calda está querendo engrossar, deita-se o leite de coco até tomar o *ponto de pasta*, tira-se do fogo, vai-se tirando a calda com uma colher e deitando-se nos ovos, depois se deitam os ovos na calda e vai ao fogo.

**OVOS MOLES PARA BROINHAS** – Quinhentos gramas de açúcar, 18 gemas de ovos; vão ao fogo; depois de a mistura estar enxuta, fazem-se as broinhas untando as mãos com farinha de trigo e vão se pondo em uma tábua com bastante farinha por baixo, e vão a forno muito brando, quase frio, para enxugar a farinha nos ovos, de modo que se possam pegar.

**OVOS MOLES COM COCO** – Setecentos e cinquenta gramas de açúcar em ponto brando, 9 gemas e 3 claras de ovos, ajunte-se coco; querendo fazer sem coco, bastam 500 gramas de açúcar e 9 ovos.

**OVOS DE PÃO** – Molhe-se em bom leite miolo de pão por duas horas, passe-se depois por uma peneira de seda ou pela estamenha, ajuntem-se-lhe açúcar em pó, casca de limão, e se for confeitada melhor, água de flor, gemas de ovos proporcionadas e cravo, incorpore-se tudo, batam-se bem as claras, ajuntem-se ao mais, torne a volver e revolver, deite em caçarola untada com boa manteiga e ponha a cozinhar no forno com fogo igual por cima e por baixo, polvilhe-se de açúcar e, se quiser, passe-lhe a pá quente por cima e sirva-se.

**OVOS SUSPIRADOS** – Tomam-se gemas de ovos a que, depois de bem batidas, se ajunta pouco a pouco açúcar branco peneirado, até formar massa espessa, amassando muito. Com esta se formam as figuras que se quiser, e se deixam em repouso por 4 a 6 horas; vão a cozinhar a forno regular, e se passam por açúcar em *ponto de espadana*, deixando-os branquear.

**OVOS PARA TIGELINHA –** Quinhentos gramas de açúcar, 12 ovos, dá-se o ponto que se quer; quando se deitarem nas tigelinhas, não se devem bater para não açucararem; logo que esfriarem, deite-se canela por cima.

**OVOS DE VÊNUS –** Deita-se em um tacho de barro vidrado ou de arame meia garrafa de leite com umas pedrinhas de sal, e põe-se ao fogo brando. Batem-se 5 claras de ovos com um garfo, ou cana rachada, até ficarem todas em escuma. Quando o leite levantar fervura, deitam-se dentro as claras e se deixam estar por um momento, mas não se mexem. Tira-se depois com a escumadeira, e com cuidado, aquela escuma para um prato, e o leite que fica não se aproveita. Lava-se o tacho e põe-se outra vez ao fogo, sempre brando, com uma garrafa de leite novo, uma colher de sopa de açúcar, 2 ou 3 bocadinhos de canela em pau e uma casquinha de limão. Enquanto o leite ferver, batem-se as 5 gemas com 3 colheres de açúcar e uma de água de flor de laranjeira; depois de ter fervido por um pouco se tiram a canela e o limão, deitam-se algumas colheres deste leite nos ovos, e se deve ir mexendo para não talhar; quando estiverem já cozidos, deitam-se no leite que está no tacho, mexendo sempre para o mesmo lado até que fique em grossura quase de creme. Depois se tiram para fora, se deitam em um prato e se guarnecem com as claras partidas. Também se podem fazer estes ovos, em lugar da garrafa de leite, com 3 partes de leite e uma de café bem forte; mas neste caso não deve levar água de flor, nem limão.

**OVOS VESTAIS –** Tomam-se 500 gramas de açúcar passado por peneira, quanto baste de canela pisada, casca de um limão, 1 litro de leite e outro de nata. Põe-se tudo a fogo lento até se reduzir à metade, tira-se do fogo e, depois de esfriar, se lhe misturam, mexendo bem, 500 gramas de amên-doas pisadas e 12 gemas de ovos batidas. Põe-se a cozinhar, em banho-

-maria e, depois de bem cozidos os ovos, tiram-se do fogo, vazam-se em pratos, e polvilham-se com canela.

**PÃEZINHOS DE MILÃO** – Misturem-se 360 gramas de flor de farinha preparada como para os *biscoitos de Saboia*, outro tanto de açúcar em pó, 3 gemas de ovos, mais duas claras bem batidas, muito pouco sal, a raspadura da casca de um limão feita sobre o pedaço de açúcar antes de o raspar ou picado muito fino. Amasse-se sem empregar água. Divida-se esta massa em pedacinhos e dê-se-lhes a forma que se quiser: arredondada, em pãezinhos de 2 quilogramas fendidos, em pequenas coroas, etc.; ponham-se sobre placas de forno untadas de cera virgem, a 2 centímetros de distância, dourem-se, ponham-se a forno muito brando. Em 10 a 15 minutos, eles estão cozidos, louros; tirem-se; pode-se ornar a parte superior com pequenos filetes de amêndoas, de angélica, etc., antes de dourar. Tirem-se das placas quando saírem do forno.

**PÃEZINHOS DE TAPIOCA À BRASILEIRA** – Põem-se 500 gramas de tapioca, da mais grossa, de molho com tanto leite quanto baste para que a tapioca fique bem ensopada, mas com consistência mais rija que massa de pão; quando ela assim estiver, ajuntam-se-lhe algum açúcar fino, canela em pó e tantas gemas de ovos quantas as precisar para que essa massa, ficando em boa cor amarelinha, se possa facilmente fritar; em estando assim, tiram-se com uma colher bocados desta massa, e frigem-se em banha de porco; estando coradinhos, tiram-se e cobrem-se com açúcar e canela em pó.

*N. B.* A tapioca deve estar de molho no leite de um dia para o outro, e quando se fritarem os pãezinhos não deve estar a banha quente demais, para que fiquem cozidos por dentro.

**PAMONHA** – Um prato de fubá, um pires de polvilho, um dito mal cheio de açúcar, 8 ovos com claras; depois de estar tudo medido, escalda-se o fubá em um alguidar com uma colher de sopa de banha de porco, fervendo, e mistura-se bem o fubá com a manteiga; retira-se isto para o lado do alguidar e quebram-se os ovos, batem-se estes como para cavacas e vai-se misturando com o polvilho até ficarem bem delidos; nessa mistura põe-se uma pitada de erva-doce e tempera-se de sal e uma colher de manteiga do reino, depois se mistura tudo e amassa-se bem com um pouco de leite cru, até ficar como pirão mole, tira-se com uma colher de sopa, e vai-se embrulhando em folhas de bananeira e arrumando em latas para irem ao forno, que deve ser muito quente.

**PAMONHA DE ARROZ** – Doze colheres de pó de arroz, 6 gemas de ovos, uma colher de banha de porco e uma dita de chá com manteiga, erva-doce, sal quanto tempere e açúcar quanto adoce, leite quanto amasse e é cozido com o pó de arroz; depois de frito o angu, assa-se em folhas de bananeiras.

### ❧ PAMONHA BAIANA

A receita retoma a tradicional técnica do moquém e traz uma massa à base de aipim ou macaxeira e coco.

O aipim e os demais ingredientes vão para folhas em formato de *tubo*, provavelmente com a mesma técnica da folha de bananeira assada, flexível, seguindo o processo de embalar massa de acaçá, massa de abará, entre outros pratos da tradicional cozinha baiana. Assim seguem para assar, moquear à grelha. Notar que, no amplo imaginário das pamonhas, os processos mais comuns ocorrem pelo cozimento da massa, geralmente de milho e outros ingredientes, inclusive queijo. Essas massas são embrulhadas na palha do milho e dessa maneira vão ao fogo para o cozimento, sendo consumidas preferencialmente quentes.

> **Pamonha bahiana.** — Tome-se meio côco ralado e ajunte-se-lhe 2 aipins tambem ralados, o leite de meio côco, 2 colheres de manteiga e assucar quanto adoce; enchão-se com esta massa tubos de folhas de bananeiras e levem-se para assar ao borralho ou á grelha.

Algumas pamonhas são ainda chamadas de pamonha de milho-verde e integram os cardápios juninos do Nordeste que são à base de coco e milho. Em Goiás, destaque para as pamonheiras, atividade feminina tradicional de seguir receitas à base de milho, e com criações com queijo, linguiça e outros recheios.

**PAMONHA À MARANHENSE** – Descascam-se espigas de milho que se ralam, e cuja polpa se passa por uma peneira fina; a polpa que passa, e que é por isso a mais fina e delicada, guarda-se para a *canjica à maranhense*, e a polpa mais grossa que fica na peneira tempera-se com açúcar, sal fino, leite de coco, erva-doce e um pouco de bagaço do coco, e com esta mistura enchem-se as pamonhas da seguinte maneira: passam-se pelo fogo, para ficarem macias, folhas de bananeira, formam-se de pedaços delas pequenos canudos da grossura de uma moeda de 40 réis e do comprimento de um palmo, ata-se o canudo de um lado com barbante, e enche-se do lado oposto com essa mistura, ata-se desse lado e, depois de cheias todas as pamonhas, põe-se água em uma panela, e quando está a ferver atiram-se dentro as pamonhas, que cozinham rapidamente; tiram-se para fora, deixam-se escorrer e servem-se mesmo frias. São excelentes para o almoço com café ou chá. A *canjica à maranhense* faz-se da polpa fina do milho, temperando-a com açúcar, leite de coco e sal; vai ao fogo a cozinhar em panela que sirva só para doce, o fogo deve ser brando; mexe-se constantemente para não queimar; quando está grossa e bem cozida tira-se, põe-se em pratos e polvilha-se de canela moída.

**PAMONHA DE MILHO-VERDE** – Toma-se o bagaço que restar depois de coado o leite do milho; misturam-se cada 500 gramas com 120 ditas de açúcar e um pouco de sal; enrola-se um pedaço da massa em folha de bananeira, assa-se ao forno, e serve-se.

**PÃO DE AIPIM** – Cozinha-se o aipim e passa-se na peneira, mede-se uma tigela de massa, duas de farinha de trigo, um pouco de fermento, uma xícara de manteiga derretida, amasse-se tudo muito bem, depois se unte a forma com manteiga, despeje-se a massa dentro e deixe-se levedar para então ir ao forno. Serve para o almoço.

**PÃO DE AIPIM** – Um prato de aipim, depois de cozido e passado em peneira, amassa-se com meio dito de polvilho, uma xícara de farinha de trigo, uma dita de açúcar, 2 colheres de manteiga, 4 ovos, sendo 2 sem claras; depois de a massa bem ligada, formam-se os pães e vão ao forno.

**PÃO DE AMENDOIM** – Tomam-se 500 gramas de amendoins descascados e torrados, 250 ditas de amêndoas doces descascadas e, na falta destas, um coco ralado ou amendoim cru; sova-se tudo até ficar reduzido a uma massa homogênea, ajuntando-se, uma por uma, 3 claras de ovos, 120 gramas de doce seco de cidra, 500 gramas de açúcar e, finalmente, 12 gemas de ovos; misture-se tudo e ajunte-se mais a neve dura, feita de 9 claras de ovos batidas com uma colher de água de flor de laranjeira. Põe-se esta massa sobre pratos untados de manteiga, que se levam a forno temperado. Depois de cozido o pão, enfeita-se à vontade.

**PÃO DO BRASIL** – Tome-se um quilograma de cará mimoso cozido e passado por peneira fina e ajuntem-se-lhe 2 quilogramas de farinha de trigo peneirada, 6 ovos batidos, 4 garrafas de leite morno, 250 gramas de banha, sal quanto tempere e fermento quanto chegue para levedar a massa, que deve ser bem sovada; feito o que, fazem-se os pães que, em bandejas polvilhadas de farinha, levam-se ao forno para cozinhar. Antes de fazer os pães, deve-se deixar repousar a massa pelo menos um quarto de hora.

**PÃO DE CARÁ** – Um quilograma de farinha de trigo, fermento, 2 garrafas de leite, meia xícara de banha, 6 ovos e 500 gramas de cará cozido e passado por peneira.

**PÃO DO CÉU** – Doze gemas de ovos, uma clara bem batida; deita-se em bacias, de modo que fique fino e cozinha-se no forno. Depois de cozido, corta-se e frige-se em calda.

**PÃO DE COCO** – Toma-se a calda de um quilograma de açúcar em *ponto de espelho*, deitam-se-lhe depois de fria um coco ralado, 500 gramas de farinha de trigo peneirada, 12 gemas e 6 claras de ovos; bate-se tudo durante uma hora, deita-se depois em uma forma untada, e cozinha-se em forno quente.

**PÃO DOURADO** – Umedece-se em leite um pão cortado em fatias, escorrem-se, passam-se estas fatias em gemas de ovos batidas e colocam-se em uma caçarola com calda de açúcar em *ponto de espelho*; tiram-se, põem-se em pratos, cobrindo com açúcar e canela, e servem-se. Em vez de umedecer o pão em leite, umedece-se também em vinho branco.

**PÃO DOURADO FRITO** – Cortam-se alguns pães em fatias, que se põem de molho em leite até estarem bem transpassadas do líquido; deixam-se escorrer e secar um pouco nas superfícies: passam-se depois em calda feita com 12 gemas e 3 claras de ovos batidas, e frigem-se durante 1 minuto em manteiga, até a camada de ovos estar cozida; tiram-se com um garfo, tornam-se a passar no caldo dos ovos, e vão outra vez a frigir, repetindo-se essa operação 4 ou 5 vezes, pondo-se depois em pratos, e deita-se-lhes por cima um pouco de calda de açúcar. Polvilham-se com canela.

**PÃO DE FAMÍLIA** – Quinhentos gramas de fermento, um quilograma de farinha de trigo, 1 dito de fubá mimoso, 12 ovos, 6 xícaras de banha, açúcar e sal quanto tempere; depois de amassado com água, sal, açúcar e ovos, vai-se amolecendo a massa com leite, a fim de que, quando se puser nas latinhas, a massa se conserte por si; as latinhas devem ser untadas com manteiga, a massa tem de crescer antes de ir para o forno, porém já dentro das latas; o forno deverá estar bem quente.

**PÃO DE GENGIBRE** – Amassa-se 1 quilograma de farinha de trigo peneirada com 250 gramas de mel, 30 ditas de gengibre em pó fino, um pouco de canela e noz-moscada, 250 gramas de manteiga e 30 ditas de fermento desfeito em água quente. Amassa-se tudo, e põe-se numa gamela em lugar quente para levedar; formam-se depois uns bolos, que se põem em tabuleirinhos de folhas para cozinhar em forno quente.

**PÃO DE LÓ** – Batem-se em vasilha própria, com vassoura de arame, 12 ovos e 230 gramas de açúcar refinado até a massa ficar bem encorpada e esbranquiçada; depois, misturam-se-lhe 230 gramas de farinha de trigo peneirada com muito cuidado, para que não fique encaroçada, e cozinha-se em formas próprias ligeiramente untadas de manteiga e forradas de papel branco. Para se fazer bom pão de ló, é preciso ter-se em vista o seguinte: a farinha deve ser de primeira qualidade e, quando se ajunta à massa, deve misturar-se muito devagar, servindo-se para isso de uma colher de pau. Mistura-se apenas, não se bate, porque, se se bater a massa com a farinha, o pão de ló, em vez de crescer, abaixa. O forno deverá conservar-se sempre fechado durante o levantar da massa, e mesmo durante o cozimento; salvo se o calor do forno for demasiado, porque, então, conservar-se-á sempre aberto. Se quiser que o pão de ló fique de côdea melada, ajuntem-se mais 120 gramas de açúcar.

**PÃO DE LÓ** – Trinta e seis ovos, dos quais somente 6 com claras; batem-se as gemas com 800 gramas de açúcar refinado, ajuntam-se-lhes, mexendo pouco, 800 gramas de farinha de trigo e limão ralado, já as claras devem estar batidas como neve, e logo se deitam na forma untada de manteiga e forrada de papel, devendo logo ir para o forno, advertindo que as claras devem ser a última coisa que se deita.

**PÃO DE LÓ DE AIPIM** – Põe-se em um alguidar um pouco de aipim ralado, e ajuntam-se-lhe duas ou três colheres de manteiga, açúcar até adoçar, erva-doce, 4 ovos – sendo 2 somente as gemas –, leite de um coco e um pouco de bagaço; vai a cozinhar em forma untada de manteiga.

**PÃO DE LÓ DE AMÊNDOAS** – Duzentos e cinquenta gramas de amêndoas pisadas, 250 ditas de açúcar, 8 gemas de ovos; bata-se tudo e incorporem-se 60 gramas de farinha; depois, ajuntam-se-lhe as claras dos 8 ovos, que devem ser batidas à parte, e casca de limão; depois de tudo em termos, deita-se nas caixinhas e vão ao forno a cozinhar.

**PÃO DE LÓ DE AMÊNDOAS** – Quinhentos gramas de amêndoas cortadas pelo meio com a faca e mais 500 gramas mal pesadas e um quilograma e 500 gramas de açúcar em ponto de pedra; depois de lhe darem duas voltas no fogo, tire-se dele, bata-se bem até levantar, deite-se em uma bacia untada de manteiga, bolindo-se com ela até perder o lustre, corte-se em talhadas e mande-se à mesa.

**PÃO DE LÓ DE AMÊNDOAS** – Setecentos e cinquenta gramas de açúcar em *ponto de fio*, 120 gramas de amêndoas, 5 ovos, quase todos sem claras; posto o açúcar em ponto, deitam-se as amêndoas, e depois de desfeitas ajuntam-se os ovos bem batidos; estando cozido que limpe o tacho, tira-se e, quando ficar quase frio, deita-se em tábua na qual vai a corar no forno, depois do que se deixa esfriar na mesma tábua fora do forno e, cortando-se, vai outra vez ao forno para corar da outra parte sobre papel e em outra tábua ou bacia.

**PÃO DE LÓ DOS ANJOS** – Cada ovo leva uma colher de açúcar e outra de farinha; batem-se os ovos com o açúcar como os outros; estando pronto, deita-se-lhe a farinha e vai ao forno em caixinha.

**PÃO DE LÓ DE ARARUTA** – Deitam-se 18 gemas de ovos e 460 gramas de açúcar refinado em uma vasilha própria, e batem-se com a vassoura de arame até ficar uma massa bem encorpada; estando assim, peneiram-se juntos 230 gramas de farinha de trigo e 320 ditas de farinha de araruta, e misturam-se à massa com muito cuidado; em seguida, ajuntam-se-lhe 100 gramas de manteiga derretida e depois 12 claras de ovos bem batidas; estando tudo bem misturado, forram-se tabuleiros de forno com papel branco, despeja-se neles a massa, estende-se por igual; depois, cozinha-se em forno regular e, quando estiver cozido, tira-se o pão de ló do forno, vira-se sobre a mesa, despega-se o papel que está agarrado à massa e deixa-se esfriar; depois, corta-se em fatias do comprimento de 8 centímetros e da largura de três. Este *pão de ló* é para ser servido com chocolate.

**PÃO DE LÓ DE ARARUTA** – Doze ovos frescos e bem batidos com 500 gramas de açúcar, e, quando o forno estiver pronto, ajuntem-se 180 gramas de araruta e 60 ditas de manteiga; ponha-se em formas untadas com manteiga, e vá ao forno, que deve ser bastante quente; se o pão de ló for para aturar, deitem-se 360 gramas de araruta.

**PÃO DE LÓ DE BARRETE** – Em 12 ovos batidos ajuntem-se 250 gramas de açúcar e 250 ditas de farinha de trigo; bata-se bem, deite-se nos barretinhos de papel, que se levam ao forno em bacia e, depois de cozidos, tirem-se dos papéis, e ponham-se a torrar no forno, ajunte-se então um pouco de calda em um tachinho ao fogo e, quando estiver em meio ponto, deitem-se os pães de ló que couberem no tachinho, e se vão cozinhando aí na calda até esta ficar em *ponto de espadana*; depois, vão-se tirando com a escumadeira, pondo em pratos e polvilhando com canela e açúcar, depois tornem ao fogo a enxugar.

**PÃO DE LÓ DE CAIXINHA** – Duas dúzias de gemas, uma de claras de ovos e duas dúzias de colheres de açúcar; depois de batidos, ajuntem-se duas dúzias de colheres de farinha de trigo, um pouco de erva-doce; bata-se e leve-se ao forno.

**PÃO DE LÓ DE CAIXINHA** – Trinta e seis ovos, 750 gramas de açúcar, 750 ditas de farinha; os ovos, só dúzia e meia com claras.

**PÃO DE LÓ DE CAIXINHA** – Tomam-se os ovos que se quiserem, deitam-se em uma panela vidrada com a metade das claras e com uma colher de pau se lhe dão algumas voltas para os quebrar e misturar todos; depois, deitam-se-lhes tantas colheres de açúcar refinado quantos forem os ovos, e continua-se a bater do mesmo modo que o pão de ló ordinário até ficar bem grosso em escuma muito fina, e neste estado deitam-se outras colheres de farinha de trigo passada por peneira de seda; bate-se então de rijo para unir bem a farinha, e logo se vão enchendo as caixinhas que faz mal ficar muito tempo com a farinha parada, e mete-se no forno brando como se cozinha o pão de ló ordinário.

**PÃO DE LÓ DE CARÁ** – Cozinha-se cará, amassa-se e pesam-se 500 gramas desta massa, à qual se ajuntam 500 gramas de açúcar em calda grossa, mexendo bem para ligar; põem-se depois 500 gramas de fubá de arroz, um pouco de sal, o leite de um coco, e também um pouco do bagaço, se quiserem; desmancha-se um pouco de fermento em duas xícaras de água e reúne-se ao pão de ló, bate-se tudo bem, e vai ao forno.

**PÃO DE LÓ DE CASAMENTO** – Dois quilogramas de farinha de trigo, 2 ditos de manteiga, 1 dito de açúcar em pedra, 120 gramas de noz-moscada ralada. Para cada 500 gramas de farinha de trigo, 8 ovos, 500 ditas de passas de Corinto sem caroços, 500 ditas de amêndoas sem pele – que se cortam ao comprido em fatias muito finas –, 500 ditas de *cidrão*, 500 ditas de doce de laranja seco, 500 ditas de doce de limão seco, meia garrafa de *brandy*. *Modo de fazer*: Bate-se a manteiga até ficar bem mole, ajunta-se o açúcar, que se bate também durante um quarto de hora, ajuntam-se depois as claras dos ovos, que devem ter sido batidas antes até ficarem em escuma, ajuntam-se as gemas, que devem também estar batidas, ajuntam-se logo a farinha de trigo, a noz-moscada, batendo sempre bem até ir para o forno; deita-se o *brandy* e atiram-se levemente as passas e as amêndoas; forra-se a forma de papel untado com manteiga e vai-se arranjando o doce da seguinte maneira: uma camada de doce seco, um pouco de bolo, outra camada de doce seco, um pouco de bolo, e assim continua-se sempre até encher a forma, que deve ser bem grande para conter toda essa porção; o doce deve ir da seguinte maneira: 1ª camada – doce de laranja; 2ª – doce de limão; 3ª – doce de *cidrão*, e assim até acabarem os doces e bolos; depois de o bolo crescer e tomar cor, cobre-se com papel para não abaixar; leva 3 horas no forno para poder cozinhar bem. *Enfeite o bolo de casamento*: Batem-se bem 3 claras de ovos até ficarem em escuma, e em outra tigela batem-se 500 gramas de amêndoas cortadas muito finas, com água de rosas; misturam-se as claras às amêndoas e vão-se devagarzinho mexendo dentro 500 gramas de açúcar em pedra ou cristalizado; quando se tira o pão de ló do forno, põe-se por cima essa mistura e vai outra vez ao forno para tostar; costuma-se também ajuntar a esta 1ª cobertura a que se segue: bate-se um quilograma de açúcar refinado com 60 gramas de polvilho muito bom, passa-se por uma cambraia e batem-se à parte as claras de 5 ovos, que devem ser batidas em prato de estanho e com uma faca, bate-se durante meia hora, deita-se essa mistura sobre o primeiro enfeite, estendendo bem com a faca; fazendo-se isso logo que o bolo sai do forno, a mistura endurecerá ao tempo que o bolo leva a esfriar, sem que precise ir outra vez ao forno. Este bolo, que fica um pouco caro, pode ser feito em menores proporções; esta receita é para o caso de haver muitos convidados para o ato cujo nome o bolo tomou.

**PÃO DE LÓ DO CÉU** – Vinte e quatro ovos batidos com claras; logo que estiverem batidos um pouco, deitam-se-lhes 750 gramas de açúcar refinado, batem-se muito bem e, depois, deitam-se-lhes 500 gramas de farinha mal pesada; em seguida, vai ao forno. O açúcar há de ser mal pesado.

**PÃO DE LÓ PARA FATIAS DO CÉU** – Quinhentos gramas de açúcar refinado, 2 dúzias de amêndoas, 15 ovos com claras finas, 250 gramas de farinha fina de trigo, que se devem ajuntar quando os ovos estiverem bem batidos, para ir ao forno; depois, parta-se em fatias, passem-se na calda em ponto de pegar, ponham-se em uma peneira para esfriar, passe-se-lhes açúcar por cima e deitem-se ao sol.

**PÃO DE LÓ FOFO** – Deitem-se em um tacho 500 gramas de açúcar limpo e 15 ovos, gemas e claras; bata-se tudo muito bem, até ficar grosso. Logo que o forno esteja pronto, ajuntem-se-lhe aos poucos 360 gramas de farinha de trigo peneirada, e também uma colher de erva-doce se quiser. Bata-se tudo muito bem, de modo que se não deixe assentar a farinha no fundo do tacho. Logo que fizer bolhas, deite-se em vasilhas próprias untadas de manteiga, e mande-se a forno quente, batendo-se sempre até entrar. Quando estiver cozido, cubra-se para não abaixar, e isso se faz logo que sai do forno.

**PÃO DE LÓ FOFO** – Doze ovos, 360 gramas de açúcar, 250 ditas de farinha de trigo. Sendo para torrar, leva 360 gramas de farinha.

**PÃO DE LÓ DA ILHA DA MADEIRA** – Batem-se bem com dois garfos 4 ovos, e depois, sem cessar de bater, vão-se deitando dentro, pouco a pouco, os seguintes ingredientes na ordem que se segue: 180 gramas de açúcar peneirado, outro tanto de farinha de trigo peneirada, 120 gramas de manteiga derretida, mas não quente, a casca de um limão verde, e, na ocasião de deitar-se na forma, mistura-se dentro a terça parte de uma colher de chá de carbonato de soda, e leva-se logo ao fogo, durante uma hora. A manteiga derretida vai-se ajuntando devagarzinho, e enquanto uma porção não está bem misturada não se ajunta outra. Pode-se deitar também um pouco de *cidrão* em pedacinhos, mas o que é essencial é bater o pão de ló sempre até que vá para o forno.

**PÃO DE LÓ LIGEIRO** – Um ovo, uma colher de açúcar, uma dita de farinha de trigo; batam-se o ovo e o açúcar; depois, ajunte-se a farinha e vá ao forno.

**PÃO DE LÓ À MADALENA** – Batem-se bem 12 ovos com claras finas, ajuntam-se-lhes 500 gramas de açúcar refinado, 360 ditas de manteiga lavada, 360 ditas de farinha de trigo, e a casca de um limão ralado; mexe-se tudo bem, e põe-se em forma untada de manteiga. Forno quente.

**PÃO DE LÓ DE MILHO** – Três ovos, uma colher de sopa de manteiga, uma colher de banha, açúcar o que for necessário para adoçar, fubá de milho o necessário para engrossar o pão de ló. Ajunta-se tudo, bate-se bem e põe-se em forma untada de manteiga, e vai a forno bastante quente.

**PÃO DE LÓ MIMOSO** – Vinte e cinco ovos, dos quais 8 com claras, muito bem batidas, 500 gramas de açúcar; quando estiverem bem batidos, ajuntam-se 360 gramas de farinha; mistura-se, deita-se na bacia e vai para o forno.

**PÃO DE LÓ MIMOSO** – Duzentos e cinquenta gramas de açúcar refinado, 9 ovos bem batidos; ajuntam-se 180 gramas de araruta, erva-doce, unta-se a forma com manteiga e vai ao forno, não devendo a forma estar muito cheia, para a massa poder crescer bem.

**PÃO DE LÓ DE RASPAS** – Vinte e quatro ovos, um quilograma de açúcar, 750 gramas de farinha de raspa e, se for para cobrir, tira-se uma boa mão de açúcar.

**PÃO DE LÓ TORRADO** – Põem-se em vasilha própria 500 gramas de açúcar, deitam-se-lhe em cima 12 ovos, claras e gemas, e batem-se bem com vassoura de arame até ficar uma massa esbranquiçada e grossa. Logo que o calor do forno estiver bom, deitam-se 500 gramas de farinha de trigo, mexendo-se bem por algum tempo, para que não apareçam caroços e a farinha não assente. Untam-se com manteiga tabuleiros de forno de beirada alta, polvilham-se com farinha, e enchem-se, quase, de massa, e cozinha-se em forno fraco. Quando estiver cozido, tira-se dos tabuleiros, deixa-se esfriar.

**PÃO DE LÓ PARA TORRAR** – Oito ovos, 8 colheres de açúcar refinado, 5 ditas de araruta e 5 ditas de farinha de trigo; bate-se bem tudo e vai ao forno. Depois de cozido, deixa-se esfriar e corta-se então em fatias finas da grossura de um centímetro e do comprimento de dez; estando todas assim cortadas, arrumam-se estendidas sobre tabuleiros de forno, bem limpos, e metem-se no forno quase frio unicamente para as secar. Estas fatias, depois de torradas, devem ficar com cor amarela, e não cor de café, como muitas vezes acontece quando o forno está mais quente do que o necessário.

**PÃO DE MANDIOCA** – Cozinhe-se a mandioca; estando bem mole, tiram-se os fios e põe-se no pilão, vai-se socando e pondo polvilho até ficar a massa bem dura; pesam-se 2 quilogramas de massa e um de fermento de trigo, ajunta-se tudo e sova-se bem; depois, põem-se 4 ovos, 4 colheres de banha, 120 ou 125 gramas de açúcar; se a massa ficar dura, põe-se leite, até ficar com o ponto de pão de trigo e deixa-se levedar como o mesmo pão. – A *rosca* é da mesma massa, mas, em lugar de pôr-se o polvilho para socar com a mandioca, põe-se farinha de trigo, que é melhor, e para o mesmo pão o polvilho serve na falta de farinha. Os temperos são os mesmos da rosca de trigo.

**PÃO MIMOSO** – Escalde-se com leite a ferver um prato de fubá mimoso, feito o que ajunte-se-lhe um prato de polvilho, 125 gramas de boa manteiga, canela, cravo, erva-doce quanto tempere, e tantos ovos quantos bastem para que a massa fique bem macia; depois de batida, neste ponto fazem-se os pães e, em bandejas polvilhadas, levem-se ao forno com calor apropriado.

**PÃO DE POLVILHO** – Quatro pratos de polvilho, 2 de fubá mimoso, 6 ovos, erva-doce, uma colher de manteiga, uma xícara de banha derretida e morna; tire-se um pouco de fubá e polvilho, misturem-se para fazer-se o fermento, amassando com uma garrafa de leite e sal desfeito no leite, sove-se bem a massa, que deve ficar em consistência de angu. O forno deve ser bem quente.

**PÃO DO SOL** – Soca-se um quilograma de açúcar com 500 gramas de amêndoas doces e 500 ditas de doce seco de *cidrão*; ajuntam-se 12 gemas de ovos e, estando tudo reduzido a uma massa homogênea, ajuntam-se 500 gramas de farinha de trigo, 4 claras de ovos batidas até formarem uma neve dura e uma xícara, ou mais, de leite, para fazer uma massa um pouco dura, que se deita numa forma untada de manteiga; cozinha-se em forno quente.

**PAPOS DE ANJOS** – Depois de bem batidas, como pão de ló, uma dúzia de gemas de ovos, vão-se pondo pouco a pouco 120 gramas de amêndoas bem pisadas; depois de bem batidas para não ficar em bolo, ponham-se em caixinhas de papel arrumadas em bacias, e vão ao forno que não seja muito quente; tiradas do forno e das caixinhas, guardam-se para, no dia seguinte, pôr-se em um quilograma e 500 gramas de calda, que deve tomar o ponto de pasta; então tirem-se, ponham-se a enxugar e cubram-se com canela em pó.

**PAPOS DE ANJOS** – Dez gemas e duas claras de ovos; deitam-se em um guardanapo e espremem-se; limpa-se um quilograma de açúcar em *ponto de fio* e, como os fios de ovos, vão-se fazendo as meadas, ajuntam-se os fios, e partem-se em pauzinhos e penduram-se até enxugar, toma-se *ponto de bala* a um pouco de calda, passam-se os papos e tornam-se a enxugar.

**PASTÉIS DE AMÊNDOAS** – Socam-se num gral de mármore 460 gramas de açúcar de Pernambuco com 230 ditas de miolo de amêndoas; depois de bem socado, passa-se por peneira de arame, deita-se em uma vasilha e mistura-se com 4 claras de ovos, mexendo tudo bem com a colher de pau. Se esta massa ficar muito dura, podem ajuntar-se mais claras de ovos. Aromatiza-se com a raspa de casca de um limão. Forram-se formas moldadas com massa doce, enchem-se com esta massa até ao meio. Cozinha-se em forno regular.

**PASTÉIS DE ARROZ** – Escolhem-se 250 gramas de arroz de Iguape, lava-se bem em duas ou três águas, e cozinha-se em água temperada com sal; estando bem cozido, tira-se a caçarola do fogo, deitam-se-lhe 500 gramas de açúcar, 18 gemas de ovos bem batidas e a raspa da casca de um limão; mexe-se tudo bem, com uma colher de pau, até que fique bem ligado, e leva-se novamente a fogo brando, continuando a mexer até levantar fervura; depois retira-se a caçarola do fogo, e ajuntam-se-lhe 100 gramas de manteiga, mexe-se bem, e despeja-se em uma terrina para esfriar um pouco. Em seguida, forram-se as formas ovais altas com restos de massa folhada, enchem-se bem com este recheio, e cozinham--se em forno forte; quando estiverem bem corados, estão cozidos; então, tiram-se das formas e polvilham-se com canela.

**PASTÉIS DE BOCA** – A quinhentos gramas de açúcar em *ponto de bala* ajuntam-se 12 gemas de ovos, uma xícara de leite, uma colher de manteiga, faz-se a massa como para empada e enchem-se as formas; depois de forradas com a massa, vão ao forno.

**PASTÉIS DE COCO** – Cozinha-se meio litro de calda de açúcar até chegar ao ponto de 36 graus; tira-se do fogo, ajuntam-se-lhe um coco ralado, 30 gramas de farinha de trigo e 6 gemas de ovos; mistura-se tudo bem com uma colher de pau, e leva-se outra vez ao fogo, mexendo sempre até levantar fervura; tira-se então do fogo e mistura-se-lhe canela em pó ou água de flor de laranjeira, e despeja-se em uma vasilha de louça. Forram-se as formas lisas com massa branca, e enchem-se com esta preparação, servindo-se para isso de uma colher de sopa. Cozinham-se em forno regular.
N. B. O coco ralado e a farinha de trigo devem ser bem misturados antes de se ajuntarem à calda; isto para evitar a formação de caroços.

**PASTÉIS GUARANIS** – Põem-se em um alguidar 360 gramas de farinha de arroz, 100 ditas de chocolate bem ralado, 200 ditas de açúcar refinado e 120 ditas de manteiga lavada; mexe-se tudo bem com uma colher de pau, depois vão-se-lhe ajuntando 6 gemas de ovos, uma e uma, mexendo sempre a massa; acabando de deitar a última gema, continua-se a mexer por espaço de 2 minutos. Cozinham-se em formas pequenas, ligeiramente untadas de manteiga e forradas com folhas de bananeira, em forno regular.

**PASTÉIS DE MARMELADA** – Faça-se um pouco de massa folhada, cortem-se pedaços de 8 centímetros, ponha-se sobre cada um deles uma porção de marmelada do tamanho de uma avelã, molhem-se os bordos

da massa e dobrem-se. Coloquem-se sobre uma tampa de caçarola e ponham-se ao fogo; retirem-se bem dourados e polvilhem-se com açúcar.

PASTÉIS DE NATA – A quinhentos gramas de açúcar em *ponto de fio* misturam-se 12 ovos, só as gemas, põe-se no fogo e, quando engrossar, deita-se
farinha de arroz até ficar a massa como marmelada; depois, deita-se um
prato de nata de leite cozido bem mexido, tira-se do fogo de sorte que
coalhe e, quando esfriar, fazem-se os pastéis. A massa serve para tortas.

PASTÉIS DE NATA – Batem-se 4 xícaras de nata de leite com 10 gemas
de ovos, uma colher de açúcar e casquinhas de limão; dá-se uma fervura,
mexe-se, e enchem-se as capas com esta massa; levam-se ao forno e, estando assados, servem-se cobertos de açúcar e canela em pó.

PASTÉIS DE NATA – A massa faz-se de 500 gramas de farinha de trigo
com 2 gemas e uma clara de ovo, uma colher de banha e um bocado de
sal; amasse-se bem e faça-se folhado ou massa para guarnecer folhas. A
espécie é a seguinte: 6 garrafas de leite guardadas de um dia para outro,
para se tirar a nata, ajuntem-se 500 gramas de açúcar em calda e uma
colher de manteiga, e vá tudo para o fogo até chegar ao ponto de ovos
moles.

PASTÉIS DE OVOS – A 12 ovos batidos com duas colheres de leite se ajuntam 500 gramas de açúcar em calda depois de fria; vai ao fogo ferver um
pouco, mexendo, e com esta massa se enchem as capas feitas de massa
folhada. Vão os pastéis ao forno para assar, e servem-se com um pouco
de açúcar por cima.

PASTÉIS DE OVOS – Um litro de calda de açúcar a 32 graus, 14 gemas de
ovos, 120 gramas de amêndoas peladas e pisadas, 100 gramas de manteiga, 4 pitadas de canela. Deita-se a calda numa caçarola e faz-se ferver até
chegar ao *ponto de fio*; estando assim, retira-se do fogo e deitam-se-lhe as
gemas de ovos um pouco batidas e as amêndoas; depois, mexe-se bem

com uma colher de pau, e torna-se a pôr em caçarola em fogo brando e continua-se a mexer, carregando na colher para que a massa não fique no fundo e não se queime; fervendo um pouco, retira-se do fogo e deita-se a manteiga e a canela; mexe-se bem, depois, despeja-se numa terrina e deixa-se arrefecer. Em seguida, forram-se as formas lisas com massa branca, arrumam-se num tabuleiro e metem-se no forno forte, para cozinhar e tostar. Depois, enchem-se com o recheio que se fez (não muito cheias), e voltam outra vez ao forno; passados 10 minutos, retiram-se porque já devem estar cozidos. Depois de frios, tiram-se das formas e polvilham-se com açúcar refinado.

**PASTÉIS PARANAENSES** – Ponha-se em meia garrafa de leite um pouco de pão de ló e, logo que estiver bem mole, passe-se por uma peneira. Estando já prontos em um tacho 750 gramas de calda de açúcar em ponto com 18 gemas de ovos, como quem faz ovos moles, deita-se-lhes o polme do leite com o pão de ló, e se desmancha bem, até que fique tudo incorporado; então ajuntam-se 120 gramas de amêndoas bem pisadas e, logo que se desmanchar, vai o tacho ao fogo a cozinhar até ficar como ovos moles, então se despeja em um alguidar e se deixa esfriar; enquanto esfria, fazem-se os pastéis, devendo a folha ser de massa doce, não muito fina. Vão-se pondo nas forminhas, e cortando à roda com uma faquinha. Levam-se ao forno para cozinhar a massa e, logo que vêm do forno, se vão enchendo de espécie as forminhas, e deitando canela por cima. Vão de novo ao forno para acabar de cozinhar, devendo as formas ser untadas de manteiga antes de pôr a massa.

**PASTÉIS PETROPOLITANOS** – Deitam-se em um alguidar 400 gramas de açúcar refinado e 200 ditas de manteiga lavada, e mexe-se bem com uma colher de pau durante 5 minutos. Depois, ajuntam-se-lhes 12 gemas de ovos, uma e uma, e mexe-se continuamente. Socam-se, em gral de mármore, 120 gramas de amêndoas descascadas e peladas, com 3 ovos, e ajunta-se isto à massa, e mais 300 gramas de farinha de milho. Mistura-se tudo bem, e ajuntam-se-lhe mais 8 claras de ovos bem batidas. Untam-se formas pequenas de pastéis, com manteiga, enchem-se com esta massa e cozinham-se em forno regular.

**PASTÉIS DE SANTA CLARA** – Um quilograma de farinha de trigo, amassada em garrafa e meia de água até despegar da mesa à força de bem amassada, estende-se com o pau e corta-se em formas redondas; deixando secar sobre a mesa enquanto se faz a espécie pela maneira seguinte: Um quilograma de calda, e miolo de meio pão saloio, molhado em água e espremido. Ajuntam-se este à calda, quando estiver em *ponto de fio*, e 120 gramas de amêndoas peladas e pisadas, 60 gramas de farinha de trigo, 12 gemas de ovos. Tudo mexido vai ao fogo até engrossar. Com esta espécie se fazem os pastéis, dando-se-lhe a forma oblonga.

**PASTÉIS À SÃO DINIZ** – A 750 gramas de queijo de minas picado ajuntem-se 120 gramas de queijo do reino e um pouco de sal, mexa-se tudo com a mão; ajunte-se a isto um punhado de boa farinha passada por peneira; mexa-se tudo de novo. Ponham-se 120 gramas de manteiga, que se derreterá em banho-maria; torne-se a mexer tudo com quatro ovos inteiros. Tome-se uma colher desta massa, arredonde-se sobre um prato de folha de flandres; quando o prato estiver inteiramente cheio, faça-se cozinhar ao forno.

**PASTÉIS DE REQUEIJÃO** – O requeijão esbrugado da côdea que faz pisa-se muito bem, e se vai deitando leite, quando se está pisando, para ficar a massa muito macia, passa-se por uma peneira fina; estando peneirada, se põe na calda, se desmancha bem, e se deitam gemas de ovos que só tinjam. A calda não há de ser grossa. Vai ao fogo a cozinhar como outra espécie; logo que estiver grossa, tira-se e põe-se a esfriar; depois de fria, enchem-se os pastéis, que são feitos nas forminhas com massa doce e folha fina e vão ao forno.

**PASTÉIS DE TUTANO** – Quinhentos gramas de tutano derretido e coado, um quilograma de açúcar em *ponto de pasta*; deita-se o tutano na calda, vai ao fogo até incorporar que fique bem unido; deitam-se 2 colheres de manteiga bem lavada; depois de estar bem incorporado, deitam-se 24 gemas de ovos passadas por peneira; vai ao fogo a engrossar para ficar como os ovos moles, tira-se do fogo, e se lhe deita uma pitada de cravo e canela.

**PASTÉIS DE TUTANO** – Um quilograma de açúcar, 500 gramas de tutano bem pisado que se deitará na calda em *ponto de espadana*; quando estiver cozido, deitem-se pão ralado ou pão de ló, canela, cravo, água de flor; engrossa-se com 18 gemas de ovos, advertindo que, se for de pão, levarão duas dúzias de ovos; antes que se tome a massa que seja a que bastar para o folhado, escaldar-se-á a farinha com um pouco de banha de porco bem quente, uma xícara de vinho branco, uma mão cheia de açúcar e 5 gemas de ovos; far-se-á o folhado do menor tamanho que puder ser; unte-se o folhado com banha de porco, misturada com um pouco de manteiga do reino.

**PASTÉIS DE VICE-REI** – Duzentos réis de arroz posto em fubá e passado por peneira de seda, 500 gramas de açúcar em calda; ajunte-se um pouco de leite e depois o fubá de arroz, vai-se mexendo e ajuntando 12 gemas de ovos, uma a uma: vá ao fogo em tacho até chegar à grossura de mingau, devendo mexer-se sempre.

**PASTELÃO DE LIMÃO** – Um limão, uma colher de sopa cheia de farinha de maisena, uma colher de chá cheia de manteiga, uma xícara de açúcar, 2 ovos e uma xícara de água quente. Ponham-se o açúcar e a água juntamente ao fogo e, quando estiver fervendo, ajunte-se mexendo a maisena, antecedentemente dissolvida em um pouco de água fria; rale-se a casca de um limão e com a casca mexa-se a polpa machucada bem fina; batam-se os ovos, reservando a clara de um ovo; mexa-se isto com os mais ingredientes; cozinhe-se em forno quente em uma vasilha forrada de massa. Isto feito, espalhe-se por cima a clara do ovo antecedentemente batida com açúcar até fazer escuma, e ponha-se outra vez no forno por alguns minutos.

**PASTELÃO À MADALENA** – Derretam-se em uma caçarola 120 gramas de manteiga, que se misturará com 250 ditas de farinha e 4 ovos inteiros, a casca de um limão, 250 gramas de açúcar em pó e 2 colheres de água de flor de laranjeira; mexa-se e misture-se tudo de modo que forme uma massa bem ligada; em seguida, unte-se de manteiga uma caçarola ou uma forma, deite-se nela a massa, e faça-se cozinhar a fogo moderado durante uma hora, sob o forno de campanha; quando estiver cozida, deite-se num prato, molhe-se a parte superior com uma clara de ovo batida, polvilhe-se de açúcar, e passe-se por cima a pá em brasa.

**PASTEIZINHOS DE BOCA DE DAMA** – Amassem-se 60 gramas de farinha de trigo com 250 ditas de açúcar e 3 gemas de ovos; depois de bem sovada toda a massa e dura, fazem-se os pasteizinhos da altura de 2 dedos, põem-se a cozinhar vazios; quando estiverem meio cozidos, encham-se de manjar real, e corem-se com a tampa de brasas, ou mandem-se ao forno a cozinhar.

**PASTEIZINHOS DE DAMAS** – Quinhentos gramas de açúcar, 2 talhadas de *cidrão* bem picadinhas, 12 gemas de ovos; posto o açúcar em *ponto de pasta* alta, mistura-se tudo e põe-se a cozinhar, deita-se canela por cima ou cravo; depois de cozido, fazem-se as caixinhas de massa tenra, onde, depois de cozidas, se deita a espécie, polvilhando-se de açúcar e canela.

**PASTEIZINHOS DE TAPIOCA** – Fazem-se como os pãezinhos, com a diferença de que se lhes misturam também 4 claras de ovos e cozinham-se no forno, metidos em forminhas de fazer pastéis de nata untadas com manteiga sem sal.

**PÉ DE MOLEQUE** – Limpam-se 2 quilogramas de açúcar mascavinho claro, deita-se uma porção de amendoins torrados, descascados e comprimidos com os dedos, para ficarem com as duas partes do fruto desmembradas. Quando o açúcar estiver em *ponto de refinar,* tira-se o tacho do fogo, deita-se dentro o amendoim e bate-se; quando está querendo açucarar, vão-se deitando depressa com uma colher bocadinhos na tábua molhada com água; se açucarar de repente, deita-se água e torna ao fogo para desfazer e tornar a tomar o mesmo ponto, e acaba-se de pôr na tábua. Logo que secarem bem, tiram-se da tábua.

**PÉ DE MOLEQUE COM RAPADURA** – Tomam-se duas rapaduras, que se derretem em 4 garrafas de água; lança-se-lhes, em seguida, uma clara de ovo batida com água; deixa-se ferver mais um pouco, coa-se em um pano, torna-se a levar ao fogo, até que tome ponto de açúcar; ajuntam-se um prato de amendoins torrados e privados da pelinha que os cobre e um pedacinho de gengibre socado; tira-se do fogo, e bate-se em tacho com uma colher de pau; quando estiver no ponto de açúcar, despeja-se a mistura em tabuleiros forrados de farinha coada; depois de fria, corta-se em quadrados.

**PESSEGADA BRASILEIRA** – Tomem-se pêssegos, bons e perfeitos; depois de cozidos, passem-se numa peneira bem fina, e ajuntem-se a cada quilograma de massa de fruta 600 gramas de açúcar grosso, já em ponto de refinação; leva-se tudo ao fogo, mexendo-se sempre até ao ponto de coalhar; depois, deita-se em formas até esfriar.

**PÊSSEGOS EM TALHADAS** – Descasca-se e corta-se em talhadas, pesa-se um quilograma de pêssegos, meio de açúcar em calda fervendo, deitam-se os pêssegos a cozinhar com cravo-da-índia, vendo-se o fundo do tacho, está pronto.

**PEIXINHOS DE AMÊNDOAS** – Quinhentos gramas de açúcar em *ponto de cabelo*, 500 ditas de amêndoas pisadas bem fino; leve-se ao fogo até ficar enxuto; depois de esfriar, deite-se a massa nas formas.

**PERAS EM AGUARDENTE** – Escolham-se peras boas, que se descascam e deitam em água fria com alguns pingos de limão ou pedra-ume, a fim de ficarem claras; tirem-se, lavem-se em nova água, e ponham-se ao fogo em calda clarificada. Quando começarem a ferver deite-se-lhes 1 litro de aguardente, dê-se-lhes uma fervura, tirem-se do fogo e metam-se em frascos. Do mesmo modo se fazem os *alperches* e *ameixas*.

**PERAS SECAS E DOCES** – Descasquem-se as peras; raspem-se um pouco os pés, e cortem-se-lhes as extremidades. Deitem-se pouco a pouco em água fresca e em seguida fervam-se até que cedam à pressão dos dedos; tirem-se pouco a pouco com a escumadeira para as deitar em água fresca. Quando estiverem escorridas, para meio cento de peras deitem-se 500 gramas de açúcar em 2 litros de água; quando o açúcar estiver derretido, deitem-se as peras e deixem-se permanecer duas horas; em seguida, ponham-se em tabuleiros com os pés para cima, para as fazer passar uma noite num forno de calor brando, como aquele do qual se acaba de tirar o pão. No dia seguinte, tornam-se a molhar-se as peras no açúcar, e metem-se outra vez no forno, o que se continuará a fazer por espaço de 4 dias, só tirando da última vez quando estiverem completamente secas. Conservam-se em lugar seco o tempo que se quer.

**PETISCO DA BAHIA** – Tomem-se 500 gramas de calda em *ponto de espelho*; depois de fria, deitam-se-lhe 120 gramas de queijo duro e ralado, um coco também ralado, 12 gemas de ovos, um pouco de cravos-da-índia, canela e 60 gramas de fubá de arroz; leva-se tudo de novo ao fogo em uma caçarola, mexendo-se, e tirando-se logo que principiar a ferver; deita-se depois em pequenas formas, pondo-se no fundo de cada uma a metade de uma amêndoa doce descascada, e cozinha-se em forno temperado.

**PETISCO À PERNAMBUCANA** – Toma-se um quilograma de calda fria em *ponto de espelho*; batem-se separadamente 120 gramas de manteiga com 12 gemas de ovos e 30 gramas de chocolate; depois de bem batidos, misturam-se com a calda, e ajuntam-se mais 60 gramas de fubá de raspas de mandioca e 1 coco ralado. Deita-se tudo em uma caçarola, e aquece-se, mexendo-se sem que chegue a ferver; estando bem ligado, deita-se em pequenas formas, e cozinha-se em forno temperado.

**PILÃOZINHO** – Um quilograma de polvilho, 500 gramas de farinha de trigo, 500 ditas de açúcar, 120 ditas de manteiga e 240 ditas de banha, 8 ovos, erva-doce, cravo e canela, o forno um pouco quente e enrola-se como um pilãozinho. *Mariquinhas* é a mesma coisa que pilãozinho, deixando-se apenas de pôr banha.

**PINHAS DE OVOS** – Uma porção de gemas de ovos bem batidas com um bocadinho de farinha de trigo para engrossar. Feita a calda em *ponto de fio*, ajunte-se-lhe um pouco de água de flor, e vão-se deitando com a colherinha os ovos; depois de cozidos, tiram-se e arrumam-se em pratos, dando-se-lhes a forma de pinhas.

**PIPOCAS** – Quatro pires de polvilho, 2 ovos com claras, uma quarta de manteiga, leite quanto baste para amassar. O leite deve ser fervido e deixado esfriar.

---

### ❧ PITANGAS EM CALDA

A pitanga, *Eugenia uniflora,* é nativa, e atribui-se seu nome a um termo tupi-guarani que significa vermelho.

A fruta madura adquire um vermelho luminoso, tendo um odor característico, o mesmo acontecendo com suas folhas.

É geralmente consumida *in natura,* como outras frutas tropicais: manga, jaca, graviola, entre outras.

O doce em calda ou em compota de pitanga é preparado em calda rala, para assim destacar a cor da fruta.

Gilberto Freyre dedicou apreciação especial para a pitanga e criou um conhecido *conhaque de pitanga*, cuja receita é até hoje um segredo de família.

> **Pitangas em calda.** — Toma-se a quantidade de pitangas que se quizer, limpão-se-lhes bem as folhinhas e os pés, rachão-se pelo meio, afim de lhes tirar os caroços, e lavão-se em agua fria. Por outra parte, faz-se uma calda rala, na qual se deitão as pitangas, e que vai ao fogo para ferver até chegar ao ponto de espelho; guardão-se as frutas em vasilhas vidradas.

---

**POCINHOS DE AMOR** – Com um corta-massa liso, da largura de 41 milímetros, redondo e liso, divide-se em 24 rodelas uma massa semelhante à dos pastelinhos. Esvaziam-se no centro com um corta-massa de 27 milímetros de diâmetro, o que dá 24 pequenas coroas. Faça-se uma outra massa, e corte-se também em 25 rodelas com um corta-massa anelado, da largura de 54 milímetros. Ponham-se sobre uma folha, unte-se a superfície com um pincel molhado em gema de ovo batida, e coloquem-se em cima as pequenas coroas; untem-se estas também com gema de ovo batida, ponham-se em forno quente. Depois da cocção, a folhagem tendo inchado, os bolos formam no meio um pequeno poço, que se afunda ainda com o dedo, para o guarnecer de um pouco de confeito. Fecha-se às vezes o poço com um morango, cereja confeitada, ameixa, etc. – Podem-se fazer estes poços em quadrado, em oval, em losango, e embelezá-los com qualquer objeto delicado.

**PRATO EXCELENTE** – Faz-se um angu bem consistente com 250 gramas de fubá de arroz passado em peneira de seda e uma garrafa de leite, despeja-se em uma vasilha, ajuntam-se 120 gramas de manteiga do reino, meio coco ralado, açúcar quanto adoce, 7 gemas de ovos com a clara fina e água de flor de laranjeira; forno regular.

**PRATO PARA SOBREMESA** – Amassam-se 50 gramas de farinha espoada, 2 colheres de manteiga, açúcar e sal ao paladar, com água morna, e barra-se uma lata que se forra com esta massa, deixando um pedaço para tampa. Ajuntam-se 8 claras de ovos com 8 colheres de açúcar e 4 colheres de doce de pêssego, que se batem bem até ficarem em uma massa igual e um pouco consistente; enche-se então a forma, tapa-se com o resto da massa e vai logo ao forno até ficar loura. Com as 8 gemas de ovos, batidas com um pouco de açúcar queimado e um copo de marasquino, se faz um molho que se deita por cima do doce, depois de tirá-lo da forma na ocasião de servir.

**PRAZERES** – Uma xícara de açúcar e um pouco de farinha de trigo, meio copo de água morna temperada de sal, 3 gemas de ovos, tudo bem misturado e vai-se deitando no forno para cozinhar e enrolar-se.

**PUDIM** – Quatro pães que não sejam muito pequenos, partam-se em fatias, e deitem-se em uma sopeira com duas ou 3 garrafas de leite, o qual deve estar mais do que morno; quando ficar bem mole, despeje-se sobre uma peneira grossa, e com a mão se ajude a correr todo o leite; depois, mude-se o pão para uma gamela limpa, passe-se por uma peneira, ajuntem-se 500 gramas de boa manteiga, canela, cravo quanto baste, noz-moscada, cascas de 2 limões raladas e verdes, uma xícara de vinho branco, misture-se tudo bem e, estando já batidas em uma panela 3 dúzias de gemas de ovos com as claras finas e algum açúcar, ajuntam-se aos poucos na massa, que deve estar na gamela, isto com ligeireza, e quase na ocasião de varrer-se o forno, devendo estar já bem batida em uma vasilha uma dúzia de claras de ovos para se ajuntar quase na hora de ir ao forno; depois de deitar os ovos, se ainda precisar de açúcar, se poderá pôr o que for necessário; isto deve ser passado por peneira; já se terão as vasilhas forradas de folhas de bananeiras untadas com manteiga, e passadas ao fogo; quem quiser apronta também um pouco de pão bem torrado e moído para semear sobre a vasilha, depois de a haver untado com manteiga; varra-se o forno, que deve estar esperto, e vá se lançando logo o pudim, as passas e o *cidrão* picado, semeando-se com igualdade nas vasilhas; mande-se para o forno, e quando estiver muito quente cubra-se com papel; depois de cozido, tire-se para esfriar, despeje-se e polvilhe-se com açúcar e canela fina.

**PUDIM DE ABÓBORA-MORANGA –** Quinhentos gramas de abóbora cozida e passada na peneira, 500 ditas de açúcar, 3 colheres de manteiga, 4 gemas e 2 claras de ovos, um pouco de cravo em pó, uma colher de canela. Se a massa não estiver enxuta, põem-se 2 colheres de fubá de arroz e, quando sair do forno, passe-se por açúcar e canela.

**PUDIM ABOLICIONISTA –** Reduzam-se a calda 500 gramas de açúcar e, logo que esfriar, ajunte-se o leite de dois cocos; volta ao fogo a tomar *ponto de pasta*, e ajuntam-se-lhe então 12 gemas de ovos e 125 gramas de manteiga, e em forma bem untada é levada a forno vivo para cozinhar e corar.

**PUDIM DE AIPIM** – Descasca-se, rala-se e espreme-se bem o aipim, que se pode secar ao sol para servir quando for conveniente, ou ajuntar-se logo a 500 gramas de aipim, 12 gemas de ovos bem batidas, 500 gramas de açúcar e leite até que fique a massa rala, duas colheres de manteiga, canela moída, cravo e noz-moscada. Os pratos são forrados com folhas de bananeiras. Pode-se também assar no forno o aipim descascado, depois passar a massa em uma peneira e ajuntar-lhe 4 ou 6 nozes raladas ou pisadas.

**PUDIM DE AMÊNDOAS** – Um quilograma de amêndoas bem limpas, ajunta-se o leite de um coco ralado, um quilograma e meio de açúcar refinado, três talhadas de *cidrão*, 12 ovos, 125 gramas de manteiga bem lavada, canela, cravo, noz-moscada e 125 gramas de farinha de trigo peneirada; combine-se tudo bem, ponha-se nas formas e vá ao forno.

**PUDIM DE AMENDOINS** – Tomam-se 500 gramas de amendoins, descascados e privados das películas, socam-se com 500 gramas de açúcar e ajuntam-se 3 gemas de ovos, a formar uma massa homogênea; deitam-se-lhe depois 125 gramas de farinha de trigo, 125 ditas de manteiga, canela, cravo-da-índia e noz-moscada ralada, duas xícaras de leite gordo, ou quanto baste para formar uma massa de boa consistência, que se põe numa forma untada de manteiga; cozinha-se em forno quente e serve-se.

**PUDIM DE ARARUTA** – Quinhentos gramas de araruta, 2 garrafas de leite; cozinha-se tudo até ficar um angu duro, tira-se, deita-se em um alguidar e deixa-se esfriar, depois se ajuntam 250 gramas de manteiga e bate-se bem, ajuntam-se-lhe 500 gramas de açúcar, torna-se a bater, e vão se botando gemas de ovos até 24, tempera-se com água de flor, vinho branco, aguardente de França, canela, noz-moscada e, depois de tudo junto, deita-se em forma untada de manteiga e vai ao forno.

**PUDIM DE ARROZ** – Quinhentos gramas de arroz afeventado e passado por uma peneira bem fina, 250 gramas de manteiga, 12 gemas e 6 claras de ovos, açúcar, água de flor e canela; bata-se em uma panela bem e, quando estiver para ir ao forno, ponham-se 120 gramas de farinha de trigo.

**PUDIM DE ARROZ À MINEIRA** – Ferve-se meia garrafa de leite com 500 gramas de açúcar refinado e 360 ditas de arroz; quando este estiver bem cozido, ajunta-se um pouco de manteiga, e deixa-se esfriar. Pica-se bem miúdo uma casca de limão, que se mistura com o leite, ajuntam-se 4 ovos inteiros, 5 gemas, e mistura-se bem. Toma-se uma boa forma que se unta com manteiga; dentro desta semeia-se pão ralado; sacode-se a forma para sair o excedente do miolo, e sobre ele se deita a mistura, pondo-se a forma perto do fogo, e cobrindo-a com uma tampa cheia de brasas. Na ocasião de se servir, deita-se a forma em um prato, e serve-se frio ou quente.

**PUDIM DE ARROZ COM QUEIJO** – Ferve-se meio prato de arroz com uma garrafa de leite; estando cozido e seco, ajuntam-se 250 gramas de queijo ralado, 250 gramas de açúcar, um pouco de sal, noz-moscada e 8 gemas de ovos, passas, canela e erva-doce; mistura-se tudo bem, estando a massa posta numa forma untada de manteiga, assa-se no forno ou no borralho, cobrindo com uma tampa cheia de brasas acesas; estando cozida, serve-se com um molho próprio.

**PUDIM DE BANANAS** – Tomem-se 10 ou 12 bananas regulares bem cozidas e passadas por peneira fina e ajuntem-se-lhes um cálice de vinho branco, 3 colheres de farinha de trigo, 3 ditas de manteiga; depois de tudo bem batido, ajuntem-se-lhe mais 250 gramas de açúcar e 6 ovos batidos como para pão de ló; depois de tudo bem ligado, deite-se em forma untada de manteiga e leve-se ao forno para cozinhar e corar.

**PUDIM DE BANANAS** – Unte-se de manteiga um prato côncavo, ponha-se dentro uma camada de pão ralado, sobre esta, uma outra de fatias finas de bananas, uma outra de açúcar refinado e uma outra das seguintes especiarias: canela, cravo, manteiga e noz-moscada; continue-se assim as camadas até encher o prato, e vai depois para o forno por espaço de uma hora; come-se com calda grossa de açúcar.

**PUDIM DA BARONESA** – Tomem-se 720 gramas de banha de rim de boi. Limpe-se cuidadosamente sem deixar-lhe peles nem fibrinhas e, depois, pique-se muito fino. Tenha-se 720 gramas de uvas de caixa e tirem-se-lhes os pés e as sementes. Ponham-se em uma terrina 720 gramas de farinha e misture-se, mexendo com uma espátula de pau, meio litro de leite com uma pitada de sal; ajuntem-se a banha picada e as uvas. Mexa-se tudo bem. Tome-se um guardanapo um pouco espesso, molhe-se na água quente, e polvilhe-se de farinha; lance-se a massa no meio, depois, ate-se fortemente. Tenha-se ao fogo uma marmita de água fervendo, ponha-se o pudim dentro e deixe-se ferver sem interrupção durante 4 horas e meia. O bom êxito do pudim depende inteiramente deste cozimento não interrompido. Para o servir, tira-se do guardanapo e põe-se a seco sobre um prato, depois polvilha-se com açúcar em pó.

**PUDIM BRASILEIRO** – Quinhentos gramas de açúcar, 7 ovos com claras, 5 pães, picam-se os pães e deita-se leite fervendo em cima quanto chegue para ensopar, abafa-se e depois passa-se em peneira fina, e os ovos batem-se com açúcar até ficarem bem misturados, e ajuntam-se à massa de pão; põem-se 7 colheres de queijo ralado e farinha de trigo, que engrosse como um mingau meio duro, deitam-se então cravo, canela, passas e *cidrão*; untam-se as formas com manteiga e levam-se ao forno, que deve ser quente como para pão de ló.

**PUDIM DE CARÁ** – Um quilograma de açúcar, meio dito de cará cozido, descascado e passado por peneira fina, 250 gramas de manteiga, 24 gemas e 12 claras de ovos, cravo, canela, *cidrão* e passas; tudo bem batido, vá em formas para o forno. – Podem-se ajuntar também 500 gramas de pó de arroz, noz-moscada e um pouco de fermento, deixando-se em lugar quente durante 4 horas e levando-se depois ao forno.

**PUDIM DE CASCAS DE LARANJAS** – Tire-se a casca amarela de 14 laranjas e cozinhe-se bastante em água, a qual se deita fora, pondo as cascas em água fria, que se muda duas vezes; esta mudança d'água pode fazer-se de 6 em 6 horas, porque sempre se cozinham de véspera as cascas das laranjas; depois de tiradas da água e limpas em um pano, pisem-se, e, quando ficarem como massa, passem-se por uma peneira, deitem-se-lhes 120 gramas de manteiga, 14 gemas de ovos e 500 gramas de açúcar fino; bata-se tudo por meia hora, e vá logo para o fogo.

**PUDIM DE CASCAS DE LARANJAS** – Doze ovos, metade com claras, 30 gramas de canela em pó, 500 ditas de açúcar bem seco, dez cascas de laranjas tiradas o mais fino possível, bem cozidas e passadas depois por peneira, uma colher de manteiga, outra de vinho branco, outra de água de flor, bate-se bem, unta-se com manteiga a forma, e vai para o forno, que deve ser mais quente que para o pão de ló.

**PUDIM DE CASCAS DE LARANJAS** – De 12 laranjas que tenham a casca bem grossa tiram-se com uma faca uns filetes delgadinhos de alto a baixo, e metem-se dentro de água fria. Cortam-se as laranjas em 4 gomos, tira-se-lhes o miolo, e cozinham-se as cascas em água a ferver; em estando cozidas, deitam-se em água fria e deixam-se estar de um dia para o outro, mudando-se-lhes a água de vez em quando; depois, tiram-se as cascas da água e passam-se por peneira de cabelo bem limpa, e a massa que fica por debaixo da peneira tira-se com uma colher de pau para dentro de um alguidar, e ajuntam-se-lhe depois 500 gramas de açúcar em *ponto de espadana* forte, misturando-se a isto 24 gemas de ovos e um decilitro de rum de Jamaica, ou de conhaque, ou de boa aguardente de prova. Depois disto tudo estar bem mexido e ligado, deita-se em uma forma de pudim, bem untada de manteiga sem sal, e leva-se a forno brando; em estando cozida a massa, tira-se do forno e emborca-se a forma para uma travessa. Leve-se com os filetes que tiramos da laranja, que devem ser cozidos em um pouco de açúcar em calda, que deve ficar em *ponto de espadana*. Os filetes e a calda deitam-se por cima do pudim.

**PUDIM DA CHINA** – 120 gramas de biscoitos moídos, duas garrafas de leite, cravo, erva-doce, *cidrão* socado e picado, 12 ovos, 500 gramas de açúcar, um pouco de queijo ralado e duas colheres de manteiga.

**PUDIM CHINÊS** – Cozinham-se 250 gramas de arroz de Iguape em água temperada com sal; quando estiver quase cozido, escorre-se a água e acaba-se de cozinhar em leite de amêndoas até ficar cozido e enxuto; estando assim, deita-se num alguidar, desfaz-se, o melhor possível, com uma colher de pau, e, em seguida, ajuntam-se 250 gramas de açúcar refinado, a raspa da casca de um limão, 12 gemas de ovos batidas, 100 gramas de manteiga lavada e algumas passas de Málaga; faz-se ligar tudo isto muito bem e, depois, deita-se em formas de pudim, untadas com manteiga, e cozinha-se em forno regular. Este pudim desenforma-se depois de frio.

**PUDIM DE CLARAS DE OVO** – Batem-se as claras até ficarem bem grossas, ajuntam-se-lhes açúcar, canela, casca de limão ralado, e deita-se na forma para ir ao forno. Quem quer deita-lhe também leite e alguma farinha fina de trigo.

**PUDIM DE COCO** – Um quilograma e meio de açúcar feito em calda em *ponto de fio*, um coco ralado, deita-se na calda, ajuntam-se 12 ovos, e vai ao fogo para cozinhar; depois de cozido, despeja-se para esfriar; em estando frio, ajuntam-se 120 gramas de farinha de trigo e mais 18 ovos com claras bem batidas, 2 pires de queijo ralado, 3 colheres de manteiga, cravo, canela, e vai ao fogo, que deve ser um pouco mais quente que para pão de ló.

**PUDIM DELICADO** – Cinco ovos, uma xícara de farinha de mandioca passada em peneira e bem fina, uma xícara de queijo ralado, uma dita de açúcar refinado; mistura-se tudo bem, e põe-se um grelo de limão, cozinha-se em uma frigideira não tendo forma, e unta-se a frigideira com manteiga, e no pudim também se deita uma colher de manteiga.

**PUDIM DE FARINHA DE PÃO** – Oito gemas de ovos, 125 gramas de açúcar branco, 20 ditas de canela, 250 ditas de farinha de pão e 60 ditas de manteiga. Desfaz-se a farinha em água fervendo, que fique em polme brando; batendo, ajuntam-se as gemas batidas já e os mais ingredientes. Passa-se depois para a forma untada de manteiga, e vai a forno brando.

**PUDIM DE FRUTA DE PÃO** – Fruta de pão socada depois de cozida, 750 gramas de açúcar refinado, 7 ovos, sendo três com claras, 2 xícaras de leite, 12 colheres de manteiga derretida para se medir, uma pitada de erva-doce socada e outra de noz-moscada, uma colherinha rasa de canela, sal quanto tempere e o forno é como para pão de ló.

**PUDIM DE FRUTA DE PÃO** – Fruta de pão 500 gramas, açúcar refinado 250 ditas menos 30 gramas ou uma colher, manteiga derretida 12 colheres, 3 ovos e 4 gemas, 28 colheres de leite, uma pitada de erva-doce socada e outra de noz-moscada, uma colherinha rasa de canela em pó, tempere-se a gosto. – *Explicação*: descasca-se uma fruta e cozinha-se, depois se limpa, pesa-se, soca-se em pilão, e para facilitar o socado e não ficar com caroços, põem-se da manteiga que deve levar a massa 2 colheres, e quando estiver socado vai à gamela para amassar-se. Deve-se primeiro pôr a metade do leite na massa e, depois de ligar o leite, então põe-se o açúcar, depois o resto da manteiga e os ovos e por último o resto das 28 colheres de leite. Untam-se as formas com manteiga e o forno deve ser pouco mais quente do que para pão de ló.

**PUDIM DE GUARDANAPO** – Garrafa e meia de leite, pão quanto engrosse, duas colheres de manteiga, 500 gramas de açúcar refinado, 20 gemas e duas claras de ovos, *cidrão*, passas, vinho branco, noz-moscada e água de flor; misture-se bem e vá ao fogo.

**PUDIM DE GUARDANAPO** – Duzentos e cinquenta gramas de farinha, amasse-se com leite e ovos até ficar como pão de ló, ajuntem-se passas, noz-moscada, *cidrão*, casquinha de limão ralada, manteiga, açúcar – na falta do *cidrão*, doce de limão; deite-se em um guardanapo bem tapado e, estando a água a ferver, ponha-se um prato no fundo com o pudim, que se vai virando até ficar duro, então deixe-se cozinhar por espaço de 5 horas, reformando-se a água, que deve ser quente. – *Molho para o mesmo*: um cálice de leite e outro de vinho; cozinhe-se primeiro o leite com farinha de trigo, ajuntem-se o vinho e a manteiga, e ponha-se quente em cima do pudim.

**PUDIM DE LARANJAS** – Quinhentos gramas de açúcar refinado posto em uma vasilha, uma dúzia de ovos, gemas e claras, e duas laranjas. Vão-se espremendo as laranjas em uma peneira, quebrando os ovos e passando tudo junto; depois de passado, mexam-se os ovos com o açúcar, passe-se por uma peneira nove vezes até ficar tudo muito unido; depois, põe-se em uma folha, vá a cozinhar dentro de um tacho com água fria, devendo, porém, ter-se o cuidado de não deixar a água entrar na folha quando começar a ferver; logo que ficar meio cozido, ponha-se por cima uma folha com brasas para tostar.

**PUDIM DE LARANJAS** – Tomam-se 12 ovos, claras e gemas, batem-se com 500 gramas de açúcar refinado; depois de estarem bem batidos como para pão de ló, ajunta-se o caldo de 3 laranjas doces, e mistura-se bem. Em seguida, despeja-se esta massa em uma folha de cozinhar pão de ló, e leva-se para cozinhar em banho-maria, pondo-se por cima uma tampa com brasas. Leva-se um quarto de hora para cozinhar, e conhece-se que está cozido quando, levantando-se a tampa, se vê o pudim despegado da forma; tira-se e deixa-se esfriar um pouco na folha, e despeja-se num prato.

**PUDIM DE LEITE** – Ponham-se em um alguidar 500 gramas de açúcar, 5 decilitros de leite, 24 gemas e 2 claras de ovos, canela e casca de limão quanto baste; bata-se tudo por uma hora ao menos, sempre para o mesmo lado, com a mão ou com uma cana fendida. Passa-se depois por pano bem tapado para a forma, já untada com açúcar em *ponto de pasta*. Cozinha-se em banho-maria, pondo sobre a tampa quanto baste de brasas para dar-lhe cor. A prova do palito indicará quando estará pronto, espetando-o e saindo enxuto; então se tirará para o prato.

**PUDIM DE LEITE** – Uma garrafa de leite, 250 gramas de farinha de trigo ou de polvilho, 12 gemas e duas claras de ovos, 120 gramas de manteiga, um quarto de queijo ralado, 720 gramas de açúcar feito em calda com o *ponto de pasta*. Mistura-se o leite com a farinha de trigo, batem-se os ovos separados e mistura-se com o leite, ajuntam-se-lhe a manteiga e o queijo, depois a calda, que deve estar bem fria; mexa-se bem; a forma untada com manteiga vai ao forno, que deve ser brando para não queimar.

**PUDIM DE LEITE COZIDO** – Derrama-se uma boa garrafa de leite fresco a ferver em cima de 3 colheres de farinha de trigo, bate-se tudo isto por espaço de meia hora; depois, deitam-se 3 ovos, torna-se a bater por mais tempo, raspa-se em cima um pouco de gengibre, cerca de meia colher de chá, molha-se um guardanapo em água fervendo e unta-se depois com manteiga, polvilha-se com farinha e lança-se o pudim dentro, amarrando-se bem; põe-se a cozinhar em água com o guardanapo, e tudo de modo que não chegue ao fundo da panela, para que se não queime o guardanapo. Quando se tirar e ao deitar-se, lança-se por cima a manteiga derretida.

**PUDIM DE MILHO-VERDE** – Tomam-se 12 espigas de milho-verde, deitam-se em leite até incharem e, depois, ralam-se. Ajunta-se ao milho ralado uma garrafa de leite adoçado à vontade, 120 gramas de manteiga lavada, 4 ovos bem batidos, pimenta e sal à vontade, e vai para o forno em um prato côncavo.

**PUDIM MIMOSO** – Deitem-se sobre 200 réis de pão duas garrafas de leite fervendo; depois de estar o pão bem ensopado, passe-se por peneira fina, ajuntem-se 10 ovos com claras e 10 sem elas, 250 gramas de manteiga, 500 ditas de açúcar refinado, passas, *cidrão*, e leve-se ao forno em forma untada de manteiga.

**PUDIM DE MARMELADA** – Um quilograma de açúcar em *ponto de espadana*, 60 gramas de amêndoas bem pisadas, 60 ditas de manteiga, 500 ditas de marmelada bem desfeita e 24 gemas de ovos. Depois de bem batidas as gemas, ajuntam-se pouco a pouco, batendo sempre, a marmelada, a manteiga, as amêndoas e, por último, o açúcar. Bem incorporado tudo, se passa para o molde, untado com manteiga, e vai ao forno temperado.

**PUDIM DE NATA** – Três pires de nata, 12 gemas e 4 claras de ovos, 500 gramas de açúcar, canela em pó, casca de limão ralada; depois de tudo batido, ajuntam-se-lhe duas mãos cheias de farinha de trigo e torna-se a bater bem; unte-se uma caçarola com manteiga, cubra-se de pão torrado; deite-se então o polme e meta-se no forno a calor brando; logo que tomar a consistência necessária, tire-se do forno e deixe-se esfriar.

**PUDIM DE NOIVA** – Tomam-se 18 claras de ovos, 500 gramas de açúcar, 500 ditas de farinha de trigo e 500 ditas de manteiga. Bate-se a manteiga com o açúcar até ficar branco e separadamente as claras. Depois reúne-se tudo com a farinha e vai ao forno como pão de ló.

**PUDIM DE OVOS** – Deitam-se em uma caçarola 500 gramas de açúcar fino e 4 decilitros de água; com uma colher de pau, dissolve-se o açúcar e põe-se a água ao fogo, para ferver até ficar em *ponto de espadana*; depois, tira-se do fogo e deixa-se arrefecer. Mexem-se muito bem numa tigela, com uma colher de pau, 24 gemas de ovos com 30 gramas de manteiga, e vão se ajuntando pouco a pouco no açúcar até ficarem bem ligadas. Deitam-se-lhes então umas raspas de casca de limão ou de laranja, duas pitadas de canela, ou meio decilitro de rum ou conhaque, ou uma pitada de baunilha, conforme o gosto que se preferir. O pudim vai ao forno em uma forma untada com óleo de amêndoas doces, deitando-lhe antes no fundo uns pingos de açúcar queimado.

**PUDIM DE PÃO** – Põem-se de molho em um litro de leite 400 gramas de miolo de pão partido em fatias finas, e, logo que esteja bem mole, desfaz-se muito bem, até ficar macio; então ajuntam-se-lhe 400 gramas de açúcar refinado, 100 ditas de manteiga lavada, uma pitada de noz-moscada e outra de canela em pó, a raspa da casca de um limão, 100 gramas de passas de Málaga e 10 gemas de ovos. Faz-se ligar tudo isto muito bem com uma colher de pau, e depois se deita em formas pequenas de pão de ló, bem untadas com manteiga, e cozinha-se em forno regular. Depois de cozido, desenformado e frio, polvilha-se com açúcar e canela.

**PUDIM DE PÃO** – Deita-se um litro de leite em uma caçarola, põe-se ao fogo, e logo que ferva ajuntem-se-lhe 400 gramas de miolo de pão partido em fatias, deixando-as ensopar bem no leite; depois, desfazem-se bem com uma colher de pau até ficar uma massa bem ligada; estando assim, tira-se do fogo, deita-se num alguidar, deixa-se esfriar, e ajuntam-se-lhe depois 400 gramas de açúcar refinado, a raspa de casca de um limão, 12 ovos batidos, claras e gemas, 150 gramas de manteiga lavada, 100 gramas de passas de Málaga, 100 ditas de *cidrão* e 2 cálices de conhaque ou vinho branco; faz-se ligar todos estes ingredientes, mexendo-os com a colher, e, depois, cozinham-se os pudins em formas próprias, bem untadas de manteiga, em forno regular.

**PUDIM DE PÃO** – Deita-se em uma caçarola o miolo de 3 ou 4 vinténs de pão, deitam-se por cima duas garrafas de leite fervendo; estando ensopado, ajuntem-se-lhe gemas de ovos, 120 gramas de manteiga, casca de limão ou de laranja picada, açúcar peneirado e algumas passas, tempera-se de sal, espécies finas, meia garrafa de vinho Madeira, mistura-se tudo com as claras batidas, ata-se em um guardanapo untado de manteiga por dentro e farinhado com farinha de trigo, deita-se em uma panela com água fervendo e assim continuará até estar cozido; depois, deixa-se escorrer, deita-se no prato e serve-se com calda.

**PUDIM DE PÃO** – Quinhentos gramas de açúcar refinado, 500 ditas de manteiga, um pão e meio, 18 ovos, metade de um queijo ralado, um coco ralado, duas garrafas de leite, 2 limões espremidos, uma noz-moscada ralada, canela, passas, 500 gramas de *cidrão*; é batido como os outros pudins.

**PUDIM DE PÃO** – Deitem-se ao fogo em uma garrafa de leite 500 gramas de pão em fatias, sem côdea e untadas com manteiga. Antes de levantar fervura, ajuntam-se-lhes 12 gemas de ovos bem batidas com 250 gramas de açúcar, depois as doze claras bem batidas com 10 gramas de aguardente e, quando ferver, se lhes ajuntem a casca de um limão e 125 gramas de passas sem caroços. Deixa-se ferver um pouco, tira-se do fogo e, em estando frio, deita-se no molde untado com manteiga, e vai a forno temperado.

**PUDIM DE PÊSSEGOS** – Unta-se uma forma de manteiga, e forra-se com uma porção de massa, de modo que, além das paredes da forma, fique massa bastante para tapar o pudim; enche-se então de pêssegos cortados ao meio e sem caroços; descascam-se uns dois para dar gosto, põem-se açúcar, leite, segundo o tamanho do pudim, e um pouco de canela em pó; depois de cheia a forma, volta-se a massa restante de modo que cubra bem a fruta, que está dentro, atendendo-se que a massa seja da mesma grossura de todos os lados e que pelo menos tenha meia polegada de grossura; ata-se depois a forma dentro de um pano grosso, e cozinha-se em banho-maria; depois de pronto, serve-se dentro da forma, ou fora dela.

**PUDIM PORTUGUÊS** – Um quilograma de açúcar bom, um dito de manteiga, 3 ou 4 pães de 40 réis, 36 ovos, 1 queijo de minas ralado, 2 cocos ralados, 4 garrafas de leite, 4 limões espremidos, meia noz-moscada ralada, canela, passas sem caroços, 250 gramas de *cidrão*, 250 ditas de farinha de trigo; misture-se bem, depois se unte a bacia ou caçarola com bastante manteiga, ponha-se em cima papel e sobre ele se lance a massa; leve ao forno a cozinhar; quando estiver cozido, tira-se o papel, passa-se para um prato, e vai para a mesa. Atura 3 ou 4 dias.

**PUDIM DE QUEIJO** – Deite-se um pão de molho em leite fervendo; estando bem mole, passa-se por uma peneira fina, e ajuntam-se a 4ª parte de um queijo duro e ralado, 24 gemas e 12 claras de ovos, 120 gramas de manteiga derretida, um quilograma de açúcar refinado, água de flor de laranjeira, passas e *cidrão*; bata-se bem com uma colher de pau e vá em formas para o forno. Experimenta-se com um palito para ver quando está cozido.

**PUDIM DE QUEIJO** – Soque-se o queijo, passe-se por uma peneira bem fina, quebrem-se 20 ovos, açúcar quanto engrosse, bata-se como pão de ló, deitem-se cravo, erva-doce e canela, tudo bem moído; deitem-se depois três partes de farinha de queijo e uma de farinha de trigo, até ficar como o pão de ló. Se o queijo for seco, unte-se a folha com manteiga antes de forrar a bacia e depois de assar-se.

**PUDIM DE QUEIJO** – Um quilograma de açúcar, 24 gemas e 6 claras de ovos bem batidas, 120 gramas de queijo de minas que seja duro, 120 ditas de farinha de trigo e 60 ditas de manteiga. Feito o açúcar em ponto de calda rala, ajuntam-se os ovos e a manteiga derretida, mexe-se e deita-se então o queijo bem ralado.

**PUDIM DE QUEIJO** – Tira-se a côdea ao pão, parte-se em fatias que se põem de molho no leite; depois, partem-se fatias bem finas de queijo e batem-se em um prato 6 ovos. Quando tudo isto estiver pronto, unte-se a forma com manteiga e vão-se deitando camadas de pão, queijo e açúcar sobrepostas umas às outras; logo que a vasilha ficar cheia, fura-se o conteúdo em diversos lugares, derramam-se os ovos e vai para o forno; saindo bom, reparte-se com quem deu a receita.

**PUDIM REPUBLICANO** – Seiscentos gramas de açúcar, 12 gemas e 6 claras de ovos, 150 gramas de farinha de trigo peneirada, 1 litro de leite, 6 cálices de vinho branco e metade de uma noz-moscada bem ralada. Põem-se o açúcar, a farinha e a noz-moscada em um alguidar e misturam-se bem; depois, vão-se-lhes ajuntando os ovos um a um, mexendo-os no açúcar com uma colher de pau; feito isto, adicionem-se-lhes o leite e o vinho, e misturem-se bem. Toma-se uma forma das próprias para o pudim de laranja, unta-se com calda em *ponto de fio*, leva-se a cozinhar em banho-maria. Para esse fim, põe-se ao fogo um tacho com água e, logo que esta ferva, coloca-se a forma no meio; deve-se observar que a água não suba a mais de meio da altura da forma; põe-se depois por cima do tacho um tabuleiro de forno com brasas, tendo-se o cuidado de verificar de vez em quando se o calor das brasas é demasiado para evitar que o pudim se queime por cima. Quando estiver cozido, tira-se a forma da água e deixa-se esfriar. Ao encher a forma, mistura-se bem o líquido para que a farinha não fique depositada no fundo do alguidar.

**PUDIM DE ROSCAS** – Tomam-se 18 gemas e 6 claras de ovos, 750 gramas de açúcar refinado, uma garrafa de leite, uma noz-moscada ralada, 120 gramas de manteiga lavada e duas roscas bem socadas. Depois de estarem bem batidos os ovos, deitam-se-lhes a manteiga e o açúcar, e torna-se a bater bem, e, logo depois, ajunta-se o leite e, afinal, a rosca; continua a bater-se até ir ao forno.

**PUDIM DE SAGU** – Precisa-se de 170 gramas de sagu, 6 ovos, 30 gramas de gelatina, que se dissolve, 100 gramas de açúcar, um pouco de casca de limão e de canela. Ferve-se o sagu com leite, casca de limão e canela, até ficar consistente, ajunta-se depois, mexendo sempre, a gelatina dissolvida; deixando-se ferver a massa, ajuntem-se (fora do fogo) as gemas de ovos e um pouco de leite, mexendo-se bem com o sagu, tal como saiu do fogo e despeja-se tudo numa forma em que se deixa esfriar. Quando frio, despeja-se e serve-se com um molho de sumo de frutas ou vinho tinto. É para dez pessoas esta porção.

**PUDIM SIMPLES** – Duas garrafas de leite, 5 colheres de sopa de maisena, 120 gramas de açúcar. Aqueçam-se o leite e o açúcar até ferver; então ajunte-lhes a maisena, depois de ter sido dissolvida em uma porção do leite frio; ferva por 2 ou 3 minutos, mexendo sempre; dê-se-lhe o gosto que quiser, depois deite-se em formas. Sirva-se frio, com fruta, conservas ou geleias como molho.

**PUDIM DE TAPIOCA** – Faz-se um creme com 18 ovos, uma garrafa de leite, um pau de canela e casca de limão; quando estiver feito, unta-se uma forma lisa de pudim com manteiga e metem-se-lhe *pãezinhos de tapioca*, até encher, acabando-se de encher com creme; cozinha-se em banho-maria e, em estando cozido, desenforma-se e serve-se. Quando se queira fazer o pudim, devem-se fazer os pãezinhos menores.

**PUDIM DE TAPIOCA** – Ferve-se uma garrafa de leite com um pau de canela, que se tira logo que tenha o aroma, ajuntam-se 250 gramas de tapioca que se deixa amolecer no leite, ajuntam-se depois 2 ovos, um pouco de manteiga, deita-se em uma forma untada de manteiga e cozinha-se em banho-maria por espaço de meia hora.

**QUEIJADAS** – Setecentos gramas de açúcar, 500 ditas de amêndoas pisadas; põe-se a calda ao fogo; logo que ferver, levanta-se a calda com uma colher, se cair não muito grossa tira-se, deitam-se as amêndoas, torna a ir ao fogo a enxugar o óleo. Devem estar 12 ovos batidos com as claras finas, vão-se deitando dentro e mexendo, torna a ir ao fogo a enxugar os ovos; despejam-se no alguidar. No outro dia, fazem-se as queijadas ou broinhas. Se forem *broinhas*, deitam-se dois gramas de raspas para se poderem enrolar nas mãos e vão ao forno.

**QUEIJADAS DE AMÊNDOAS** – Tomam-se 625 gramas de açúcar em *ponto de bala* mole; estando fora do fogo, deitam-se-lhe 500 gramas de amêndoas bem pisadas, desfazendo-as com a colher à proporção que se forem deitando na calda; torne-se a pôr ao fogo, até levantar fervura, então deitem-lhe 8 gemas e 4 claras de ovos. Ferva-se mais um pouco, deitem-lhe canela por cima, tire-se do fogo, e despeje-se para no dia seguinte se fazerem as queijadas. A massa para elas faz-se com uma colher de sopa de manteiga, 3 gemas de ovos e 500 gramas de farinha de trigo.

**QUEIJADAS DE AMENDOINS** – Torrem-se os amendoins em fogo brando, tire-se-lhes toda a casca vermelha e, estando bem limpos, soquem-se e passem-se por uma peneira fina; depois, pesem-se 860 gramas de açúcar, faça-se uma calda grossa e deixe-se esfriar. Quando a calda estiver coalhada, ponha-se o amendoim e mexa-se com toda a pressa, ajuntando-se 12 gemas e 6 claras de ovos bem batidas; depois, deitem-se duas colheres de farinha de trigo e outras duas de fubá mimoso, e vá se batendo sempre até que a massa fique de modo que se possam fazer as queijadas, isto é, bem mole; se for para broinhas, deve ficar dura em termos de mover-se na mão.

**QUEIJADAS DA CAPITANIA** – Um quilograma e meio de açúcar em ponto alto, 500 gramas de coco, 18 gemas de ovos; vai ao fogo para cozinhar, amassa-se o folhado para capa de queijada e vai ao forno.

**QUEIJADAS COALHADAS DE LEITE** – Deitam-se 4 litros de leite a coalhar como para queijo; em estando bem coalhado, que o soro fique bem apura-do; toma-se esta coalhada, 500 gramas de açúcar refinado, um bocadinho de rolão, outro tanto de manteiga, outro de canela em pó, 12 gemas de ovos e raspa de um limão quanto dê gosto, amassa-se tudo isto bem, de sorte que não fique muito brando, nem muito duro; depois disto pronto, toma-se massa, feita com manteiga, gemas de ovos, e açúcar; depois de prontas as queijadas, fazem-se-lhes umas preguinhas com os dedos, que é para ficarem bicudas, deita-se-lhes por cima um bocadinho de açúcar e vão para o forno. Quanto ao tamanho, fazem-se como se quiser. Quando se estende a massa vai-se pondo em tiras sobre uma toalha, para depois se cortar do tamanho que se quiser fazer as queijadas; esta massa não leva fermento.

**QUEIJADAS DE COCO** – Depois de limpos 620 gramas de açúcar, e postos em *ponto de espadana*, tire-se o tacho do fogo, misturem-se-lhes 500 gra-mas de coco ralado, 12 gemas de ovos batidas, leve-se ao fogo para incor-porar, deixando-se ferver bastante tempo até ficar grosso; tire-se então do fogo, lancem-lhe água de flor de laranjeira, deite-se em pratos, enrolem-se as broinhas com farinha de trigo, e mandem-se para o forno.

**QUEIJADAS DE MINAS** – Toma-se um e meio quilograma de açúcar, com o qual se faz uma calda em *ponto de espelho*, ajuntam-se 36 gemas de ovos, desmanchadas com uma colher, põe-se em seguida um quilograma de coco-da-baía ralado, canela em pó e água de flor; tira-se o tacho do fogo, ajunta-se, quanto for preciso, pó de raspa para enxugar a massa. Põe-se esta massa em uns pratos e vai ao forno para tomar cor. Este doce serve também para encher tortas, morgados, canudos.

**QUEIJADINHAS** – Deitem-se em uma caçarola 32 gramas de farinha peneirada que se misturam com um ovo inteiro, de maneira a fazer uma massa sem grumos. Ajuntem-se 6 gemas de ovos, 125 gramas de açúcar em pó, 6 massapães esmigalhados, um ovo inteiro e um grão de sal. Depois de se misturar tudo e bem trabalhado, incorpore-se meio litro de creme e aromatize-se com sumo de um limão ou de uma laranja ou qualquer outro perfume. Quando as formas estiverem coradas, deite-se em cada uma delas um bocadinho de manteiga com a quantidade de creme que possam conter. Leve-se a forno moderado e, depois, polvilhem-se com açúcar de pedra em pó.

**QUEIJADINHAS DE AMÊNDOAS** – Põem-se no fogo 2 quilogramas de açúcar; logo que estiver em ponto grosso, e começar a ajuntar, o que se experimenta pondo um pingo d'água, deitam-se-lhe um quilograma de amêndoas bem pisadas, que fiquem como massa, 250 gramas de casca de limão ralada, 40 réis de canela em pó e mais dois limões-galegos ralados, dá-se-lhe uma volta ao fogo, tira-se e quando arrefecer, tendo-se já 4 dúzias de gemas de ovos bem batidas como para pão de ló, vão-se deitando no mesmo tacho e mexendo bem até ficar muito unido; torna ao fogo para cozinhar bem os ovos, tira-se e fazem-se as queijadinhas, para o que se têm preparados 1.750 gramas de farinha umedecida com água, quanta apague o pó, 250 gramas de manteiga, 120 ditas de açúcar e um bocadinho de canela; fica dura, estende-se e fazem-se as queijadinhas.

**QUEIJADINHAS DE COCO** – Limpe-se um quilograma de açúcar num tacho dando-se-lhe *ponto de espadana*, ajunte-se-lhe um coco bem ralado e, quando esfriar, ajuntem-se-lhe 24 gemas de ovos bem batidas, mexendo-se lentamente para não açucarar, devendo ser este trabalho feito a fogo brando; depois do que tome-se massa como para empadinhas, cortada em pequenas rodas, sobre as quais se deitam, às colheres, pequenas porções deste preparado, levantando-se com carretilha a beira da massa; deitem-se estas queijadinhas em bandejas bem untadas de manteiga e levem-se a forno regular para cozinhar e corar.

QUEIJÃO – Três garrafas de leite, açúcar quanto adoce, sal quanto tempere, uns pedaços de canela; vão ao fogo para engrossar; depois, tira-se a canela, ajuntam-se 9 ovos passados na peneira e casca de limão ralada; vai-se passando de um prato para outro até ficar bem misturado, põe-se em latas untadas de manteiga e vai cozinhar em banho-maria.

QUEIJINHOS DE AMÊNDOAS – Em 750 gramas de açúcar em ponto de pasta deitem-se 500 gramas de amêndoas socadas e passadas em peneira fina; leve-se ao fogo e, quando aparecer o fundo do tacho, tire-se e façam-se os queijinhos à mão; depois, enche-se com ovos moles o espaço vazio que se deixa no centro dos queijinhos.

QUEIJOS ASSOPRADOS – São excelentes bolinhos, que se servem como pratos de meio. Para os fazer, tomam-se 180 gramas de fécula de batatas, 90 ditas de manteiga fresca, meio litro de creme simples e alguns grãos de sal. Faça-se cozinhar esta mistura até que esteja perfeitamente ligada; então ajuntem-se um pouco de noz-moscada e uma pequena quantidade de queijo parmesão. Quando tudo estiver meio frio, ajuntem-se então 12 gemas de ovos, e mais tarde, no momento de pôr os bolos no forno, 8 claras batidas em neve, 180 gramas de queijo parmesão; um quarto de hora antes de servir-se, encha-se com esta preparação caixas de papel, que serão antes untadas de manteiga e secas na estufa. Disponham-se sobre folhas de flandres, e metam-se em forno moderadamente quente. Sirvam-se os bolos quentes e bem arranjados, isto é, dispostos com gosto sobre um prato guarnecido de um guardanapo.

**QUINDINS BRASILEIROS** – Quinhentos gramas de açúcar em calda, com ponto de meia pastinha, um coco de 500 gramas, 120 gramas de manteiga, 120 ditas de farinha de trigo peneirada, 6 gemas e 3 claras de ovos. Deite-se em um alguidar o coco bem ralado e ajuntem-se-lhe os ovos, mexa-se a ficar tudo ligado, deite-se a farinha, mexa-se, ajunte-se a manteiga, mexa-se e deite-se a calda bem fria; estando tudo bem ligado, ponha-se nas formas e vá ao forno.

**RADAMÉS** – Põem-se num gral de mármore 325 gramas de torrões bem secos de açúcar de Pernambuco e 450 gramas de amêndoas doces; soca-se tudo muito bem e passa-se por peneira de arame; depois, deita-se num alguidar e ajuntam-se-lhe mais 250 gramas de farinha de arroz, 100 ditas de manteiga lavada, 6 ovos, claras e gemas, e bate-se tudo muito bem com uma colher de pau; quando tudo estiver bem misturado, ajuntam-se-lhe 6 claras de ovos bem batidas. Unta-se uma forma de pudim com bastante manteiga, deita-se-lhe a massa dentro e faz-se cozinhar em forno regular: quando estiver cozida, tira-se da forma, glaça-se com geleia, e enfeita-se com doce de frutas, amêndoas e pistaches cortados ao comprido. Conhece-se que estão cozidos quando, apalpando-os por cima, a massa estiver consistente, então se tiram do forno e da forma.

**RAIVAS** – Quinhentos gramas de manteiga, 500 ditas de açúcar, 12 gemas de ovos e pó de arroz quanto baste para que se possam fazer os bolos, que se marcam com a faca, e vão ao forno em bacias forradas de raspa, untando-se os bolos com clara de ovo na ocasião de irem para o forno, que não deve ser brando.

**RAIVAS** – Doze gemas e 6 claras de ovos, 500 gramas de açúcar, 500 ditas de manteiga derretida, um e meio quilograma de farinha de trigo e um pouco de canela. Una-se tudo bem, e amasse-se; façam-se depois argolinhas, ou bolinhos, e metam-se no forno a calor brando, e, logo que forem tomando a cor loura, tirem-se.

**RAIVINHAS** – A 250 gramas de amêndoas bem pisadas ajuntem-se 250 ditas de manteiga bem lavada, 250 ditas de açúcar e 1 a 6 gemas de ovos; bata-se tudo até ficar bem branco. Deita-se-lhe depois farinha de trigo quanto baste para enxugar, e um bocadinho de casca de limão e de canela. Cozinham-se em forno brando.

**RODINHAS DE AMÊNDOAS** – Em 250 gramas de açúcar que estale quando bater no prato, deitem-se 500 gramas de amêndoas bem pisadas, e antes de se pisarem limpam-se em uma toalha; logo que estiver desfeita a amêndoa no açúcar, deitem-se 4 gemas de ovos, leve-se ao fogo a cozinhar pouco, tire-se para no outro dia se fazerem as rodinhas e, querendo, podem-se fazer do feitio de fartes que sejam menores. Vão a forno brando a torrar e, logo que estiverem frias, se vão passando pelo açúcar como pão de ló. O açúcar há de estar limpo do outro dia, para que esteja bem forte e fique bem seco; procura-se açúcar que seja bem forte e claro.

**ROSCAS DE AIPIM** – Cozinha-se o aipim e tiram-se as fibras de dentro, soca-se no pilão com um pouco de fubá de milho até que fique bem misturado, leva manteiga e banha de porco, açúcar, erva-doce e fermento; depois de bem sovado, fazem-se as roscas, e põem-se no tabuleiro a fermentar, para irem então ao forno. Servem para o almoço.

**ROSCAS DO BARÃO** – Um e meio quilograma de farinha de trigo, 2 ovos, 2 colheres de banha derretida, uma colher de manteiga sem derreter, água de sal e 360 gramas de fermento.

**ROSCAS À BRASILEIRA** – Deita-se em uma gamela um prato de farinha de mandioca, e sobre esta uma garrafa de leite quente; mexe-se e ajuntam-se um prato de polvilho, 125 gramas de banha de porco, 4 colheres de açúcar, um pouco de sal, erva-doce, 8 ovos inteiros e o leite necessário para fazer uma massa um pouco branda. Fazem-se depois com esta massa umas roscas, que se cozinham em forno quente.

**ROSCAS DOCES** – Para cada 500 gramas de farinha, 2 ovos, duas colheres de gordura e 120 gramas de açúcar. Amassa-se bem e fazem-se as roscas.

**ROSCAS DOCES** – Quinhentos gramas de farinha de trigo, 250 ditas de fermento, 10 ovos, 14 colheres de açúcar refinado, 28 colheres de banha, 6 ditas de manteiga derretida; depois de se ter unido a banha e o fermento à farinha, vai-se amolecendo com leite.

**ROSCAS DOCES** – Tomam-se 500 gramas de farinha de trigo, amassa-se com 30 ditas de bom fermento desfeito em um copo de leite quente. Põe-se esta massa em lugar quente, e deixa-se levedar até ter adquirido 4 vezes o seu primeiro volume. Por outra parte, deita-se um e meio quilograma de farinha de trigo em uma gamela, formando-se no meio uma cova, onde se deitam uma colher de sal, 120 gramas de banha de porco, 120 ditas de açúcar, 4 gemas de ovos e o leite necessário para fazer uma boa massa; ajunta-se ainda o fermento, trabalhando-se bem a massa durante 4 horas; em seguida, formam-se as roscas, dando-lhes as formas usadas, e põem-se sobre folhas, para cozinharem em forno quente.

**ROSCAS DE MILHO** – Quinhentos gramas de fubá branco passado por peneira de seda, 120 ditas de açúcar refinado, 60 ditas de manteiga não lavada, 6 gemas de ovos, erva-doce e casca de limão. Amassa-se bem e, depois, fazem-se as roscas, põem-se em bacias untadas com manteiga e vão ao forno a cozinhar. Depois, torram-se em calor brando.

**ROSCAS DE POLVILHO** – Dois pratos de polvilho, uma xícara de banha de porco, duas colheres de manteiga, 500 gramas de açúcar, 8 ovos, erva-doce e cravo. A massa deve ficar um pouco dura, de modo que precise ser sovada para depois se fazerem as roscas.

**ROSCAS DE POLVILHO** – Um pouco de polvilho peneirado, bem claro e bom, vai-se escaldando com leite a ferver pouco a pouco, e deitando alguns ovos, uns com claras e outros sem elas. Faz-se uma massa deitando-se sempre o leite a ferver, que fique na consistência de fazerem-se as rosquinhas, deitam-se erva-doce, um pouco de manteiga, fazem-se as roscas, põem-se em bacias com folhas de bananeira, e vão ao forno para cozinhar.

**ROSCAS SECAS** – Quinhentos gramas de farinha, 120 ditas de fermento, duas colheres de manteiga, duas ditas de banha de porco e 4 ovos, sal quanto chegue para temperar; amassa-se tudo; quando estiver pronto, deita-se na gamela e sova-se; a massa deve ficar dura; depois, fazem-se as roscas, põem-se no tabuleiro para fermentar e vão ao forno, que é como para pão de ló.

**ROSQUINHAS** – Quinhentos gramas de fermento, um quilograma de farinha de trigo para amassar, 10 ovos, uma xícara de banha, açúcar quanto baste, um pouco de sal moído, sova-se bem, e quando a massa fica dura não se deita água, porém, sim, leite.

**ROSQUINHAS** – Dois quilogramas de farinha de trigo, 500 gramas de fermento, 18 ovos, 500 gramas de açúcar em *ponto de refinar*, 250 ditas de manteiga, 250 ditas de banha de porco derretida, misture-se tudo, e deixe-se levedar em um alguidar para se fazerem as rosquinhas, que vão ao forno. A massa deve ser dura.

**ROSQUINHAS DE AMÊNDOAS** – Setecentos e cinquenta gramas de açúcar em *ponto de bala* – que quando se deitar no prato tina –, 500 gramas de amêndoas bem pisadas como massa e desmanchadas bem, de sorte que não bata; logo que estiverem desmanchadas, deitam-se 4 gemas de ovos, que levem alguma clara fina, pouca; tudo o mais misturado vai ao fogo a cozinhar, de modo que mostre bem o fundo do tacho. Deita-se em um alguidar e guarda-se para, no dia seguinte, se fazerem as rosquinhas, que vão se enrolando com farinha de trigo, e mandam-se para o forno brando, de modo que fiquem bem cozidas e torradas; depois se cobrem com açúcar.

**ROSQUINHAS DE FARINHA DE TRIGO** – Dois quilogramas de farinha de trigo, 500 gramas de fermento, 8 ovos, duas colheres de manteiga, uma xícara de banha, 360 gramas de açúcar refinado e erva-doce; depois de bem amassado, vá se amolecendo com água de sal até ficar em ponto de estender sem que pegue na tábua, e rebentem bolhas, fazem-se as rosquinhas, põem-se em tabuleiros; abafem-se umas poucas horas para fermentar, então, em folhas polvilhadas com farinha de trigo; cozinhem-se ao forno em calor esperto, que se possam ir tirando umas e pondo outras; depois que o forno estiver mais frio, vão a torrar.

**ROSQUINHAS DE FUBÁ DE MILHO** – Deitam-se 125 gramas de canjica de milho branco bem lavado de molho por 7 ou 8 dias; depois, deixa-se escorrer em uma peneira, e faz-se o fubá; passa-se por uma peneira de seda, medem-se 4 partes de fubá e deita-se em pratos de polvilho bem peneirado; misturam-se e ajuntam-se-lhe 24 ovos, 500 gramas de manteiga derretida, um quilograma de banha de porco bem lavada com água quente; então derrete-se um quilograma de açúcar refinado com um pouco de erva-doce e, depois de tudo cozido, tem-se água de flor temperada com sal, deita-se o que é preciso, amassa-se bem como pão e fazem-se rosquinhas não muito pequenas; deitam-se em folhas de bananeiras e vão ao forno meio esperto. Para se fazer o fubá mais depressa, depois de bem lavada a canjica, deita-se-lhe água bem quente, e deixa-se estar 3 dias de molho; depois de escorrer, faça-se o fubá como dissemos. A massa fica como a da empada.

**ROUPÕES** – Quatro claras de ovos, 185 gramas de amêndoas secas e bem pisadas. Açúcar moído e passado por peneira de seda, suficiente quantidade para tornar a massa maneável; batem-se as claras de ovos em neve, e ajuntam-se-lhes sucessivamente as amêndoas e o açúcar; aromatiza-se com a essência de limão.

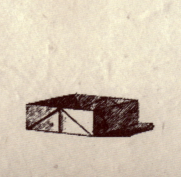

**SABOIAS** – Quatro claras de ovos bem batidas com uma cana rachada, 500 gramas de açúcar em *ponto de espadana*; ajuntam-se-lhes uns bocadinhos de canela em pau e casca de limão. Estando em ponto o açúcar, tira-se a canela e a casca de limão, bem como a calda de cima do fogo. Deita-se dentro a escuma das claras de ovos, mexendo-se até que fique bem junto, depois do que se deita em copos e serve-se.

**SAFARASCADA EM COMPOTA** – Tomem-se 500 gramas de açúcar em ponto de calda grossa, batam-se 6 ovos e deitem-se na calda, quando estiver fervendo; deixe-se cozinhar, não muito, tire-se e sirva-se em compoteiras.

**SAUDADE** – Quinhentos gramas de polvilho, 500 ditas de açúcar, 3 ovos e, se forem pequenos, 4 ou 5, uma colher de manteiga e um pouco de erva-doce. Deve levar fubá nas bacias.

**SEM NOME** – Cento e cinquenta gramas de amêndoas; depois de se ter tirado sua pele, pisam-se bem em gral de pedra, 60 gramas de *cidrão* ou laranja, também pisada, um pão de 80 réis, um quilograma de açúcar em ponto de pasta, noz-moscada, 12 gemas de ovos.

**SEQUILHOS** – Quinhentos gramas de farinha de trigo passada em peneira de seda, 250 ditas de açúcar refinado, uma colher cheia de manteiga, 4 ovos, cravo e canela, tudo moído e passado em uma peneira; a massa deve estar meio dura para se imprimirem bem as flores ou letras. Também leva duas colheres de água de flor de laranjeira, vão ao forno muito brando e tiram-se à proporção que vão cozinhando.

**SEQUILHOS** – Dois pratos de polvilho, açúcar até adoçar, 250 gramas de manteiga, ovos quantos quiser; amassa-se como biscoitos de milho.

**SEQUILHOS** – Um coco ralado, uma gema de ovo, açúcar até adoçar e polvilho até ficar em consistência de fazer bolinhos e rosquinhas. Depois do coco ralado, tira-se todo o leite, e tempera-se com açúcar e sal, põe-se o polvilho e depois a gema de ovo, amassa-se bem; depois, fazem-se os bolinhos ou rosquinhas que vão em latas sem manteiga para o forno; forno brando, e o polvilho deve ser passado por peneira ou cambraia fina.

**SEQUILHOS** – Duzentos e cinquenta gramas de açúcar, um quilograma de farinha, 60 gramas de manteiga, 3 ovos, uma xícara de água, canela; amassa-se bem e façam-se como se quiserem.

**SEQUILHOS** – Dois quilogramas de farinha de trigo, 750 gramas de açúcar refinado, erva-doce, 12 ovos, 4 com claras e 8 sem elas; ajunta-se tudo e vai-se amassando com água de flor até que fique boa a massa. Para fazerem-se os raminhos leva 500 gramas de manteiga.

**SEQUILHOS** – Quinhentos gramas de araruta, 250 ditas de farinha de trigo, 3 ovos, 120 gramas de açúcar, 120 ditas de manteiga, 120 ditas de banha, tudo sem derreter, leite morno para molhar a farinha de araruta até que se aperte.

**SEQUILHOS** – Um quilograma de farinha de trigo, 250 gramas de fermento, 60 ditas de banha de porco, 60 ditas de manteiga, 2 xícaras de leite, 6 ovos – sendo 3 sem claras –, 60 gramas de açúcar, erva-doce; amassa-se tudo muito bem e deixa-se inchar um pouco, depois se cortam os biscoitos e vão ao forno.

**SEQUILHOS** – Amassem-se juntamente 2 quilogramas de farinha de trigo passada por peneira de seda, 8 ovos, 1 quilograma de açúcar, 120 gramas de manteiga, 250 ditas de banha derretida, água com sal, água de flor e erva-doce.

**SEQUILHOS DE AMÊNDOAS** – Quinhentos gramas de açúcar em calda rala, 500 ditas de amêndoas bem pisadas, vai ao forno na calda a engrossar; antes de descobrir o fundo do tacho, deita-se em uma vasilha, polvilha-se com farinha por cima, no outro dia amassa-se bem com um pouco de farinha de trigo, quanto baste, e lavra-se da maneira que se quer uma flor, passarinho, etc. Quando se lavra, bota-se farinha na tábua.

**SEQUILHOS PARA CHÁ** – Um quilograma de farinha, 6 gemas de ovos, 120 gramas de manteiga e açúcar até adoçar, erva-doce, água de flor; amassa-se tudo até ficar a massa meio mole, porque se vão formar os raminhos, e vai ao forno para tomar cor.

**SEQUILHOS DE LETREIRO** – Quinhentos gramas de farinha de trigo passada por peneira de seda, 500 ditas de açúcar refinado, duas colheres de sopa cheias de manteiga, 2 colheres de água de flor, três ovos, cravo, canela e erva-doce; depois de tudo passado por uma peneira, amassa-se de modo que fique meio dura a massa para se imprimirem bem as letras; quem não tem formas próprias faz flores ou o que quiser. Vai a forno brando, tirando-se aqueles que estão cozidos.

**SERIGAITA** – Setecentos e cinquenta gramas de arroz branco bem lavado, enxuto, socado e peneirado em peneira de seda, um copo de leite bom dentro de um tacho pequeno bem areado; bate-se o leite dentro temperado de sal e açúcar quanto adoce. Deixa-se ferver bem, tira-se para fora, e logo se vão deitando o fubá e 12 gemas de ovos e duas ou três claras finas; depois de bem mexido, deita-se um pouco de canela; estando as formas limpas e untadas de manteiga, enchem-se e metem-se no forno até crescer bem e dá-se-lhe cor. É um bom doce.

**SERINGAS** – Ponham-se duas garrafas de leite a ferver, ajuntem-se depois 120 gramas de manteiga, 120 ditas de açúcar e 4 ditas de farinha. Cozinha-se este polme, mexendo até ficar duro, tira-se depois e deitam-se-lhe doze ovos, de dois em dois, bem batidos, até ficar brando. Frija-se isto em manteiga fervendo; depois, passe-se em calda em ponto, e polvilhe-se com canela.

**SIRICAIA** – Mil e quinhentos gramas de fubá de arroz, garrafa e meia de leite, tempere-se de sal e 500 gramas de açúcar, que fique bem doce; ferva-se o leite e, logo que vier acima, deite-se o fubá, mexa-se bem que fique duro, despeje-se em um alguidar vidrado, e se vá amassando, deitem-se 500 gramas de coco ralado, erva-doce, canela, 120 gramas de manteiga, 18 gemas de ovos, que não fique nem mole nem duro, encham-se as formas e vão ao forno.

**SIRICAIA** – Uma garrafa de leite, tempere-se de açúcar quanto baste, deitam-se gemas de ovos até ficar amarelo, casca de limão, canela em pó, uma pitada de erva-doce bem esfregada nas mãos; bate-se isto bem, coa-se depois por um guardanapo, vai em forma ou tigela untada de manteiga bem lavada a cozinhar em banho-maria, que é em água fervendo, cobrindo-se a forma com guardanapo e um prato por cima, para não entrar água dentro; logo que ficar todo coalhado está pronto, e vai para a mesa mesmo na tigela. Pode-se aumentar a porção que se quiser de leite; cozinha-se em forno brando. Também se pode tirar com a escumadeira a coalhada, arrumar na vasilha que se quiser, e cozinhar-se no forno com canela por cima.

**SIRICAIA** – Toma-se um queijo bem fresco de minas, que se corta em fatias bem delgadas; por outra, tomam-se umas fatias de pão delgadas e ensopadas em leite; untam-se uns pratos com manteiga, cobrem-se os fundos desses mesmos pratos com açúcar e canela, e deita-se em primeiro lugar uma camada de queijo, por cima desta, uma de açúcar, e em seguida uma de fatias de pão, tornando-se a pôr, por cima desta, uma de fatias de queijo, e assim por diante, contanto que a última camada seja de queijo. Levam-se os pratos ao forno para tomarem cor; tiram-se, polvilham-se com canela, e mandam-se à mesa ainda quentes.

**SONHOS** – Uma tigela bem cheia de farinha de trigo e duas de água a ferver, na qual se deita a farinha pouco a pouco até o fim. Feito isto, passa-se para um alguidar e amassa-se até esfriar, e onde se vão lançando ovos dois a dois até que a massa esteja em termos. Então, põe-se ao fogo um tacho pequeno, com banha, e, quando esta estiver a ferver, vá-se-lhe deitando a massa aos bocadinhos com uma colher de sopa. Depois de fritos, passam-se por calda de açúcar.

**SONHOS** – Quinhentos gramas de farinha de trigo, 2 copos de leite, uma colher de manteiga; ajunte-se tudo e vá para o fogo, até ficar como angu; tire-se então do fogo, ponham-se 10 gemas e 5 claras de ovos, bata-se até criar olhos, tirem-se pequenas porções com uma colher e frijam-se em banha; depois, deitem-lhes calda por cima, ou açúcar e canela, e sirvam-se assim.

**SONHOS DE ARARUTA** – Uma garrafa de leite temperado de sal vai ao fogo a ferver e, quando está fervendo bem, vai-se deitando araruta peneirada pouco a pouco, e outra pessoa mexendo com uma colher de pau sem parar, até ficar um angu bem duro e bem cozido, o que se conhece por ficar solto do tacho ou panela em que se faz o angu. Estando isto feito, deita-se em um alguidar, põe-se uma colher de sopa cheia de manteiga, e vai-se amassando bem até a massa ficar fina para ir-se deitando ovos e amassando sempre até ficar em boa consistência. Para se ver se estão bons, deita-se um sonho para frigir em banha de porco fervendo, mas com pouco fogo. Se o sonho ficar bem macio por dentro, está em boa consistência; quando se frigem eles, deve-se estar sempre a bulir para crescerem e ficarem fritos igualmente. Depois de fritos, tem-se a calda grossa com canela e cravo inteiro para se servirem com eles. Mais ou menos 9 xícaras de leite, 12 ovos e 6 colheres de araruta, regula boa quantidade.

**SONHOS DE CANELA** – Cinco ovos e uma tigela de leite fervido; mexem-se bem os ovos e o leite, e vai-se deitando fubá mimoso até ficar em ponto de se frigir de colher em colher, e se deita bem canela em pó; frige-se na gordura e, ao depois de frito, deitam-se açúcar refinado e canela em cima.

**SONHOS DE FREIRA** – Põe-se em uma caçarola um litro de água, 60 gramas de manteiga, 60 ditas de açúcar, sal, casquinha de limão esfregada em açúcar. Estando a ferver a água, deita-se pouco a pouco farinha com uma mão, e com outra mexe-se com uma colher de pau até a massa ficar grossa; continua-se a mexer destacando sempre o que parece pegar no fundo, durante meia hora. A massa é tanto mais leve quanto mais cozida; torna-se quase transparente. Tira-se do fogo, mexe-se ainda durante um momento, e deixa-se esfriar um pouco. Despeja-se um ovo na massa, mexe-se e bate-se em todos os sentidos para misturar perfeitamente; deita-se segundo ovo, bate-se de novo, e assim sucessivamente até ter-se empregado 8 ovos. Estando bem feita a massa, despeja-se num prato, e espera-se pelo menos 5 ou 6 horas antes de frigi-los. Aquece-se então a banha para frigir e, quando a banha estiver fervendo, deitam-se porções de massa do volume de uma noz, continuando assim até que a superfície da frigideira esteja metade coberta. Com uma escumadeira voltam-se todos os sonhos para ficarem bem dourados por todos os lados, põem-se a escorrer numa peneira, e depois se polvilham com açúcar.

**SONHOS DE LARANJA** – Descasque-se com cuidado uma laranja e dividam-se todos os gomos, dos quais se tiram os caroços, ponham-se depois por um instante em açúcar refinado. Escorram-se, ponham-se em uma massa para sonhos e frijam-se. Logo que estiverem todos prontos, polvilhem-se com açúcar refinado.

**SONHOS DE OURO** – Ajuntem-se 500 gramas de açúcar a 20 gemas de ovos, e, depois de bem batidos, deite-se calda grossa, e a fogo lento se endureça; feito o que, deite-se em forminhas untadas de manteiga e leve-se a forno regular, para acabar de cozinhar e corar.

**SOPA DE AMÊNDOAS** – Deitem-se em meio frasco de leite 10 gemas de ovos, 250 gramas de açúcar, 120 ditas de amêndoas pisadas, 120 ditas de manteiga, cravo e canela; bata-se bem e cozinhe-se em um tacho a engrossar bem; deite-se em prato e ponha-se a corar no forno; também se faz com amendoim.

**SOPA DOURADA** – Quinhentos gramas de açúcar feito em calda, deita-se-lhe um pão até ficar bem desfeito; põe-se ao fogo até ferver, mexendo sempre; deita-se aos bocadinhos uma quantidade de manteiga sempre se mexendo, depois batem-se 6 ou 8 gemas de ovos bem limpas das claras e, quando o angu estiver bem visguento e a querer pegar no fundo do tacho, tira-se do fogo e acaba-se de enxugar com bastante canela, que se vai deitando aos bocadinhos até ficar bem escuro e bota-se no prato, endireita-se bem com uma faca e lança-se canela por cima.

**SOPA DOURADA** – Dezoito gemas de ovos, 250 gramas de manteiga, 40 réis de pão, 500 gramas de açúcar em calda em *ponto de pasta*; parte-se o pão em fatias e pedacinhos, lava-se a manteiga e põe-se a derreter, deita-se o pão dentro da manteiga até ficar louro; depois, deixa-se escorrer numa peneira; vai o pão para a calda engrossar, deixa-se então esfriar, ajuntam-se os ovos e vai ao fogo para engrossar.

**SOPA DOURADA** – Parte-se o pão em fatias da grossura de um dedo, põe-se em uma terrina, e por cima leite a ferver; tempera-se com açúcar e canela, cobre-se para amolecer ou inchar o pão, porém é preciso cuidado que não amoleça demais; tiram-se as fatias fora do leite, passam-se por ovos batidos, e frigem-se em manteiga ou banha; tornam-se a passar em ovos; frigem-se pela segunda vez, arrumam-se em pratos e põe-se calda grossa por cima.

**SOPA DOURADA DE NATA** – Fatias de um pão passadas em 6 ovos batidos, arrumam-se em um prato untado de manteiga; cada camada de fatias cobre-se de açúcar e canela em pó. Ponham-se a corar; depois, deite-se-lhes por cima uma tigela de nata batida com os ovos que sobraram, cubram-se as fatias com açúcar e canela, corem-se em forno brando, e deitem-se-lhes mais canela e açúcar.

**SOPA DE FRADE** – Fatias de pão untadas com manteiga, uma tigela de leite, uma xícara de queijo ralado e 6 gemas de ovos; misturam-se os ovos e o queijo com o leite e também canela, erva-doce e cravo, e unta-se a caçarola com manteiga, vai-se arrumando, pondo-se o caldo, e depois vai ao forno.

**SOPA DE PRÍNCIPES** – Tira-se com uma faca bem amolada toda a côdea a um pão de 100 réis, corta-se o miolo em fatias e depois em quadradinhos pequenos; em seguida, põem-se de molho em leite fresco e deixam-se amolecer bem, enquanto se faz o *caldo* que se prepara com 100 gramas de chocolate fino ralado que se derrete com 2 colheres de água em uma caçarola; quando estiver derretido, ajunta-se-lhe um litro de leite, 400 gramas de açúcar refinado e 12 gemas de ovos um pouco batidas; mistura-se tudo muito bem, leva-se a cozinhar a fogo brando, tendo o cuidado de mexer sempre com uma colher de pau até levantar fervura; então tira-se do fogo, escorre-se o pão, deita-se em uma terrina e despeja-se-lhe o *caldo* por cima, tapa-se a terrina e, depois de fria, polvilha-se com canela em pó.

**SÚPLICAS** – Em 500 gramas de açúcar deitam-se 12 ovos, 8 com gemas e 4 sem elas, canela suficiente, casca de limão ralada e sal preciso; bate-se tudo muito bem e depois se lhe ajuntam 500 gramas de farinha de trigo; fazem-se as súplicas e, postas em latas, vão ao forno.

**SUSPIROS** – Pelem-se em água quente 500 gramas de amêndoas, pisem-se, depois ajuntem-se-lhes 250 gramas de açúcar refinado, misturem-se e incorporem-se o açúcar e as amêndoas; tendo já batido as claras de 4 ovos, vai-se pouco a pouco com elas amassando a mistura já dita até ficar em ponto de fazer torcidas ou roscas. Então corte-se como se quiser, e passe-se logo em açúcar misturado com bastante canela, arrume-se em tabuleiros e mande-se ao forno cozinhar em calor brando.

SUSPIROS – Batem-se 6 claras de ovos com uma vassoura de arame até ficarem bem encorpadas, então ajuntam-se-lhes 400 gramas de açúcar refinado passado por peneira, e a raspa da casca de um limão; bate-se tudo outra vez até a massa ficar bem consistente, depois se tiram os suspiros com uma colher de sopa e arrumam-se, distanciados uns dos outros, sobre tabuleiros de forno levemente untados com manteiga e polvilhados com farinha; salpicam-se os suspiros com amêndoa picada e metem-se em forno frio para secar.

SUSPIROS – Batem-se 8 claras de ovos com 250 gramas de açúcar, 60 ditas de coco-da-baía ralado, uma colher de licor; tendo formado uma massa dura, deita-se aos bocados sobre uma folha de papel grosso, e põe-se no forno bem brando.

SUSPIROS DE ARROZ – Cozinhe-se o arroz como para fazer arroz com leite um pouco espesso; tempere-se com açúcar, salgando ligeiramente, e deixe-se esfriar em parte. Quebram-se 3 ovos, misturam-se as gemas com o arroz e são as claras batidas em neve. Num prato que pode sofrer a ação do fogo, deita-se um pouco de manteiga. Enche-se esse prato até a metade com o arroz, põe-se no forno de fogão econômico, ou dispõe-se por cima de um fogo brando, cobrindo com o forno de campanha aquecido e carregado de fogo. Quando o arroz estiver bem crescido, polvilha-se com açúcar em pó, e serve-se rapidamente.

SUSPIROS DE BACO – Com uma colher de chá, tiram-se pequenas porções de *massa de choux* e dispõem-se sobre tabuleiros de forno; mas é necessário que cada uma das porções não exceda o tamanho de um ovo de pomba, e que no tabuleiro tomem mais ou menos o formato oval. Polvilham-se por cima com bastante açúcar refinado e cozinham-se em forno quente. Depois de cozidos, abrem-se de um lado e recheiam-se com massa de ovos dissolvida em conhaque ou rum da Jamaica em quantidade que não torne a massa líquida; polvilham-se de novo com açúcar refinado e servem-se imediatamente.

**SUSPIROS DE FREIRAS** – Batem-se 4 claras de ovos até ficarem duras; ajuntam-se nesta ocasião 500 gramas de açúcar em pó, com um pouco de sumo de limão ou de laranja; bate-se tudo de novo até ficar bem ligado, e põe-se com uma colher em porçõezinhas sobre pequenos pedaços de hóstia, que se põem em um forno, o qual se tapa; logo que estiverem secos, servem-se.

**SUSPIROS À MINEIRA** – Batam-se bem 6 claras de ovos, ajuntem-se-lhes 500 gramas de açúcar refinado, casca de limão ralada, água de flor e 60 gramas de goma alcatira em pó, querendo. Torne-se a bater e, quando estiver unido e grosso, deite-se às colherinhas em folhas de papel, e vão para o forno brando em folhas de flandres, havendo cuidado de não apanhar ar. Depois, tiram-se do forno, despegam-se com uma faca, e colocam-se dentro de uma toalha para não umedecerem.

**TALHADAS CELESTES** – Mil e quinhentos gramas de açúcar, 500 ditas de amêndoas bem pisadas e 4 dúzias de ovos. Limpe-se o açúcar em *ponto de bala* mole, logo que a fervura estiver baixa, para o que tira-se do fogo; ajuntem-se os ovos, sendo cada dúzia com duas claras. Estando meio cozido, ponha-se a amêndoa e torne ao fogo até mostrar o fundo do tacho, deite-se então uma colher de manteiga lavada, despeje-se em uma tábua untada de manteiga para ir ao forno corar; depois de fria, tire-se para se cortarem as talhadas, que se polvilham com açúcar e canela.

**TALHADAS DE MIMO** – Dois quilogramas de açúcar, dez gemas de ovos em fios; tirem-se os fios e deixe-se a calda ficar em *ponto de cabelinho*, deitem-se logo 500 gramas de amêndoas bem pisadas, uma colher de cidrada, um pouco de canela, e vá a cozinhar; deitem-se então os fios de ovos, sempre se mexendo a calda, e, logo que se vir o fundo do tacho, deitem-se-lhe uma colher de manteiga lavada e um pouco de miolo de pão bem ralado. Estando tudo bem mexido, ponha-se em uma tábua um pouco molhada, estenda-se que fique na altura de dois dedos, vá a tábua ao forno para corar e, logo que esteja corado, tire-se para esfriar, cortem-se as talhadas, deitem-se nas bacias forradas de papel e torne ao fogo para corar do outro lado.

**TALHADAS DE OVOS** – Quinhentos gramas de açúcar em ponto brando, 12 gemas de ovos; mexem-se e vão ao fogo com 250 gramas de amêndoas pisadas bem finas; vai-se mexendo sempre até ficar bem grosso, tira-se do fogo, põe-se em uma tábua para esfriar e corta-se em talhadas.

**TALHADAS PARDAS** – Quinhentos gramas de açúcar, 3 ovos, 500 gramas de amêndoas bem pisadas, uma xícara de cidrada, bastante canela; misture-se em um alguidar, e com a colher se vá batendo até ficar grosso, deitem-se-lhe duas mãos bem cheias de pão ralado para que fique em consistência de pão de ló; ponha-se em uma bacia de folha e vá a cozinhar; experimente-se com um pauzinho para ver se está cozido; cortem-se talhadas do tamanho que se quer; polvilhem-se com açúcar e canela, açafrão, 2 ovos com as claras finas bem batidas para cada capa, deitem-se na calda que está feita, com a fervura bem alta, não tudo de uma vez, e assim se irão fazendo; depois se vá enchendo com a espécie dos ovos, que está feita com capa por cima e por baixo; vão ao forno para corar; depois polvilhem-se com açúcar e canela.

**TALHADAS DE SÃO PAULO** – Batem-se 8 gemas e 3 claras de ovos com 500 gramas de açúcar e um pouco de canela em pó; ajuntam-se depois 250 gramas de fubá mimoso, 250 ditas de amendoins muito bem socados, um pouco de sal e um pouco de nata de leite, quanto for preciso para formar uma massa um pouco dura. Deita-se esta massa, depois de bem sovada, em uma forma untada, e cozinha-se em forno quente; depois de cozida, tira-se da forma, corta-se em talhadas, que se vidram com calda de açúcar em *ponto de cabelo*; deixam-se esfriar um pouco, e põem-se sobre uns tabuleiros, para acabarem de secar.

**TANGERINAS EM CALDA** – Picam-se em roda com um garfo, sem lhes tirar a casca, e depois de picadas se põem a cozinhar com algumas pedrinhas de sal em água a ferver. Estando cozidas, não muito, para não esbandalharem, se escorrem e deitam-se em água fria que se renova, por espaço de 9 dias, para tirar o amargo. No fim de 8 dias, põe-se tanto açúcar quanto era o peso das tangerinas, em *ponto de espadana*; deitam-se as tangerinas dentro, depois de limpas, e se deixam ferver até ficar em *ponto de pasta*, depois do que se tira o tacho para fora do fogo, e se deixam esfriar para as pôr em compota ou vasilha em que se queira guardá-las.

**TAPIOCADA** – Batem-se 12 gemas de ovos com 500 gramas de açúcar, ajunta-se então uma garrafa de leite, 60 gramas de tapioca e 120 ditas de passas. Deita-se tudo em uma caçarola, leva-se ao fogo, deixando-se ferver, e, mexendo-se até estar tudo ligado e formar um mingau grosso, deita-se então em pequenos copos, e polvilha-se com canela e açúcar. Levam-se depois os copos a um forno temperado, durante um quarto de hora, para corar.

**TARECOS** – Batem-se 18 gemas de ovos com 500 gramas de açúcar, ajuntam-se 12 claras batidas separadamente; continua-se a bater, deitando-se 250 gramas de polvilho, farinha de trigo, ou pó de arroz bem seco, ou 350 gramas de farinha de mandioca fina, uma pitada de sal e o sumo de um limão. Estando a massa bem batida e um pouco rala, da consistência de um mingau, deita-se às colheres sobre folhas untadas de manteiga, e cozinha-se em forno temperado.

**TARECOS** – 12 ovos, 500 gramas de farinha de raspa de mandioca, 500 ditas de açúcar; batam-se primeiro os ovos com o açúcar e erva-doce, depois se deite a raspa e água de flor; estando batido, ponha-se na bacia com uma colher de prata.

**TARECOS** – 9 ovos, 500 gramas de açúcar refinado, 500 ditas de farinha de trigo; bate-se tudo junto como pão de ló; depois, tem-se tabuleiros de folhas untados de manteiga, e deita-se nos mesmos em pequenas porções, de maneira que, depois de irem ao forno, fiquem menores do que uma moeda de 100 réis em níquel. O forno deve ser brando para não queimar.

**TARECOS À PAULO** – Trezentos e sessenta gramas de açúcar, 16 gemas e 6 claras de ovos; batem-se bem os ovos com o açúcar, 360 gramas de farinha, uma pitada de cravo e outra de canela; vai-se pondo às colheres nas formas, que já devem estar untadas de manteiga; depois, manda-se para o forno.

**TIGELADA DE LEITE** – Batam-se uma garrafa de leite, 6 gemas de ovos, 360 gramas de açúcar, pão de ló ralado ou farinha de trigo e água de flor; deite-se em uma frigideira, ponha-se a cozinhar, ou leve-se em pratos ao forno até coalhar, e, depois de corada, polvilhe-se de canela.

**TIGELINHAS** – 15 gemas de ovos, 500 gramas de açúcar refinado, um coco ralado, 120 gramas de manteiga bem lavada; ajunte-se tudo, mexa-se bem e bata-se até que fique bem ligado; a manteiga deve-se deitar derreti- da; vão em tigelinhas untadas com manteiga para o forno; quando estive- rem cozidas, tiram-se quentes das xícaras. Arrumam-se em pratos e cada tigelinha sobre um papel picado, virando o fundo delas para cima.

**TOMATADA DOCE** – Depois de se tirar a pele e a pevide ao tomate, com preferência o que é liso, pesa-se em partes iguais com açúcar de caixa que se põe a limpar; depois de limpo e de ferver até principiar a tomar ponto, se lhe ajunta a tomatada, passada ou deixada de passar por peneira grossa, canela em pau e cravo-da-índia, mexendo sempre para um lado até aparecer o fundo do tacho, depois do que se tira do fogo, deixa-se esfriar para se passar para copos, pondo-se a secar, se quiser. Quinhentos gramas de açúcar levam 750 ditas de massa de tomates.

**TOMATES EM CALDA** – Tomam-se os tomates, descascam-se sutilmente, racham-se, tiram-se as sementes, levam-se a ferver até ficarem moles, despejam-se, e deixam-se esfriar na mesma água, lavando-se depois em água fria. Por outra parte, faz-se uma calda rala, onde se lançam os to- mates; levam-se ao fogo, e deixam-se ferver, até ficar a calda reduzida ao *ponto de espelho*. Ajuntam-se-lhes uns cravos-da-índia, uns pedacinhos de canela, e guardam-se em vasilhas vidradas.

**TORRADAS DE AMÊNDOAS** – Descascam-se e pisam-se 240 gramas de amêndoas doces, e algumas amêndoas amargas, com 120 gramas de açúcar e uma clara de ovo, reduzindo-se tudo a uma massa homogênea. Batem-se por outro lado 3 gemas de ovos com uma colher de açúcar em pó; e por outra parte duas claras de ovos; misturam-se os ovos batidos com as amêndoas pisadas, e ajuntam-se com uma colher de farinha de trigo. Amassa-se tudo bem, e põe-se em caixinhas de papel a cozinhar em forno temperado; vidram-se com açúcar líquido, depois de despegadas do papel.

**TORRADAS DO PORTO** – Batem-se 4 claras de ovos com 250 gramas de açúcar; ajuntam-se 120 gramas de farinha de trigo e outro tanto de amêndoas doces descascadas e picadas; formam-se, depois de tudo bem amassado, pequenas rodelas que se cozinham em forno temperado.

**TORRADINHAS DE PÃO DE LÓ** – 12 ovos, 500 gramas de açúcar refinado, 500 ditas de farinha de trigo e erva-doce, tudo junto.

**TORRÕES** – Seis claras de ovos bem batidas que fiquem em escuma, vai-se deitando açúcar refinado até que se possam fazer com uma colher de chá bolinhos sobre papel que fiquem altos e não espalhem; já está a amêndoa pelada e partida em fatias torradas no forno; deita-se a amêndoa dentro, bate-se tudo bem, depois se vão deitando com a colher de chá sobre papel os bolinhos afastados uns dos outros, porque crescem muito, e vão a cozinhar em bacias em forno brando; deixa-se esfriar para tirar-se com a ponta de uma faca.

**TORTA** – Forra-se um prato fundo com massa, e cozinha-se rapidamente em um forno; depois, enche-se com a mistura para filhoses, cobre-se com açúcar pulverizado e este com um pouco de maisena, e ponha-se no forno para cozinhar.

**TORTA** – O sumo de um limão e meio, um pouco de manteiga do tamanho de uma noz, uma xícara de açúcar, 3 ovos, uma colher de maisena. Dissolva a maisena em um pouco de água fria fervendo até engrossar, depois ajunte os outros ingredientes e bata bem tudo junto. Coloque isto sobre massa e ponha no forno. É excelente.

**TORTA DE ABÓBORA** – Toma-se uma abóbora bem madura, descasca-se, corta-se em pedaços que se cozinham em leite. Estando cozidos estes pedaços, deixam-se escorrer e, passados por uma peneira, reduzem-se a uma polpa. Ajuntam-se a um quilograma desta massa 8 gemas de ovos, 250 gramas de açúcar, uma colherinha de sal, 2 colheres de polvilho e uma de manteiga; amassa-se bem, ajuntando-se finalmente mais 4 gemas de ovos batidas, e uma colher de água de flor de laranjeira. Deita-se a massa em uma forma untada de manteiga, e cozinha-se em forno temperado. Deita-se sobre o prato, enverniza-se com açúcar, e enfeita-se convenientemente.

**TORTA DE ABÓBORA-MENINA** – Cozinhe-se a abóbora-menina, que seja enxuta, passe-se por peneira e ajuntem-se à massa gemas de ovos, manteiga, cravo, canela, água de flor e açúcar; misture-se bem a massa, mexendo com a colher, e prove-se que fique bem doce, porquanto o forno tira a doçura; faz-se com a massa o fundo da torta em bacia ou prato, põe-se a espécie, cobre-se de massa, e leva-se ao forno. É preciso que a massa esteja bem amanteigada. Se a abóbora for pequena, leva 500 gramas de açúcar.

**TORTA DE ANANÁS** – Quinhentos gramas de açúcar, 500 ditas de biscoito em pó, 6 ananases e 12 gemas de ovos. Os ananases cortados em bocados devem estar por 24 horas em água com sal; pisam-se e misturam-se com o açúcar, biscoito, canela e gemas bem batidas, e vazam-se para a caixa em torteira, a qual vai a cozinhar entre dois fogos.

**TORTA DO CÉU** – Um quilograma de açúcar em *ponto de espadana*, 500 gramas de amêndoas bem pisadas e 30 ovos. Tudo bem misturado, vai ao fogo a cozinhar até enxugar; deita-se na torteira untada de manteiga, e volta a cozinhar entre dois fogos brandos.

**TORTA DO CÉU** – Duzentos e cinquenta gramas de açúcar peneirado, 500 ditas de amêndoas pisadas, 100 ditas de biscoito em pó, 15 ditas de canela em pó, 150 ditas de manteiga, 1 litro de nata fresca, 12 gemas de ovos e o peito de uma galinha assada. Bem pisada a galinha, mistura-se tudo, e opera-se como na antecedente.

**TORTA DE COCO** – Coalhe-se um pouco de leite com limão; o requeijão que sair tempere-se com calda ou açúcar, pondo-lhe coco e ovos quanto bastem; deite-se no prato, no qual se estende por baixo uma folha de massa de farinha de trigo, enfeitando-se a borda do prato com a mesma massa, vá ao forno até ficar bem cozido ou bem enxuto.

**TORTA DE DAMAS** – Quinhentos gramas de açúcar peneirado, 30 ditas de água de flor, 500 ditas de amêndoas e 12 gemas de ovos. Pisam-se as amêndoas com água de flor e, depois de lhes ajuntar os mais ingredientes, vaza-se para torteira bem untada de manteiga; põe-se a cozinhar entre dois fogos.

**TORTA DE DAMASCOS E DOCES** – Forra-se uma forma de torta com massa doce e, depois de forrada, estende-se-lhe no fundo uma porção de marmelada bem desfeita e leva-se a cozinhar em forno quente. Quando a massa estiver cozida, e com bonita cor, tira-se do forno, desenforma-se e deixa-se esfriar; então abre-se uma lata de damascos de Lisboa e arrumam-se os damascos, bem dispostos, dentro da torta, somente o fruto e não a calda. Por este processo se preparam tortas de todas as compotas de frutas.

**TORTA DE FRUTA** – Asse ou cozinhe a fruta em açúcar até adoçá-la; coloque-a em vasilha de lata; tome 3 garrafas de leite, 6 colherinhas de maisena, duas de açúcar e ferva por alguns minutos; mexa quando estiver fervendo, depois deite isto sobre a fruta e cozinhe por meia hora.

**TORTA IMPERIAL** – Põe-se, no fundo de uma forma bem untada de manteiga, uma camada de massa; sobre esta, outra camada de polpa de pêssegos, depois uma de massa, sobre esta uma de maçãs, e assim por diante até encher a forma, devendo a última camada ser de massa; leva-se ao forno, tira-se, e vira-se sobre um prato. Cobre-se de açúcar e canela, e serve-se.

**TORTA DE LIMÃO** – Misturem-se bem com um pouco de água fria duas colheres e meia de sopa de maisena; adicione-se garrafa e meia de água fervendo; quando estiver parcialmente esfriando, prepare-se o suco e a casca ralada de 2 limões e meio, um terço de xícara de açúcar e 4 gemas de ovos; misture-se tudo bem, e mexa-se na maisena. Tenham-se prontas duas formas com a massa, ponha-se a mistura e cozinhe-se em forno de calor moderado cerca de meia hora; depois, batam-se bem as claras de 3 ovos, adicionem-se algumas colheres de açúcar branco, derrame-se sobre a torta e ponha-se outra vez no forno para ficar tostada.

**TORTA DE MAÇÃS** – Descascam-se 6 maçãs, partem-se em quartos, limpam-se das sementes, põem-se a cozinhar em uma caçarola de barro com pouca água, e ajuntam-se-lhes 200 gramas de açúcar refinado e uma pitada de canela em pó; quando as maçãs estiverem meio cozidas, deixam-se esfriar e põem-se dentro de folhas arrumadas em forma de coroa, despejando-se-lhes por cima alguma calda da que serviu para o cozimento, e cozinham-se em forno quente. No fim de meia hora, tiram-se do forno e desenformam-se.

**TORTA DE PÃO** – Meia garrafa de leite, 80 réis de pão, 500 gramas de açúcar bom, 12 ovos, batidos; abobora-se o pão no leite; deita-se em uma frigideira de cobre forrada com uma folha de papel untada de manteiga. Tira-se o pão do leite, passa-se em manteiga lavada e nos ovos, polvilham-se com açúcar e canela as camadas na frigideira cobertas com ovos, põe-se na forma a cozinhar, e, estando corado, tira-se, deita-se em um prato, e polvilha-se com açúcar e canela.

**TORTA DE PÃO DE LÓ** – Partem-se fatias de pão de ló grandes e se arrumam em um prato grande às camadas, a primeira de pão de ló que já estava feito em fatias mais torradas, a segunda de pastas de ovos feitas em calda. Tem-se as amêndoas bem pisadas, mistura-se com canela, deita-se um bocado em cima das pastas, e vai-se arrumando como fica dito, ou fazem-se 4 camadas. Tem-se a calda em *ponto de espadana* com um bocado de sumo de limão verde ralado e canela, vai-se botando no prato às camadas, advertindo que a última acaba com pastas de ovos e amêndoas por cima, vai para o forno a corar, deita-se antes canela por cima, e, no fundo do prato, antes de pôr-se o pão de ló, deita-se um pouco de amêndoas.

**TOUCINHO DOS ANJOS** – Tomam-se 12 gemas de ovos, que se batem em uma tigela com 12 amêndoas socadas; põe-se a cozinhar em banho-maria, e, estando esta massa cozida, parte-se em fatias. Por outra parte, tomam-se 500 gramas de açúcar, em *ponto de espelho*, e põem-se as fatias a cozinhar nesta calda. Estas fatias arranjam-se em pratos e polvilham-se com canela.

**TOUCINHO DO CÉU** – Depois de reduzirem-se 500 gramas de açúcar a *ponto de espadana*, tira-se do fogo, e deitam-se-lhe 250 gramas de amêndoas muito bem pisadas, e torna então o tacho ao fogo a dar uma pequena fervura, retira-se e deixa-se esfriar. Batem-se 6 gemas e 3 claras de ovos e deitam-se no tacho, mexendo bem tudo, e ajuntam-se 4 mãos cheias de farinha de trigo, e mexe-se até se esconder a farinha; torna por pouco tempo ao fogo, que deve estar brando; depois, mete-se o tacho ou bacia ao forno, bem untado de manteiga lavada. Deve entrar no forno depois de estar o pão dentro com borralho por baixo da vasilha. Para se saber quando está cozido, mete-se-lhe um palito, o qual deve sair enxuto. Quando estiver pronto e quase frio, parte-se em talhadas, passando-as por açúcar cristalizado ou embebendo-as ligeiramente em calda.

**TOUCINHO DO CÉU** – Socam-se 120 gramas de amêndoas descascadas, até formarem uma pasta homogênea; ajuntam-se, pouco a pouco, meia xícara de leite, 9 gemas e 2 claras de ovos, 500 gramas de farinha de trigo, amassa-se tudo bem, põe-se em uma forma untada com manteiga, cozinha-se no forno e serve-se coberto com açúcar e canela em pó.

**TOUCINHO DO CÉU** – Um quilograma de amêndoas peladas, bem limpas, e tão pisadas que fiquem reduzidas a uma massa fina, duas dúzias de ovos com claras e duas dúzias sem claras, 2 quilogramas de açúcar limpo em *ponto de espadana*; batam-se os ovos separados, as amêndoas depois de preparadas, ponha-se-lhes em cima o açúcar em *ponto de espadana*, misture-se bem, e vão se deitando os ovos e combinando até ficar tudo bem ligado; forre-se a forma com papel limpo, e ajuntem-se 750 gramas de manteiga bem lavada, que não tenha o menor gosto de sal; abafe-se depois de pronto, e vá se cuidar no forno, que deve ser muito brando e por igual. A forma não deve ser sujeita a azinhavre.

**TOUCINHO DO CÉU** – O mesmo processo que o antecedente, porém leva duas dúzias de ovos, uma com claras e outra sem elas, um quilograma de amêndoas, 7 colheres de rolão, 360 gramas de manteiga, um quilograma de açúcar em *ponto de espadana*. Esta forma é melhor do que a precedente.

**TOUCINHO DO CÉU** – Limpam-se 250 gramas de açúcar em *ponto de fio*, deitam-se-lhe 250 ditas de amêndoas bem pisadas como massa; depois de bem desfeitas na calda, têm-se já prontos e passados em peneira 18 ovos, deite-se canela e vá ao fogo; dá-se ponto de broinha, tira-se, deite-se em tabuleiro untado de manteiga e farinha, alisa-se com as mãos untadas de farinha, e leva-se ao forno; experimenta-se com um palito; quando se tirar a espécie do fogo, deve-se pôr uma colher de farinha.

**TOUCINHO DO CÉU** – Setecentos e cinquenta gramas de açúcar, 250 ditas de amêndoas, 12 gemas e 4 claras de ovos; ponha-se o açúcar em *ponto de fio*, tire-se do fogo; estando quase frio, deitem-se-lhe os ovos e claras, muito bem batidos, 4 mãos cheias de farinha de trigo fina e amêndoa pisada, da qual se tirará um pouco para se deitar por cima em tirinhas; depois de estar desfeita com o açúcar, amêndoas e ovos, deite-se a farinha, e torne a ir ao fogo; logo que ferver, tire-se e deite-se na bacia, que há de estar untada com mais de 120 gramas de manteiga bem lavada e escorrida, que não leve água; depois de estar na bacia, deitem-se as amêndoas por cima e mande ao forno. Para se ver se está cozido, mete-se uma faca no meio, e, se vier enxuta, está bom; depois, corte-se em talhadas.

**TOUCINHO DO CÉU** – Em quinhentos gramas de açúcar em *ponto de fio* deitem-se 120 gramas de amêndoas pisadas; depois de desfeito, ajuntem-se 18 gemas de ovos, e vá se mexendo sempre até ver-se o fundo do tacho; ponha-se água de flor, e deixe-se cozinhar bem; lance-se em uma bacia, na qual se deita farinha por baixo, que fique com altura de um dedo, e vá ao fogo com farinha também por cima. Para se conhecer se está cozido, mete-se um pauzinho enxuto, se não sair molhado, tire-se, corte-se e cubra-se de canela nos cortes.

**TOUCINHO DO CÉU COM SUMO DE LIMÃO** – Quinhentos e sessenta gramas de açúcar em *ponto de espadana*, 250 ditas de amêndoas bem pisadas que se deitam no tacho com a calda a desfazer a amêndoa, 20 réis de canela, o sumo de um limão ralado, 12 ovos com as claras não muito batidas, e bata-se no tacho, umedecem-se 5 ou 6 mãos, não muito cheias, de farinha de trigo fina, e despeja-se na vasilha com papel untado de manteiga; depois de cozido, parte-se em fatias, polvilha-se com açúcar e arruma-se no prato.

**TRAQUINADAS** – Liguem-se bem 375 gramas de açúcar refinado com 500 ditas de polvilho, 12 gemas e 6 claras de ovos, podendo-se-lhes ajuntar algumas pitadas de canela e erva-doce; sove-se bem esta massa até ponto de bolha, e, pondo-se em forminhas untadas de manteiga, leve-se a fogo brando.

**TUTANO CELESTE –** Tomam-se 500 gramas de açúcar que se reduz ao ponto de queimado; ajuntam-se 500 gramas de amêndoas socadas, 15 gemas de ovos, uma boa colher de manteiga e põem-se a cozinhar até ficarem como angu. Despeja-se esta massa em tabuleirinhos untados com manteiga, alisando-se também a massa com manteiga; leva-se depois ao forno para corar, e, depois de fria, corta-se esta em fatias, que se polvilham com canela.

**ULTRAMONTANOS** – Cinco colheres bem cheias de farinha de trigo, 8 ditas de açúcar, uma dita de manteiga, 4 gemas e duas claras de ovos e o leite de um coco. Bata-se tudo. Encham-se pequenas formas, untadas de manteiga, com esta massa, tendo-se cuidado de não enchê-las muito para não transbordarem no forno, que não deve ser muito quente.

**URBANOS** – Quinhentos gramas de açúcar seco e peneirado, 500 ditas de amêndoas bem pisadas, oito gemas e 2 claras de ovos, 120 gramas de manteiga derretida, canela e um pouco de farinha; vai se amassando tudo, de sorte que fique a massa mole; fazem-se os bolos altos, arrumam-se na bacia com farinha de trigo por baixo, distantes uns dos outros e vão ao forno a cozinhar.

**UVAS** – Toma-se uma porção de uvas maduras, deitam-se numa caçarola e, depois de postas sobre o fogo, machucam-se até formarem uma massa, que se passa por uma peneira. Faz-se uma calda de 500 gramas de açúcar para quilograma e meio de uvas; mexe-se e, tirando-se do fogo, põe-se em compoteiras.

**UVAS EM AGUARDENTE** – Colhem-se, em ponto conveniente, belas uvas moscatéis das quais tiram-se um a um, sem esmagá-los, os bagos mais grossos e mais sãos; lançam-se estes bagos em uma tina cheia de água fresca para lavá-los, e dão-se duas ou três alfinetadas na pele. De outro lado, espreme-se o suco dos outros bagos, e coa-se para misturar uma parte dele com três partes de aguardente. Feito isto, escorrem-se com cuidado os bagos reservados, ou enxugam-se devagar com um pano fino; põe-se em bocais, e acaba-se de encher estes com a mistura acima, à qual se ajuntou a quantidade de xarope em *ponto de espelho* julgada necessária.

**UVAS EM CALDA** – Em um quilograma de uvas escolhidas e tirados os pés ou engaços, deitem-se um quilograma de açúcar em calda rala e um pouco de cravo, e leve-se ao fogo. Quando as sementes principiarem a aparecer na superfície da calda, tiram-se com uma escumadeira, e deixa-se ainda ferver a calda até chegar ao *ponto de espelho*, e guarda-se então este doce em vasilhas vidradas e bem tapadas. Não se deve mexer o doce com a colher, basta que de vez em quando se vá bulindo com o tacho para não pegar no fundo.

**UVA MOSCATEL EM COMPOTA** – Ponham-se em uma panela ou caçarola, de preferência não estanhada, 120 gramas de açúcar com meio copo de água; ferva-se, tire-se a escuma e reduza-se a xarope forte; ponham-se neste xarope 500 gramas de uva moscatel, depois de se lhe tirarem os caroços; deem-se-lhe duas ou três fervuras e arme-se na compoteira. Se houver escuma, tire-se com papel pardo.

**UVAS SECAS EM BOLO** – Tomem-se um quilograma de fécula de batatas e 250 gramas de açúcar, ponham-se em uma terrina e faça-se um furo no meio; ajuntem-se-lhes 180 gramas de manteiga fresca derretida, um pouco de sal e 4 ovos; mexa-se tudo lançando-lhe, pouco a pouco, leite morno, até que esteja bem melado. Ajuntem-se então uvas secas bem debulhadas. Não se faça a massa muito líquida, deixe-se ela repousar muitas horas e lance-se depois em uma forma bem untada com manteiga. Faça-se cozinhar com fogo por cima e por baixo.

**VICENTINOS** – Um quilo de açúcar em *ponto de espadana*, 20 gemas de ovos, 250 gramas de amêndoas socadas, canela, cravo e água de flor; cozinha-se como os ovos moles; depois, têm-se as mãos untadas com farinha de trigo, e formam-se os bolinhos, que se mandam para o forno em bandejas com farinha de trigo.

**VISCONDES** – Ajuntam-se 500 gramas de açúcar a 500 ditas de amêndoas peladas e raladas, 12 gemas e 2 claras de ovos, 120 gramas de manteiga, canela em pó e um pouco de farinha de trigo; mexa-se tudo até formar massa mole, com a qual se formam bolos altos que, em tabuleiros polvilhados, levam-se a forno quente como para pão de ló.

**XAROPE DE AMÊNDOAS** – vulgarmente chamado *xarope de orchata* – Deitam-se em água a ferver 500 gramas de amêndoas doces descascadas e 50 ditas de amêndoas amargas igualmente descascadas, e deixam-se de molho até que se lhes possa tirar a pele. Depois vão se deitando em água fria para as lavar, tirando-se ao mesmo tempo as podres. Feito isto, escorrem-se, deitam-se num gral de mármore, e socam-se até que fiquem reduzidas a uma massa fina, que mal se sinta entre os dedos; porém, durante esta operação, é necessário deitar-lhe de quando em quando alguma água de flor de laranjeira para que a massa não fique oleosa. Depois, ajuntam-se-lhe um litro de água pura e 2 decilitros de água de flor de laranjeira, desmancha-se bem e passa-se por um pano bastante tapado, torcendo-o para espremer bem, e apara-se todo o leite de amêndoas que produzir em uma vasilha. Quando estiver espremida, toma-se a massa de amêndoas que ficou no pano, deita-se no gral, ajunta-se-lhe meio litro de água, desmancha-se de novo, e por fim coa-se uma segunda vez para a vasilha em que está o primeiro leite que se extraiu, e deixa-se assim depositado até a ocasião de servir. Cozinham-se a fogo forte 8 litros de calda de açúcar de Pernambuco, e deixa-se ferver até chegar ao *ponto de voar*, e, quando assim estiver, deita-se-lhe o leite de amêndoas e deixa-se levantar fervura; então tira-se logo do fogo, passa-se o xarope por um pano ralo, sem tirar a escuma, pesa-se e deixa-se com 32 e meio graus, servindo-se para este fim do processo indicado no xarope de groselhas.

Engarrafa-se quente, tendo-se, porém, o cuidado de misturar bem a escuma para que esta fique bem dividida por todas as garrafas, e arrolha-se depois de frio. – A amendoada para *soirées* faz-se com 2 litros de leite de amêndoas, 6 litros de água pura, 2 quilogramas de açúcar refinado e 2 decilitros de água de flor de laranjeira. – O *leite de amêndoas* extrai-se pelo processo indicado no xarope mencionado. Dissolve-se o açúcar a frio na água pura, ajuntam-se-lhe em seguida o leite de amêndoas e a água de flor de laranjeira; mistura-se tudo muito bem e coa-se por um pano. Depois se deita nas *urnas de refrescos*, e serve-se sem que se lhe deite mais água.

**XAROPE DE CAJU** – Toma-se uma porção de cajus, que se pisam e se espremem, deixando-se este sumo repousar durante 6 ou 8 horas; dissolvem-se 360 gramas de açúcar refinado bem claro em 240 gramas deste líquido, e deixa-se ferver este xarope durante 5 minutos, deitando-se ainda quente nos vidros que se tapam logo com rolhas novas.

**XAROPE DE GOMA** – Dissolvem-se, em 120 gramas de água quente, 60 ditas de goma arábica quebrada em pedacinhos; coam-se, ajunta-se uma calda feita com um quilograma de açúcar claro, e evaporam-se até chegar ao ponto de xarope.

**XAROPE DE GOMA** – Faz-se dissolver 60 gramas de goma arábica socada em 60 gramas de água, e mistura-se esta goma a meio litro de xarope de açúcar; dá-se-lhe algumas fervuras, passa-se em um pano, ajunta-se uma colherada de boa água de flor de laranjeira, e põe-se em garrafas.

**XAROPE DE GOMA** – Derrete-se meio quilograma de goma arábica em um litro de água fervendo. Faz-se cozinhar a fogo forte 8 litros de calda de açúcar clarificado e leva-se ao *ponto de voar*. Quando chegar a este ponto, deita-se-lhe a goma derretida e mexe-se bem; logo que levante fervura, retira-se do fogo, deitam-se-lhe 3 decilitros de água de flor de laranjeira, mistura-se bem e coa-se por um pano. É preciso pesar o xarope e fazê-lo ficar com 32,5 graus. Caso tenha mais ou menos, faz-se chegar ao grau preciso pelo processo indicado para o xarope de groselhas.

**XAROPE DE GROSELHAS** – Tomam-se 8 litros de calda de açúcar de Pernambuco clarificado e faz-se ferver em fogo forte até chegar ao ponto de voar. Tomam-se então um litro de sumo de groselhas e 2 decilitros de vinagre de Lisboa e deitam-se dentro da calda; logo que esta levante fervura, tira-se do fogo, deixa-se descansar um pouco, escuma-se e pesa-se com o *pesa-xaropes*. Se o xarope tiver mais de 32 graus, ajunta-se-lhe alguma água, em pequena quantidade, para o fazer descer a esse ponto; se, porém, o xarope tiver menos que o grau preciso, toma-se um pouco de calda simples, que regule a quarta parte da que se tomou para fazer o xarope, leva-se ao fogo em outra vasilha e faz-se chegar quase ao ponto de quebrar; alcançado este grau, ajunta-se-lhe o xarope que se fez, mistura-se bem com a escumadeira, deixa-se levantar fervura e tira-se imediatamente do fogo; deixa-se então descansar um pouco, escuma-se e torna-se a pesar para se verificar se chegou ao grau necessário; depois, coa-se por um pano bem tapado e engarrafa-se quente; deixa-se esfriar nas garrafas, e quando estiver frio arrolha-se, tendo o cuidado de não molhar as rolhas em água. Geralmente costumam colorir este xarope, porém nós achamos mais conveniente deixá-lo com a cor que lhe deu o sumo de groselhas. Este sumo vem geralmente engarrafado; deve-se notar que, em se abrindo uma garrafa deste sumo, deve-se imediatamente fazer o xarope de todo ele, visto que, aberta uma vez a garrafa, altera-se o líquido em poucos dias, tornando-se de um gosto e cheiro de podre. O sumo de groselhas e os de framboesas e cerejas acham-se à venda em qualquer confeitaria.

**XAROPE DE LIMÃO** – Suco de limão 125 gramas, açúcar 500 gramas, água de flores de laranjeiras 60 gramas. Faz-se cozinhar o açúcar em *ponto de bala*, descozinha-se com água de flor de laranjeira e o suco de limão; quando está cozido em ponto de pérola, tira-se do fogo, deixa-se esfriar e põe-se em garrafas. Alguns confeiteiros dão, por xarope de limão, o xarope feito com o ácido tartárico.

**XAROPE DE LIMÕES** – Espreme-se uma porção de limões azedos, coa-se o sumo, e dá-se-lhe uma fervura em uma caçarola de ferro estanhado ou esmaltado; deita-se depois em um vidro e, passadas 24 horas, filtra-se, pondo-se o líquido na caçarola esmaltada, e a cada 500 gramas de sumo ajuntam-se 750 ditas de açúcar claro e refinado, ou açúcar em pedra; dão-se duas fervuras, depois de dissolvido, côa-se e guarda-se.

**XAROPE DE TAMARINDOS –** Deitam-se 120 gramas de tamarindos e 2 garrafas de água em uma caçarola esmaltada, e deixam-se ferver durante meia hora; depois, coa-se e ajunta-se este líquido a um quilograma de calda de açúcar claro, deixando-se tudo ferver até estar reduzido a ponto de xarope.

**XAROPE DE TAMARINDOS –** Meio cesto de tamarindos; depois de descascados, desmancham-se com duas tigelas grandes de água fria, e vão se passando por uma peneira fina de ubá, para despegar toda a polpa dos caroços; deve-se ter calda pronta, em ponto de xarope; depois de fria, medem-se 4 tigelas para misturar com o xarope e, depois, engarrafa-se; do mesmo modo faz-se o de caju ou de qualquer fruta própria.

**ZIRGELIM (OU GERGELIM)** – Faz-se com amendoins torrados, descascados e socados com farinha de mandioca e açúcar quanto baste para adoçar, e passa-se depois por peneira.

# Glossário

**AÇAFRÃO** (*Crocus sativus*): a cultura do açafrão exige mão de obra dispendiosa, pois toda a colheita é artesanal. Assim, são necessárias 100 mil flores para obter um quilo de açafrão seco. Daí seu alto preço no mercado, ocupando destaque no conjunto das especiarias. Os estigmas do açafrão contêm picrocrocócidos. Adiciona-se a eles uma matéria corante solúvel em água chamada cocrócido ou crocina. O açafrão dá cor e sabor. Seu reconhecimento visual antecede o gastronômico e seu nome atesta e confirma uma cor peculiar – *assfar*, amarelo, do termo *zahafran*. Entre os pratos que o utilizam, destaquem-se na Espanha a *paella*, na França a *bouillabasse* e, na Itália, o risoto, além de ter expressivo uso na padaria e na doçaria.

**AÇÚCAR CLARIFICADO**: açúcar clareado por diferentes processos industriais.

**AÇÚCAR DE PERNAMBUCO**: qualificação para o açúcar da cana sacarina produzido em Pernambuco.

**ADUBOS**: temperos, enchimentos, recheios, massas.

**ÁGUA DE AÇAFRÃO**: uso do açafrão diluído em água para integrar receitas.

**ÁGUA DE FLOR**: aromatizante.

**ÁGUA DE FLOR DE LARANJEIRA**: ingrediente usado para temperar comida. Por exemplo, arroz-doce e mingaus.

ÁGUA DE ROSAS: ver água de flor de laranjeira.

ALGUIDAR: do árabe *al-guidar*. Utensílio de barro cuja boca é maior que a altura; usado em processos culinários.

ALMOFARIZ: do árabe *al-milharçe* – vaso para pisar, pilar, diferentes materiais. Geralmente feito de metal, sendo também encontrados os de pedra e de madeira.

ALMOGABANAS: referente ao pão de milho.

ALMOJERANAS: um tipo de torta. Espécie de brelho ou bolinho de farinha e queijo – iguaria feita com carneiro picado, toucinho, cheiros.

ALPERCHES: frutas, em especial o damasco.

ANGÉLICA (*Angelica archangelica* Lin): planta da família das umbelíferas, notada pelo seu aroma especial.

ANGÉLICA CONFEITADA: flor de amplo uso tradicional e popular pelo odor característico, integrando as festas populares para adornar santos da Igreja Católica. A angélica marca um lugar do que é feminino no nosso imaginário e também aspectos das religiões de matriz africana com os orixás Oxum e Iemanjá. O uso gastronômico da angélica une-se ao de outras flores como a da laranjeira e a rosa. Em receitas do Magreb, norte da África, da cozinha afro-islâmica veem-se flores confeitadas para compor pratos de *roz bil halib*, o nosso tão conhecido e apreciado arroz-doce.

ARAÇÁ: mirtácea, do gênero *Psidium*; fruto conhecido popularmente como araçá-do-campo, araçá-de-folha-grande, araçá-pera e, na Amazônia, como camucamu. Dessa fruta se faz, entre outros usos na doçaria, doce em calda, geleia e sorvete.

ARARUTA (*Marenta anundinacea*): fécula – substância farinácea extraída de tubérculos e raízes –, puro amido, muito empregada na fabricação de biscoitos, mingaus, cremes, molhos, recheios e demais usos gastronômicos.

**ARROBA:** quantidade que equivale a dezesseis quilos.

**ASSOPRADO:** tipo de bolinho.

**AZEITE DOCE:** designação geral para azeite de oliva.

**BACIA:** objeto de folha metálica para diferentes usos domésticos. É, também, utensílio da cozinha, tradicionalmente forrada com folha de bananeira, para se levarem ao forno diferentes tipos de receitas.

**BACURI** (*Plantonia insignis*): também chamada de pacuri na sua região nativa, a Amazônia. Fruta de sabor peculiar usada em geleias, bolos, tortas, sorvetes e outros doces.

**BATATADA:** doce em massa feito de batata.

**BAUNILHA** (*Vanilla palmarum*): caracteriza-se por ser muito aromática, sendo encontrada no mercado em forma de fava ou de essência, muito empregada em bolos, biscoitos, sorvetes e doçaria em geral.

**BAUNILHA PISADA:** baunilha processada pelo uso do pilão.

**BEM LOUROS:** dourados, bem fritos, que lembram por analogia o biotipo louro.

**BOLHELHOS:** bolos, bolinhos. Bolo feito de açúcar, ovos, leite.

**BOLINHOS DE QUINDA:** em forma cilíndrica.

**BOLO SOVADO:** bolo cuja massa é muito trabalhada artesanalmente, para garantir a consistência desejada pela receita.

**BONECA DE CINZA:** saquinho de tecido.

**BORRALHO:** braseiro, referente a cinzas.

**BRANQUEJAR:** tornar branco, clarificar, purificar.

**CALDA CLARIFICADA:** transparente.

**CALDA DE PASTA LARGA:** após fervida a calda de açúcar, com o uso da escumadeira, verifica-se uma camada pouco espessa.

**CALOR BRANDO:** temperatura do forno semelhante àquela na qual se finaliza o pão.

**CAMBRAIA FINA:** mesmo processo da peneira de seda.

**CAMBUCÁ:** fruto da espécie *Myrtiaria plicato-costata*, Berg. Palavra tupi-guarani.

**CANADA:** medida segundo o padrão português, referente a um quarto de litro.

**CANA DO REINO:** utensílio culinário.

**CANA-DO-REINO** (*Arunda donax*. L): planta gramínea.

**CANELA** (*Cinnamomum verum*): da família das *Lauraceae*. Condimento, especiaria que proporcionou grandes movimentos sociais e econômicos entre o Ocidente e o Oriente. Espécie nativa do Sri Lanka, entre outras regiões tropicais. Também tradicionalmente conhecida como canela do Ceilão. Especiaria presente em amplo conjunto de receitas que, combinada com o açúcar, constitui um dos complementos mais frequentes na doçaria.

**CARÁ** (*Colocasia antiquorum*): tubérculo, batata grande, uma variedade do inhame. O cará é macio, doce, geralmente servido cozido, sendo usado em massa para pães, bolos e outros doces.

**CARDAMOMO** (*Elettaria cardamomum*): existem diversas variedades de cardamomo, todas lembrando o gengibre, contudo de sabores próprios e peculiares. A espécie mais comum é a do sul da Índia, área tropical. Ocupa no mercado o terceiro lugar em valor comercial, sendo precedida pelo açafrão e pela baunilha. O uso gastronômico do cardamomo é vasto, servindo para aromatizar pães, bolos, molhos, carnes, e marca a boa hospitalidade quando servido no café. É tradicional especiaria que integra o conjunto notável de odores e sabores do Oriente, junto com o cravo e a canela, além do próprio açúcar da cana sacarina, proveniente da mesma região.

**CARIMÃ**: produto da mandioca; como uma farinha muito fina, também popularmente conhecida como massa azeda, é comum na feitura de bolos, biscoitos e ainda a pamonha envolta em folha de bananeira assada – pamonha de carimã.

**CARMIM**: substância corante extraída da cochonilha. Cor vermelha muito forte.

**CAVACA**: bolo seco coberto de açúcar. Também designação popular de um tipo de biscoito.

**CERA VIRGEM**: cera nova.

**CHAMEJANDO**: muito quente.

**CHOCOLATEIRA**: utensílio artesanal para fazer chocolate.

**CHOUX-À-LA-CRÊME**: couve ao creme.

**COCO-DA-BAÍA** (*Cocos nucifera* L.): palmeira nativa da Índia, também conhecida como coqueiro-da-índia, que chegou ao Brasil a partir das ilhas de Cabo Verde, África, dando na costa baiana, daí ser popularmente chamado de coco-da-baía. Ingrediente muito importante na gastronomia brasileira, notadamente em doces ou ainda na ampla designação de comidas de coco ou de comidas ao coco.

**CÔDEA**: parte externa do pão, do queijo; crosta, casca.

**COMPOTEIRA**: vaso de vidro, cristal, louça, que possui tampa e serve para guardar compotas de frutas.

**CONFEITO**: fruto coberto com camada aderente de açúcar. O mesmo que confeitado.

**COR ALOURADA:** ver bem louros.

**COR CASTANHA:** cor que lembra a castanha, de cor morena.

**COR DE PÃO DE LÓ:** amarelo-claro.

**CORÁ:** o mesmo que curau, tipo de mingau de milho-verde.

**CORAR:** cor peculiar adquirida pelo processo de assar, sendo também indicação de que a receita está pronta.

**COSCORÕES:** o mesmo que filhoses (bolas achatadas).

**COVILHETE:** utensílio, pratinho próprio para servir doce. Prato de sobremesa de louça vidrada próprio para doce. Também uma tigelinha.

**CRAVO-DA-ÍNDIA (*Sygygium aromaticum*):** da família das *Myrtaceae*. Tradicional especiaria do Oriente incluída na maioria das receitas de carnes, peixes, aves e nos doces, além da padaria e bebidas, entre muitos outros usos na gastronomia. O odor e o gosto característicos do cravo-da-índia devem-se ao teor de eugenol.

**CRIAR CÔDEA:** ir para o sol.

**CRIVO DE CONFEITOS:** instrumento do confeiteiro.

**DECILITROS:** medida de capacidade que é a décima parte de um litro.

**DEITAR AO SOL:** deixar ao sol para secar ou cozer; processo de cocção de materiais.

**DITA:** o mesmo que grama. Por exemplo, 120 ditas de manteiga.

**DITO:** o mesmo que litro.

**EPINCÉ:** espécie, referente à qualidade e à natureza do doce.

**ERVA-DOCE (*Pimpinella anisium*):** também conhecida como anis. Usada desde os romanos nas receitas de bolos, produz odor peculiar e sabor doce e condimentado como o do funcho. Tem uso frequente em tradicionais bebidas orientais como: *ouzo*, *pastis* e *arak*.

**ESBANDALHAR:** fatiar de forma irregular.

**ESCUMADO:** resultado do ato de escumar, o líquido que se retirou da escumadeira, tipo de colher.

**FACA DE TAQUARA:** utensílio de madeira (*Poaceae*) utilizado para cortar o caju, sem oxidar a fruta.

**FANDEQUEQUE:** referente às sementes.

**FARTES:** bolo composto de açúcar e amêndoa e envolto em capa de farinha.

**FATIAS DO CÉU:** doce tradicional português. O mesmo que rabanada.

**FÉCULA:** é o amido, sedimento dos líquidos de vegetais como batata e mandioca.

**FERRO DE FILHOSES:** forma que dá formato aos filhoses.

**FLOR DE LARANJEIRA CONFEITADA:** pétalas açucaradas.

**FOGAREIRO:** utensílio em flandres, barro ou em material reciclado para cozer alimentos.

**FOLHA BARREADA DE MANTEIGA:** folha untada fartamente de manteiga.

**FORNO DE CAMPANHA:** forno móvel de folha metálica.

**FORNO ESPERTO:** forno com qualidade para assar alimentos.

**FUBÁ:** farinha fina, fubá de milho.

**GALANGA** (*Alpinia galanga*)**:** semelhante à cúrcuma e ao açafrão.

**GALANTERIAS:** adornos, enfeites, confeitos.

**GAMELA:** utensílio de madeira, geralmente de formato circular, para diferentes usos na cozinha.

**GELADO:** sorvete.

**GENGIBRE** (*Zingiber officinale*): francamente utilizado em inúmeras receitas com os rizomas frescos e com os rizomas secos. Com sabor e odor muito característicos, é fundamental na gastronomia oriental. Foi uma especiaria que dominou a Europa medieval e renascentista.

**GERGELIM** (*Sesamun orientali*): ingrediente tradicional e importante na organização de pratos do Oriente como *tahine* e gersal, também chamado gomásio. Está presente em doces brasileiros com forte presença de matriz africana do Magreb, como em um doce feito à base de rapadura de cana sacarina. É uma especiaria nativa da Índia e da Indonésia. O uso é amplo nos molhos, nos temperos de queijos, na produção de margarinas e óleos comestíveis.

**GIAÇA BRANCA:** massa feita com clara de ovo, açúcar fino e suco de limão. Um tipo de cobertura.

**GOMA ADREGENTE:** tipo de estabilizante de alimentos.

**GOMA ALCATIRA:** goma branca de algumas espécies papilonáceas.

**GOMA-ARÁBICA:** goma extraída da resina de várias espécies de acácia, da classe das *Magnoliopsida*, e da família das *Fabaceae*.

**GRAL DE MÁRMORE:** almofariz de mármore.

**GRAL DE PEDRA:** espécie de almofariz, pilão.

**GRUMOS:** referente aos amendoins, grânulos, grãos.

**HÓSTIA:** em formato, textura e estética de hóstia, feita de massa de farinha de trigo, leve e suave.

**ILHARGA:** referente às tábuas laterais de uma caixa de madeira.

**IMBU**: o mesmo que umbu (*Spondias purpurea*). Espécie nativa da caatinga, é a base de um prato muito apreciado no Nordeste, a imbuzada ou umbuzada, um tipo de doce fresco feito à base de leite de vaca. É comum o uso da fruta em calda.

**LEITE GORDO**: leite rico em gordura. Leite com nata.

**LEVEDAR**: inchar a massa. Fermentar, fazer-se levedo.

**LIBRA DE AÇÚCAR**: antiga medida de peso, também chamada arrátel, equivalente a 459,5 g; libra inglesa 453,592 g. Libra de botica, referente a 12 onças.

**LITRO DE FARINHA**: tipo de medida que substitui a quantidade em gramas.

**MACIS**: é a membrana que envolve a noz-moscada; apresenta cor vermelha; o mesmo que arilo.

**MANTEIGA DO REINO**: referente à manteiga de procedência animal, do leite de vaca. Outros produtos como queijo do reino, farinha do reino, que é o mesmo que farinha de trigo, atestam que chegaram do reino, ou seja, de Portugal.

**MÃO DE PILÃO**: peça cilíndrica que completa o pilão. Ver almofariz.

**MARMELADA**: processo culinário em que o doce ganha a textura de massa, nominando assim outros doces com a mesma textura de marmelada: de maçãs, de goiabas, de araçás, de ameixas-pretas e brancas, de damascos, de grumixamas, de laranjas, de uvas, de groselhas; e sobretudo de marmelos.

**MASSA CHEIA DE OLHOS**: identificação visual da qualidade da massa fofa, macia.

**MASSAPÃO**: bolo de amêndoas com farinha e ovos. Pão pequeno e redondo.

**MASSAROCA DE MILHO:** mão de milho, conjunto de espigas de milho.

**MINGAU GROSSO:** comida quase sólida.

**MURCELA OU MORCELA DOCE:** tipo de embutido doce.

**NOZ-MOSCADA** (*Myristica fragrans*): tem seu uso como especiaria em diferentes pratos. De sabor quente e aromático, é usada em carnes, aves e sobretudo doces, especialmente frutas cristalizadas.

**OBREIA:** hóstia.

**ONÇA:** medida de peso inglesa, equivale a 28,349 g.

**OVOS REAIS:** o mesmo que fios de ovos.

**PALHETA VERMELHA:** determinação da intensidade da cor vermelha.

**PAPEL RENDADO:** técnica de recortar o papel, em geral papel fino chamado de papel de seda. Usado para decorar pratos, especialmente de doces.

**PASSAS DE ALICANTE:** alusão às passas de uva provenientes dessa localidade da Espanha.

**PASSAS DE CORINTO:** alusão às passas de uva provenientes dessa localidade da Grécia.

**PELADA:** o mesmo que descascada.

**PENEIRA DE CABELO:** peneira de trama muito fina, geralmente feita de arame.

**PENEIRA DE SEDA:** peneira de trama fina.

**PENEIRA DE TAQUARA:** peneira feita de trançado de fibra natural.

**PENEIRA GROSSA:** peneira de tramas largas.

**PERGAMINHO:** qualidade de couro animal, geralmente de carneiro.

**PEVIDE:** sementes de abóbora torradas, usadas de modo semelhante ao amendoim torrado.

**PIMENTA-CUMARI** (*Capsilum cunttlril*): também chamada cumarim; pimenta nativa.

**PISAR:** o mesmo que pilar, usar a mão de pilão.

**POLEGADA:** antiga medida, a partir do comprimento da segunda falange do dedo polegar. Equivale a 27 mm. Medida inglesa de 25,4 mm.

**POLME:** polpa de frutas.

**POLVILHO:** farinha amilácea extraída da mandioca.

**PONTO:** grau de consistência que se dá à calda de açúcar.

**PONTO DE ALAMBRE:** ponto em que o açúcar chega à cor de âmbar.

**PONTO DE BALA:** ou ponto de rebuçado, quando se verifica uma bola de açúcar moldável.

**PONTO DE BOLHA:** no processo, a calda de açúcar apresenta bolhas.

**PONTO DE ESPADANA:** ponto da calda de açúcar que, quando alcançado, permite que se faça uma lâmina.

**PONTO DE ESPELHO:** ver ponto de espelho ralo.

**PONTO DE ESPELHO RALO:** no processo, a calda é transparente e fina, lembrando assim o espelho.

**PONTO DE GELEIA:** processo em que a calda é mais grossa e consistente, lembrando uma geleia.

**PONTO DE PASTA ALTA:** processo da calda em que se verifica a unidade do açúcar e maior plasticidade por meio de fios muito longos e consistentes.

**PONTO DE PÉROLA:** processo em que a calda deve escorrer em finos fios pela colher e culminar com uma gota que lembra a pérola.

**PONTO DE XAROPE:** é o processo básico de toda calda de açúcar.

**POTE DE BARRO:** utensílio feito de barro de diferentes formatos e finalidades para os processos culinários.

**PUBA:** qualidade da massa de mandioca que é processada na água.

**QUARTA DE MANTEIGA:** ver quartilho.

**QUARTILHO:** quarta parte de uma canada, que corresponde a meio litro. Unidade do sistema inglês que corresponde a 0,568 litro.

**QUARTILHO DE NATA:** ver quartilho.

**RÉIS:** nominação de moeda já usada no Brasil.

**RIZOMA:** caule subterrâneo que cresce e se ramifica.

**RUBICUNDO DE MAÇÃ:** referente ao vermelho.

**SOBRE O DURO:** consistência sólida e textura necessárias à qualidade desejada para a receita.

**SOBRE O MOLE:** consistência cremosa e textura necessárias à qualidade desejada para a receita.

**SOBRE O VERDE:** estado da fruta pouco antes de amadurecer.

**TACHO:** utensílio tradicionalmente feito de cobre e comum para a feitura de doces.

**TALHADA:** fatia ou naco de grandes dimensões.

**TALHADA DELGADA:** fatia longa.

**TARECOS:** espécie de pão de ló em rodelas; tipo de biscoito popular, geralmente feito com farinha de milho.

**TERRINA:** utensílio com tampa em formato peculiar, comum para servir comida. Espécie de empadão feito em forma.

**TESTO:** tampa de utensílio feita de barro ou ferro.

**TIGELA:** vaso sem gargalo, arredondado, geralmente de louça.

**TIJOLO:** forma do doce em barra.

**TIMBALES:** amassar com as mãos.

**TRIGO SALAIO:** variedade de trigo durázio. Popularmente conhecido como trigo grosseiro.

**URUMBEBA** (*Tacinga palmadora*): também chamada de figo-vermelho, tuna, palmadora ou figo-da-índia. É rica em vitamina A.

**UVA DE MÁLAGA:** alusão às uvas provenientes dessa localidade da Espanha.

**VASILHA VIDRADA:** o mesmo que vitrificada. Processo que qualifica a louça de barro, geralmente usada nas cozinhas para fazer doces.

**VIDRAR COM CALDA DE AÇÚCAR:** dar a qualidade de vitrificado aos doces.

**VINHO DE FRONTIGNAM:** vinho da região de Frontignam, França.

**VINHO DO PORTO FINO:** vinho de alta qualidade proveniente da região do Porto, Portugal.

**ZAMACOIS:** referente a zama, variedade de feijão proveniente de Moçambique, África.

# Bibliografia

ALGRANTI, Márcia. *Pequeno dicionário da gula.* Rio de Janeiro: Record, 2004.

ARNAUT, Salvador Dias. *A arte de comer em Portugal na Idade Média.* Sintra: Colres, 2000.

BÄRTELS, Andreas. *Guia de plantas tropicais, plantas ornamentais, plantas úteis, frutos exóticos.* Rio de Janeiro: Lexikon, 2007.

BELTRÃO, Regina Helena. *Doces, mousses, salgados.* Petrópolis: Vozes, 1994.

BORNHAUSEN, Rossy L. *As ervas na cozinha.* São Paulo: Bei Comunicações, 1998.

BRILLAT-SAVARIN, Jean-Anthelme. *A fisiologia do gosto.* São Paulo: Companhia das Letras, 1995.

CASCUDO, Luis da Câmara. *Antologia da alimentação.* Rio de Janeiro: LTC, 1997.

CAVALCANTE, Paulo B. *Frutas comestíveis da Amazônia.* Belém: Cejup, 1991.

COSTA PINTO NETTO, J. *Cadernos de comidas baianas.* Salvador: Fundação de Cultura do Estado da Bahia, 1996.

CRAZE, Richard. *O guia das especiarias.* Lisboa: Livros & Livros, 1998.

FERRÃO, José Eduardo Mendes. *A aventura das plantas e dos descobrimentos portugueses.* Lisboa: Fundação Berardo, 1993.

FISCHLER, Claude (org.). "Pensée magique et alimentation aujourd'hui". Em *Les Cahiers de l'Ocha*, nº 5, Paris, 1996.

FLANDRIN, Jean-Louis & MONTANARI, Massimo. *História da alimentação.* São Paulo: Estação Liberdade, 1998.

FORNARI, Cláudio. *Dicionário-almanaque de comes & bebes.* Rio de Janeiro: Nova Fronteira, 2001.

FREYRE, Gilberto. *Açúcar: uma sociologia do doce. Com receitas de bolos e doces do Nordeste do Brasil.* São Paulo: Global, 2007.

GRIGSON, Jane. *O livro das frutas.* São Paulo: Companhia das Letras, 1999.

INSTITUTO BRASILEIRO DE GEOGRAFIA E ESTATÍSTICA (IBGE). *Nomenclatura dos alimentos consumidos no Brasil.* Parte I – Vegetais, II – Animais. Rio de Janeiro: IBGE, 1980.

INSTITUTO NORTE-AMERICANO DE CULINÁRIA. *Chef profissional*. São Paulo: Editora Senac São Paulo, 2009.

KORSMEYER, C. *El sentido del gusto: comida, estética y filosofia*. Barcelona: Paidós Ibérica, 2002.

LAMBERT, H. *Compotas e conservas*. São Paulo: Melhoramentos, 1982.

LAROUSSE. *Les cuisines du monde*. Paris: Larousse, 1997.

*LAROUSSE GASTRONOMIQUE*. Londres: Hamlyn, 2001.

LIMÓN, Francisco González. *A cozinha dos mosteiros*. Sintra: Colares, s/d.

LODY, Raul. "O doce sabor do carnaval". Em *Diário de Pernambuco*, Recife, 28-2-1992.

_____. "Diga-me o que comes e te direi quem és". Em *Folha de S.Paulo*, São Paulo, 5-2-1997.

_____. "Cozinha brasileira: uma aventura de 500 anos". Em *Formação da culinária brasileira*. Rio de Janeiro: Sistema CNC, Sesc, Senac, 2000.

_____. "Culinária & patrimônio: em torno de *Açúcar* de Gilberto Freyre". Em *Além do apenas moderno: Brasil séculos XIX e XX*. Recife: Fundaj, Massangana, 2001.

_____. "Doçaria brasileira: um doce sabor português". Em *A doçaria tradicional de Pelotas*. Edição em português e inglês. Rio de Janeiro: Senac Nacional, 2003.

_____. "Rituales de la memoria". Em: *V Congreso sobre Patrimonio Gastronómico y Turismo Cultural*, Puebla, Memórias. México, Conaculta. Cuaderno 7, 2004.

_____. *À mesa com Gilberto Freyre*. Rio de Janeiro: Senac Nacional, 2004.

_____. "Nego bom & Souza Leão: o bom do doce em Pernambuco". Em *Tempo Tríbio*. Recife: FGF, 1 (1), 2006.

_____. *À mesa com Carybé*. Rio de Janeiro: Senac Nacional, 2007.

_____. *Guia turístico, histórico e sentimental do Recife*. Documentário, vídeo (longa-metragem). Consultoria, gastronomia. Produção Cara de Cão. Recife: Fundação Gilberto Freyre, 2008.

_____. *Brasil bom de boca: temas da antropologia da alimentação*. São Paulo: Editora Senac São Paulo, 2008.

_____. "Abacaxi & caju". Disponível em www.malaguetacomunicacao.com.br.

_____. "Açúcar. Uma civilização nacional. Sociologia, história e etnografia do doce por Gilberto Freyre". Disponível em www.malaguetacomunicacao.com.br.

_____. "A tão celebrada cocada". Disponível em www.malaguetacomunicacao.com.br.

_____. "Jacuba". Disponível em www.malaguetacomunicacao.com.br.

_____. "Quando comer doce representa comer gente". Disponível em www.malaguetacomunicacao.com.br.

_____. "Um doce feito a punho". Disponível em www.malaguetacomunicacao.com.br.

_____. "A rapadura é dura mas é doce". Disponível em www.malaguetacomunicacao.com.br.

_____. "O tempo do doce". Disponível em www.malaguetacomunicacao.com.br.

_____. "Roz Bil Halib". Disponível em www.malaguetacomunicacao.com.br.

_____. "Aluá, Alúa, Aloâ, Alvá". Disponível em www.malaguetacomunicacao.com.br.

_____. "Rabo de macaco: o gosto açucarado do jenipapo". Disponível em www.malaguetacomunicacao.com.br.

_____. "Na trilha de Brillat-Savarin: as minhas rabanadas queridas". Disponível em www.malaguetacomunicacao.com.br.

LUIS, João. *Doçaria portuguesa*. Lisboa: Presença, 1997.

MAYBE, Peter. *Gostos adquiridos*. Rio de Janeiro: Rocco, 1996.

MILLET, Jean. *Pâtisserie*. Paris: Hachette, 1998.

MODESTO, Maria de Lourdes. *Cozinha tradicional portuguesa*. Lisboa: Verbo, 1998.

OLIVEIRA MARQUES, Antonio Henrique de. *A sociedade medieval portuguesa: aspectos de vida cotidiana*. Lisboa: Sá da Costa, 1971.

PASQUET, E. *La Pâtisserie familiaire*. Paris: Flammarion, 1974.

PELT, Jean-Marie. *Les épices*. Paris: Arthème Fayard, 2004.

POULIN, J. P. *Manger aujourd'hui: attitudes, normes et pratiques*. Paris: Privat, 2002.

QUERINO, Manuel. *A arte culinária da Bahia*. Bahia: Progresso, 1954.

RIBEIRO, Emanuel. *O doce nunca amargou... Doçaria portuguesa, história, devoção, rece ituário*. Coimbra: Imprensa Universitária, 1928.

RUHLMAN, Michael. *Elementos da culinária de A a Z: técnicas, ingredientes e utensílios*. Rio de Janeiro: Zahar, 2009.

SOARES DE SOUZA. "Notícias do Brasil". Em FERRÃO, José E. Mendes (org.). *A aventura das plantas e os descobrimentos portugueses*. 2. ed. Lisboa: Fundação Berardo, 1993.

SOUZA, M. F. N. da Costa. *Cozinha indo-portuguesa*. Lisboa: Assirio & Alvim, 1998.

STUART, Martha. *La passion des tartes*. Paris: Flammarion, 1985.

VALENTIN, Luis San. *La cocina de las monjas*. Madri: Alianza Editorial, s/d.

VON MARTIUS, Carl Friedrich Phillip. *Ideias sobre a fabricação do pão feito de farinha de mandioca pelo conselheiro Von Martius seguidas de uma apreciação pelo dr. M. A. Macedo*. Rio de Janeiro: Eduardo & Laemmert, 1868.